Mythe et tragédie en Grèce ancienne - II

Jean-Pierre Vernant
Pierre Vidal-Naquet

Mythe et tragédie en Grèce ancienne - II

La Découverte / Poche
9 *bis*, rue Abel-Hovelacque
75013 Paris

La présente édition de *Mythe et tragédie en Grèce ancienne* reprend l'édition précédemment publiée en 1986 aux Éditions La Découverte dans la collection « Textes à l'appui ».

ISBN 978-2-7071-4423-2

Préface

Présentant en 1972 les sept études qui, rassemblées, formaient le premier volume de Mythe et tragédie, *auquel François Maspero avait donné accueil, nous écrivions, non sans un peu d'imprudence, que ce premier volume serait « aussi rapidement que possible suivi d'un second ». Nous avions même, sans l'exprimer, l'idée qu'un troisième volume ne serait pas, après tout, impensable.*

Voici donc Mythe et tragédie deux, *mais, en fait de rapidité, il nous aura fallu près de quatorze ans pour tenir notre promesse. Disposerons-nous encore de treize années pour publier un troisième volume? Le temps, comme on dit, « ne fait rien à l'affaire », c'est ce livre, tel qu'il est, non tel qu'il aurait dû être ou pu être que nous présentons au public qui a fait à notre première œuvre commune un accueil à tous égards inattendu, en France comme à l'étranger.*

Pendant ces quatorze années nous avons l'un et l'autre travaillé et publié, seuls ou avec des amis. Chacun de nous a eu son champ de recherches qui ne coïncidait pas obligatoirement avec celui du voisin et de l'ami. Reste que la tragédie grecque est demeurée pour nous un terrain commun, même si nous l'abordions séparément, assurés que nous étions d'un accord fondamental, et la pensée que ce livre existerait un jour ne nous a pas quittés. Tout comme l'ouvrage précédent, ce volume peut paraître au premier abord fait de pièces et de morceaux : dix études (au lieu de sept) publiées sous une première forme en France ou à l'étranger [1], *les unes dans des revues « savantes », les autres dans des volumes visant ce qu'on appelle « le grand public cultivé ». Toutes ont une inspiration commune qui remonte, comme nous l'avions dit en présentant le premier volume, à l'enseignement de Louis Gernet et à sa tentative pour comprendre le moment tragique : entre le droit à naître et le droit constitué.*

Par rapport à Mythe et tragédie I, *ce volume présente toutefois un certain nombre d'innovations; le premier volume était entièrement consacré à la tragédie du Ve siècle dans ses aspects généraux et à l'analyse systématique d'un certain nombre de pièces : l'*Orestie *d'Eschyle, l'*Œdipe-Roi *et le* Philoctète *de Sophocle. Dans les deux cas il s'agissait de comprendre à la fois les articulations des œuvres et leur rapport, leur dialogue avec les institutions politiques et sociales de leur temps. La quête du sens se faisait par un va-et-vient entre le dedans et le dehors, mais le domaine restait strictement délimité : celui du Ve siècle tragique. Sans doute le présent volume explore-t-il, avec des techniques peut-être un peu affinées, le même champ : une tragédie d'Eschyle, les* Sept contre Thèbes, *une œuvre de Sophocle, l'*Œdipe à Colone, *l'ultime œuvre d'Euripide, les* Bacchantes, *font l'objet d'études détaillées qui empruntent leur technique, sans renier l'apport de la philologie la plus traditionnelle, à ce qu'il est convenu d'appeler l'analyse structurale. A ces essais s'ajoutent des études dont la portée est plus générale : réflexions sur le sujet tragique, sur le dieu masqué de la fiction tragique, présentations d'ensemble d'Eschyle et de Sophocle.*

Déjà, les études centrées sur Dionysos et son masque, et ses masques devrions-nous dire, marquent une innovation. Nous n'avons pas recherché Dionysos aux origines de la tragédie, nous avons tenté de montrer comment Dionysos, dieu de l'apparence, pouvait se manifester dans et par le pluralisme tragique. Mais si Dionysos est dans la tragédie, il la déborde de tous côtés et nous ne nous sommes pas arrêtés aux frontières du théâtre.

Dans notre premier volume le et *de* Mythe et tragédie *avait une valeur forte. Refusant explicitement d'identifier la tragédie avec*

1. Elles ont été à des degrés divers relues de près et parfois remaniées et augmentées sans qu'il apparaisse utile de mentionner ces corrections et ces ajouts.

une forme ordinaire de récit mythique, nous avions souligné que pour nous le mythe est tout à la fois dans *la tragédie et rejeté par elle : Sophocle fait venir Œdipe du plus lointain des âges, celui qui préexiste à la cité démocratique et le brise, comme Eschyle brise les Atrides. Sans renier aucunement ce modèle, nous avons aussi tenté autre chose : y a-t-il, par exemple, un lien entre la tyrannie, le parricide et l'inceste, et ceci sans qu'il soit nécessaire de recourir à la forme tragique? C'est à répondre à cette question que s'attache la première des études rassemblées dans ce nouveau livre, avec l'espoir qu'à son tour elle pourra jeter un peu de lumière sur l'*Œdipe-Roi. *Au-delà de la tragédie classique, il y a enfin ce qu'elle est devenue dans l'histoire, pas toujours continue, fertile au contraire en ruptures, de notre culture. Confronter la tragédie du Vᵉ siècle et ses exégèses anciennes ou plus ou moins récentes n'était pas une entreprise étrangère à notre premier volume, puisque nous y mettions en question, à des degrés divers, aussi bien la légitimité de l'explication d'Aristote, dans la* Poétique, *que de celle de Freud dans l'*Interprétation des rêves. *Ce qui est tenté ici, principalement à propos de l'*Œdipe-Roi *de Sophocle, est un peu différent. Comment a-t-on compris cette tragédie à Vicence, à la fin du XVIᵉ siècle, lorsque, pour la première fois depuis l'Antiquité, on a décidé de la représenter sur un théâtre qui se voulait inspiré des édifices antiques? Comment cette même tragédie s'est-elle transformée et démultipliée à Paris, entre le temps de Louis XIV et celui de la Révolution française? Tout cela, sans doute, aide à comprendre l'histoire intellectuelle du XVIᵉ ou du XVIIIᵉ siècle, mais nous permet aussi de mieux comprendre, à travers ces étapes, comment s'est formée notre propre lecture de la tragédie antique.*

Est-ce là tout? 1972-1986. Ni les auteurs de ce livre ni la réflexion sur la tragédie grecque ne sont aujourd'hui tout à fait ce qu'ils étaient quand le premier volume a été publié. Nous écrivions en 1972 : « Ce livre n'est qu'un début. Nous espérons le poursuivre, mais nous avons la certitude que, si ce type de recherches a un avenir, d'autres que nous les reprendront à leur compte. » Dès 1972, nous n'étions pas les seuls et ne prétendions en aucune façon être seuls à l'origine d'un courant exégétique qui a pris une ampleur considérable. Il suffira de citer quelques noms : en Amérique ceux de Charles Segal et de Froma Zeitlin, en Angleterre ceux de Richard Buxton et de Simon Goldhill, en Italie de Maria Grazia Ciani, de Diego Lanza et de bien d'autres encore, en Roumanie ceux de Liana Lupaş et de Zoe Petre, en France ceux de Florence Dupont, de Suzanne Saïd et, surtout, de Nicole Loraux. Cette liste qui est, si on la regarde de près, assez diversifiée, n'est pas un palmarès et nous ne cherchons pas à nous définir en secte face à une Église ou à d'autres sectes. Si nous utilisons, pour comprendre la tragédie grecque, un modèle que nous tentons, jour après jour, d'affiner, nous n'en faisons pas moins, autant que faire se peut, notre miel de toutes les fleurs, celles de la philologie classique aussi bien que celles de l'anthropologie.

Cela étant, impossible de ne pas marquer certaines différences, ne serait-ce que par suite des attaques – qu'elles relèvent d'un mal entendu ou, au contraire, d'un trop entendu –, dont notre premier livre a été l'objet.

Au centre de nombre d'études consacrées, au cours de ces dernières années, à la cité grecque, nous voulons dire celle des anthropologues plus que celle des historiens des événements et des institutions [2]*, figure évidemment le sacrifice sanglant, parce qu'il définit la communauté civique tant dans ses rapports aux dieux que dans sa relation avec le monde sauvage qui l'entoure* [3]*. Le sacrifice n'est certes pas étranger à la tragédie mais, par rapport aux pratiques sociales de la cité grecque, il est doublement détourné, il est un sacrifice représenté, et il est, comme sacrifice humain et non animal, un sacrifice corrompu* [4].

Dans une entreprise dont la vaste portée relève, à notre sens, d'une forme de gnosticisme, René Girard a fait reposer sur le sacrifice, et plus particulièrement sur l'expulsion du bouc émissaire, une économie que, à défaut d'autre terme, on appellera économie de la

---

2. Sur cette distinction, voir N. LORAUX, « La cité comme cuisine et comme partage », *Annales E.S.C.*, 1981, pp. 614-622.

3. Parmi les recherches auxquelles nous avons été mêlés directement ou indirectement, voir J.-P. VERNANT et M. DETIENNE (éd.), *La Cuisine du sacrifice en pays grec*, Paris, 1979 ; *Le Sacrifice dans l'Antiquité*. Entretiens sur l'Antiquité classique XXVII, Fondation Hardt, Vandœuvre-Genève, 1981. P. VIDAL-NAQUET, *Le Chasseur noir* [2], Paris, 1983 ; J.-L. DURAND, *Recherches sur les Bouphonies* (titre provisoire), sous presse.

4. Voir *Mythe et tragédie* I, pp. 135-158, et les travaux de F. I. ZEITLIN qui sont cités dans ces pages, et *infra*, pp. 105, 108.

rédemption et du salut [5]*. Du sacrifice du bouc émissaire tragique, Œdipe ou Antigone, au sacrifice du Christ, il y a progrès, de l'obscur à la clarté, progrès et renversement : « Tout est inscrit en noir sur blanc dans quatre textes à la fois. Pour que le fondement violent soit efficace, il faut qu'il reste caché; ici il est entièrement révélé* [6]*. » On pourrait épiloguer sur ce mythe d'ordonnancement de l'histoire, en rechercher les origines dans l'épître aux Hébreux et la littérature patristique* [7]*, ou, plus près de nous, chez Joseph de Maistre, mais là n'est pas aujourd'hui la question. René Girard s'en est abondamment expliqué, c'est la tragédie grecque qui lui fournit le modèle de ce qu'il appelle la « crise sacrificielle ». Et pourtant, dans la cité grecque du* V^e^ *siècle, le sacrifice tragique n'est nullement une pratique sociale théorisée, mais au contraire une représentation condamnée. Comment, dans ces conditions, pourrait-on, comme le font nombre de disciples de René Girard, découvrir dans les tragédies des « crises sacrificielles », ou plutôt comment pourrait-on ne pas les y découvrir, puisque précisément cette notion est empruntée, au prix d'une déformation capitale, à la tragédie grecque elle-même? Pourquoi alors nous reprocher d'avoir appelé Œdipe un* pharmakos *et non un « bouc émissaire »? Est-ce vraiment par espoir d'« éluder le blâme de ceux parmi [nos] collègues qui ne sont pas du tout sensibles au parfum de victime qui se dégage du mythe* [8] *»? Est-ce parce que nous n'avons pas senti qu'Œdipe préfigurait obscurément le Christ comme les héros des* Bacchantes *d'Euripide aux yeux de l'auteur chrétien du* Christus patiens [9]*? Mais, précisément, Œdipe n'est pas un* pharmakos, *ce personnage qu'on expulsait rituellement de la cité athénienne lors de la fête des Thargélies. Le* pharmakos *est un des termes limites qui permettent de comprendre le personnage tragique,*

---

5. Voir notamment *La Violence et le sacré,* Paris, 1972, et, plus récemment, *Le Bouc émissaire,* Paris, 1982; nous nous référons aussi, à cause de leur clarté, aux prises de position de René GIRARD dans la « table ronde » qui lui est consacrée dans *Esprit,* novembre 1973.

6. R. GIRARD, *Esprit, loc. cit.*, p. 551.

7. Cf. Frances M. YOUNG, *The Use of Sacrificial Ideas in Greek Christian Writers from the New Testament to John Chrysostom,* Cambridge (Mass.), 1979.

8. René GIRARD, *Le Bouc émissaire,* pp. 177-179.

9. Titre latin d'une pièce grecque du Ve siècle de notre ère et dont le schéma et nombre de vers sont empruntés à Euripide pour illustrer le récit évangélique.

il ne s'identifie pas avec lui [10]. *Œdipe ne s'inscrit pas, comme victime, dans une préhistoire du salut. Si la tragédie était l'expression directe de la « crise sacrificielle », comment expliquer son historicité si étroitement définie, non pas même par la cité grecque mais par l'Athènes du* V*e* *siècle?*

Au centre de plusieurs analyses développées dans les deux volumes de ces essais se trouve la notion d'ambiguïté. Employer ce mot, mettre l'accent sur cette notion dans l'étude de la tragédie grecque refléterait, selon un critique italien, non une recherche scientifique, mais le trouble qui caractérise « certains intellectuels d'aujourd'hui, toujours en crise, ou, mieux, en quête perpétuelle de nouveaux modèles ou de nouvelles modes contemporaines [11] *». Cette formule sociologiquement raffinée vient au terme d'une analyse et précède d'autres études par lesquelles V. Di Benedetto entend montrer la radicale incompatibilité entre notre démarche et l'orthodoxie marxiste. A vrai dire, cette orthodoxie-là ne nous importe pas plus que les autres, et il serait aisé d'ironiser à notre tour sur la radicale ambiguïté de cette critique. Elle émane d'un auteur lui-même fort ambigu, puisqu'il ne se révèle « marxiste » que dans la polémique, alors que son œuvre propre, lorsqu'il traite de la tragédie grecque, relève de la plus incolore des traditions philologiques du* XIX*e* *siècle* [12]. *V. Di Benedetto accepte volontiers le dualisme, voire le manichéisme. Il distingue ainsi entre un « bon » Vernant, élève de Louis Gernet et sachant reconnaître dans la tragédie grecque la rencontre de deux modèles de pensée, l'un antérieur à la* polis, *l'autre contemporain de la cité triomphante, et un « mauvais » Vernant, disciple du psychologue Ignace Meyerson et perverti par lui et par quelques autres* [13]. *Mais par quel miracle deux siècles, deux modèles juridiques, deux modèles politiques, deux modèles religieux, la « réaction » et le « progrès » pourraient-ils coexister au sein d'un même genre littéraire et de trois grands poètes, comme Étéocle « coexiste »*

---

10. Voir *Mythe et tragédie*, I, pp. 117-124 et *infra*, pp. 198-199.

11. V. Di Benedetto, in V. Di Benedetto et A. Lami, *Filologia e marxismo – Contra le mistificazioni*, Naples, 1980, p. 114. Outre les deux auteurs de *Mythe et tragédie*, les savants visés dans ce livre sont L. Brisson, M. Detienne et M. I. Finley.

12. Voir en dernier lieu son *Sofocle*, Florence, 1983, dont le dernier chapitre, « La buona morte », consacré à l'*Œdipe à Colone*, dit assez l'inspiration chrétienne.

13. V. Di Benedetto et A. Lami, *op. cit.*, pp. 107-114.

avec Polynice? N'est-il pas inévitable de faire appel à ce que Nicole Loraux a appelé l'« interférence tragique [14] *»? L'ambiguïté tragique n'est pas à nos yeux un thème pour dissertation élégante, elle se retrouve au plus intime du langage tragique, dans ce qu'on a appelé, depuis longtemps, le « discours ambigu » d'Ajax, dans les mots mêmes susceptibles de plusieurs interprétations, dans le jeu poursuivi par les poètes entre le héros et le chœur, les acteurs et les spectateurs, les dieux et les hommes. Il y a ambiguïté entre le cheminement humain du drame et le plan décidé par les dieux, entre ce que disent les personnages et ce que comprennent les spectateurs, ambiguïté à l'intérieur même des héros, par exemple, chez Étéocle, entre les valeurs de la* polis *et celles de l'*oikos. *Et à celui qui ne comprend pas cela, on ne peut que répéter, en le transposant, le conseil que donnait à Jean-Jacques Rousseau la petite courtisane vénitienne :* lascia le tragedie greche e studia la matematica.

Le débat qui nous oppose parfois à Jean Bollack, et à ceux qui l'accompagnent ou l'ont accompagné dans son effort, est d'une autre nature et d'une autre portée. Comme d'autres ont pratiqué le retour à Marx ou le retour à Freud, Jean Bollack a pratiqué et théorisé le retour au Texte, avec l'espoir de constituer la philologie en science totale du Texte [15]. *Mais les règles posées valent-elles pour n'importe quel texte? « Deux méthodes complémentaires servent à restituer le sens. Partant de la connaissance de l'expression courante et typique, la première conduit à une sorte de calcul des probabilités. Elle s'applique aux œuvres comme les discours de Lysias et les comédies de Ménandre, où la parole n'exerce pas une emprise sur la langue. On y postule la cohérence externe, mettant à profit les aspects statistiques du vocabulaire et de la grammaire. L'autre méthode conduit au déchiffrement de l'expression exceptionnelle et particulière. Elle ne peut se passer de l'évidence des structures autonomes, s'appliquant à des œuvres où la parole intègre fortement les éléments préexistants de la langue et d'autres paroles, comme dans les odes de Pindare et dans les tragédies de Sophocle* [...]. *Alors que pour un texte qui relève du langage commun on est autorisé à rechercher*

---

14. *Critique*, 317, 1973, pp. 908-926.

15. Cet effort et cette ambition sont remarquablement décrits par H. WISMANN, « Le métier de philologue », *Critique*, 1970, pp. 462-479 et 774-781. Comme on le verra, *infra*, p. 191, nous devons nous-mêmes à Jean Bollack plus d'une indication précieuse.

le plus grand dénominateur commun, l'accord scientifique du bon sens, une ode de Pindare place l'interprète d'emblée dans une situation toute différente, analogue à celle où se trouvait Pindare lui-même face au " bon sens " de son époque [16]. »

Mais, s'il est vrai que les textes poétiques, contrairement à l'argumentation prosaïque d'un orateur, jouent toujours sur plusieurs plans de significations, il en résulte que ces textes sont, plus encore que les autres, menacés par le « bon sens » des copistes qui nous les ont transmis, et le retour systématique au texte des manuscrits, utile à titre de propédeutique, comporte inévitablement sa part d'illusion. En aucun cas il ne donne en lui-même accès à la « transparence de la signification [17] *», car cette transparence est elle-même antinomique au langage poétique. Dans ce qu'elles ont de meilleur, les traductions de Jean Bollack protestent contre une telle expression. Mais il y a plus, s'il est vrai que l'« empathie totale que requièrent les œuvres les plus puissantes exclut l'indifférence d'un jugement porté du dehors, et, souvent, du haut d'une science banale* [18] *», l'herméneute risque de se trouver pris entre deux solitudes, celle du texte et la sienne propre, avec l'espoir, peut-être en partie illusoire, que, par empathie précisément, elles se rencontrent pour définir et illuminer le sens. Le risque existe alors de réintroduire ce qu'on voulait précisément chasser, les présupposés, les préjugés qui séparent l'interprète moderne du texte antique.*

Rendant compte de ce qui a été tenté dans notre premier volume [19], *Jean Bollack voulait bien reconnaître que nous ne méconnaissions pas l'originalité de l'auteur tragique, mais « celle-ci est en fin de compte réduite à la maîtrise, plus ou moins grande, des codes préétablis », et, « le fondement de l'œuvre, à savoir les termes des conflits et leur cause, n'est pas moins imposé du dehors. L'auteur, même s'il est paradoxal, n'est qu'interprète ou virtuose ». En dernière analyse, c'est « à l'état de la société qu'on demande de fournir le principe de la compréhension de l'œuvre* [20] *». A vrai dire, nous avions écrit,*

16. H. WISMANN, *loc. cit.*, p. 780.
17. *Ibid.*
18. *Ibid.*
19. Et dans l'article cité *supra* de N. Loraux.
20. J. Bollack, in J. BOLLACK et P. JUDET DE LA COMBE, *Agamemnon I*, 1, Lille, 1981, pp. LXXVI-LXXVIII. Assez curieusement, p. LXXVI, n. 1, J. Bollack rapproche notre « perspective historique » de celle de V. Di Benedetto, rapprochement qui a de quoi surprendre.

exactement : « Mais si la tragédie apparaît ainsi, plus qu'aucun autre genre littéraire, enracinée dans la réalité sociale, cela ne signifie pas qu'elle en soit le reflet. Elle ne reflète pas cette réalité, elle la met en question. En la présentant déchirée, divisée contre elle-même, elle la rend tout entière problématique [21]. *»*

*Mais laissons ici le débat sur le « principe de la compréhension », aussi vain, à sa façon, que celui de l'œuf et de la poule. Le vrai problème posé par Jean Bollack est celui de la légitimité de l'explication historique et sociologique, non pas comme contexte immédiat de chaque tragédie mais comme horizon sans lequel le sens ne peut, en effet, se donner à comprendre. Tentant d'expliquer ce que devient, dans l'*Œdipe à Colone, *le héros de Sophocle lorsqu'il s'installe à Athènes, nous montrons précisément* [22] *que les catégories juridiques ne peuvent pas rendre pleinement compte de ce que devient Œdipe à Athènes; mais sans la connaissance précise de ces catégories juridiques, nous ne pourrions même pas poser la question, nous ne pourrions même pas, empathie ou non, tenter de dialoguer avec le poète antique. Un exemple montrera comment peuvent se glisser les anachronismes les plus perfides. Quand, dans l'*Œdipe-Roi *de Sophocle, le serviteur de Laïos comprend que l'homme qu'il a en face de lui, souverain de Thèbes, est cet enfant même que, les pieds percés, il a remis au berger du roi de Corinthe, il lui dit, selon la traduction de Jean et Mayotte Bollack : « Si tu es cet homme que, lui [le berger de Corinthe], il dit que tu es, sache que tu es né damné* [23]. *» Le texte grec dit :* ἴσθι δύσποτμος γεγώς *« sache que tu es né pour un destin funeste ». Que peut nous apporter ici l'emploi du mot* damné [24] *avec la théodicée chrétienne qu'il véhicule avec lui ? Rien, si ce n'est une proximité « inquiétante », non parce qu'elle rend compte de l'angoisse tragique, mais parce qu'elle la remplace par la prédestination augustinienne ou calviniste. Le dialogue est*

21. *Mythe et tragédie,* I, pp. 24-25.
22. Voir *infra,* chapitre VII.
23. *Œdipe-Roi,* 1180-1181, trad. J. et M. Bollack, Paris, 1985, p. 72.
24. Que l'on retrouve dans cette même traduction, p. 52, pour rendre le vers 823 : Ἆρ' ἔφυν κακός; « Suis-je né pour le mal? », ce qui devient : « Suis-je donc damné de naissance »; alors que le poète fait ici écho au vers 248, aux malédictions lancées par Œdipe contre l'assassin de Laïos. Notons enfin l'emploi du mot « damnation » pour rendre au vers 828 le grec *ômos daimôn,* « une divinité sauvage ».

alors rompu. Pour le reprendre il faut suivre le mot d'ordre d'un poète d'aujourd'hui :

> Le bonheur jaillit de mon cri,
> pour la recherche la plus haute,
> un cri dont le mien soit l'écho.

Il nous reste à remercier, et avec joie, tous ceux qui ont rendu ce livre possible : nos auditeurs et nos interlocuteurs de France et de l'étranger, le personnel des Éditions de la Découverte qui, accomplissant les promesses et le programme de François Maspero, ont permis de vivre à la collection où ce livre paraît, François Lissarrague qui nous a fourni l'illustration de couverture [25] *et dont l'amitié et la compétence nous ont si souvent été précieuses, Françoise Frontisi-Ducroux qui est le coauteur d'un des textes rassemblés dans ce volume et qu'elle nous a avec sa gentillesse coutumière autorisés à reproduire. Avec le concours d'Agathe Sauvageot, Hélène Monsacré a pris en charge le difficile travail de relire l'ensemble de ces textes, d'en éliminer nombre d'imperfections, d'en unifier la présentation. Que tous ceux et toutes celles que nous avons nommés et tant d'autres encore sachent que ce livre est aussi le leur.*

J.-P. V. et P. V.-N.

25. Nos remerciements vont aussi à E. Borowski, qui a généreusement autorisé l'utilisation de ce document sur lequel on pourra consulter J. R. GUY, *Glimpses of excellence* (exposition), Toronto, 1984.

1

Le dieu de la fiction tragique *

Un dicton fameux courait chez les Grecs à propos de la tragédie : *« En quoi cela concerne-t-il Dionysos? »*; ou, sous une forme plus catégorique : *« Il n'y a là rien qui concerne Dionyos. »* Suivant Plutarque [1], c'est lorsqu'on vit Phrynichos et Eschyle, dans les premières décennies du Ve siècle, développer sur la scène cela même qui donne au spectacle tragique sa spécificité, son caractère propre, à savoir, pour reprendre les termes de Plutarque, le *muthos* – c'est-à-dire une intrigue suivie relatant une histoire légendaire comme celle d'Héraclès, des Atrides ou d'Œdipe – et le *pathétique,* avec tout le sérieux et la majesté requis, qu'on prononça pour la première fois une formule où se marquait l'étonnement du public et qui allait passer en proverbe.

Le désarroi des Grecs anciens se comprend. Entre Dionysos et la tragédie, le lien devait, à leurs yeux, s'imposer comme une évidence. Les représentations tragiques – nous connaissons leur date de naissance : la première eut lieu vers 534, sous Pisistrate – se déroulaient à l'occasion et dans le cadre des fêtes les plus importantes du dieu, les Grandes Dionysies,

* Une première version de ce texte est parue dans *Comédie française,* 98, avril 1981, pp. 23-28.

1. PLUTARQUE, *Propos de table,* I, 1, 5 (615 a).

célébrées au début du printemps, fin mars, en pleine ville, au flanc de l'Acropole. On les appelait Dionysies urbaines pour les distinguer des Dionysies dites rustiques dont au cœur de l'hiver, en décembre, les cortèges joyeux, les chœurs, les joutes de danse et de chant animaient les villages et les bourgs des campagnes attiques.

Intégré aux festivités les plus marquantes de Dionysos, le spectacle dramatique, qui durait trois jours, s'associait étroitement à d'autres cérémonies : concours de dithyrambes, procession de jeunes gens, sacrifices sanglants, transport et exhibition de l'idole divine; il constituait ainsi un moment dans le cérémonial du culte, une des composantes d'un ensemble rituel complexe. Au reste, l'édifice du théâtre consacré à Dionysos ménageait une place, dans son enceinte, à un temple du dieu où demeurait son image; au centre de l'*orchestra*, là où évoluait le chœur, se dressait un autel de pierre, la *thymelê;* enfin sur les gradins, à la place d'honneur, un beau siège sculpté était réservé à qui de droit : le prêtre de Dionysos.

Quête d'une folie divine

Comment dès lors ne pas se poser le problème du lien qui normalement aurait dû unir, comme du dedans, le jeu tragique tel qu'il se donnait à voir sur la scène et cet univers religieux du dionysisme auquel le théâtre, de façon si manifeste, se trouvait rattaché? Comment ne pas s'étonner que, dans la forme que la tragédie revêt au Vᵉ siècle athénien, quand elle est vraiment elle-même, rien dans les thèmes, la texture des œuvres, le déroulement du spectacle ne se rapporte spécialement à un dieu qui, au sein du panthéon grec, fait un peu bande à part : Dionysos incarne, non la maîtrise de soi, la modération, la conscience de ses limites, mais la quête d'une folie divine, d'une possession extatique, la nostalgie d'un complet ailleurs; non la stabilité et l'ordre, mais les prestiges d'une sorte de magie, l'évasion vers un horizon différent; c'est un dieu dont la figure insaisissable, encore que toute proche, entraîne ses fidèles sur les chemins de l'altérité et leur ouvre l'accès à une expérience religieuse, à peu près unique dans le paganisme, celle d'un dépaysement radical de soi-même. Et pourtant ce n'est pas dans la tradition mythique relative à ce dieu singulier, à sa passion, ses errances, ses mystères, son triomphe, que les poètes tragiques ont été chercher leur inspiration. A quelques exceptions près, comme les *Bacchantes* d'Euripide, toutes les tragédies ont pour matière la légende héroïque que l'épopée avait rendue familière à chaque Grec et qui n'a strictement rien à voir avec Dionysos.

L'enquête savante des modernes a pris, sur ce point, le relais des perplexités anciennes. On a cherché à comprendre la tragédie grecque en la rattachant à ses origines religieuses; on a voulu ressaisir sa portée authentique en mettant au jour le vieux fond dionysiaque d'où elle aurait émergé et qui révélerait, dans sa pureté, le secret de l'esprit tragique. Entreprise hasardeuse sur le terrain des faits, vaine et illusoire sur celui des principes. Les faits, d'abord. Les documents qu'on invoque pour enraciner la tragédie dans les rites sacrés d'autrefois sont incertains, équivoques, souvent contraires les uns aux autres. Prenons l'exemple du masque que portaient les acteurs et qu'on rapproche aussitôt des déguisements animaux dont témoigne, sur les représentations figurées, la troupe des satyres et silènes qui font, en leurs danses burlesques, joyeuse escorte à Dionysos. Mais le masque tragique – que Thespis, créateur de la tragédie, n'aurait du reste utilisé qu'après avoir d'abord employé le blanc de céruse – est un masque humain, non un travesti bestial. Sa fonction est d'ordre esthétique : il répond à des exigences précises du spectacle, non à des impératifs religieux visant à traduire, par la mascarade, des états de possession ou des aspects de monstruosité.

De la double indication que donne Aristote sur les antécédents de la tragédie, on ne saurait tirer beaucoup plus que ce que lui-même s'est borné à formuler. La tragédie, écrit-il, « vient de ceux qui conduisaient le dithyrambe [2] », c'est-à-dire de ceux qui menaient un chœur cyclique, chanté et dansé, le plus souvent – mais non toujours – pour Dionysos. Fort bien. Mais Aristote, en posant cette filiation, entend surtout marquer la série des transformations qui, sur tous les plans, ont conduit la tragédie, sinon à tourner le dos, du moins à rompre

2. ARISTOTE, *Poétique*, 1449 a 11.

délibérément avec son origine « dithyrambique » pour devenir autre chose, pour atteindre, comme il le dit, « sa pleine nature [3] ». La seconde remarque d'Aristote concerne le « parlé satyrique » dont la tragédie s'éloigna quand elle abandonna le tétramètre, propre à une poésie « associée aux satyres et plus liée à la danse », pour recourir au mètre iambique [4], le seul, aux yeux du philosophe, qui soit adapté à la forme dialoguée, à cet échange direct de propos entre des protagonistes que, pour la première fois dans la littérature, le dramaturge campe devant le public, comme si ses personnages conversaient entre eux sur la scène, en chair et en os. Faut-il en conclure que la ronde du dithyrambe était, à l'origine, en l'honneur de Dionysos, dansée, chantée, mimée par des hommes déguisés en satyres, jouant les boucs, ou revêtus de peaux de chèvres, et que les évolutions du chœur tragique, autour de la *thymelê,* en conserveraient comme le souvenir? Rien de moins sûr. Les participants aux épreuves de dithyrambes qui s'associaient précisément aux concours tragiques, lors des Grandes Dionysies, ne portaient pas de masque. Et c'est le drame satyrique, non la tragédie, qui prolonge au Ve siècle une tradition de chants phalliques où se mêlent le travesti, le burlesque, le licencieux. La tragédie se situe exactement au pôle opposé du spectacle.

Les érudits ont donc cherché ailleurs la trace du cordon ombilical qui relierait la représentation tragique à sa matrice religieuse. Questionnant le nom même de tragédie (*trag-oidia,* chant du bouc), ils ont vu dans le tragédien *(tragoidos),* tantôt celui qui chante pour obtenir en prix un bouc, tantôt celui qui chante au sacrifice rituel du bouc. De là à supposer qu'au centre de l'*orchestra,* l'autel autour duquel tournait le chœur était celui où s'effectuait, à l'origine, le sacrifice du bouc et que ce bouc avait dû avoir une signification de victime expiatoire dont la fonction religieuse était de purifier, chaque année, la cité de ses impuretés, de la libérer entièrement de ses fautes – il n'y avait qu'un pas. Ceux qui l'ont franchi ont dégagé la voie pour une interprétation du drame proche de

3. *Ibid.,* 1449 a 15.
4. *Ibid.,* 1449 a 20-25.

celle que propose René Girard [5] quand il assimile le spectacle tragique au jeu rituel de l'immolation d'un bouc émissaire, la « purification » des passions qu'opère la tragédie sur l'âme du public s'effectuant par les mêmes mécanismes que le groupe met en œuvre pour se libérer de ses tensions, en focalisant toute l'agressivité dont il est porteur sur une seule et même victime, mise à mort collectivement comme l'incarnation du mal.

Malheureusement, ce bouc, *tragos,* reste introuvable. Ni au théâtre ni aux Grandes Dionysies on ne sacrifiait bouc pas plus que chèvre. Et quand, dans d'autres contextes, Dionysos porte une épithète cultuelle qui évoque un capridé, c'est le terme *aïx* qui est employé, jamais *tragos.*

La tragédie : une invention

Mais à vrai dire toutes ces difficultés, encore que bien réelles, sont secondaires. Le fait décisif c'est que les données nous permettant de suivre les étapes de la formation de la tragédie, à la charnière des VIe et Ve siècles, comme l'analyse des grandes œuvres qui nous sont parvenues d'Eschyle, Sophocle et Euripide, montrent d'évidence que la tragédie a été, au sens le plus fort du terme, une invention. Si on veut la comprendre il ne faut évoquer ses origines – avec toute la prudence nécessaire – que pour mieux mesurer ce qu'elle a apporté comme innovation, les discontinuités et les ruptures qu'elle représente par rapport tant aux pratiques religieuses qu'aux formes poétiques anciennes. La *« vérité »* de la tragédie ne gît pas dans un obscur passé, plus ou moins *« primitif »* ou *« mystique »*, et qui continuerait en secret à hanter la scène du théâtre; elle se déchiffre dans tout ce que la tragédie a apporté de neuf et d'original sur le triple plan où elle a modifié l'horizon de la culture grecque. Le plan des institutions sociales d'abord. Sous l'impulsion, sans doute, de ces premiers représentants des tendances populaires que sont les tyrans, la communauté civique instaure des concours tragiques, placés sous l'autorité

5. René Girard, *La Violence et le sacré,* Paris, 1972.

du plus haut magistrat, l'archonte, et qui obéissent, jusque dans les détails de leur organisation, aux mêmes normes qui régissent les assemblées et les tribunaux démocratiques. De ce point de vue, on peut dire que la tragédie, c'est la cité qui se fait théâtre, qui se met en scène elle-même devant l'ensemble des citoyens. Sur le plan des formes littéraires ensuite, avec l'élaboration d'un genre poétique destiné à être joué et mimé sur une scène, écrit pour être vu en même temps qu'entendu, programmé comme spectacle, et, en ce sens, fondamentalement différent de ceux qui existaient auparavant. Enfin, sur le plan de l'expérience humaine, avec l'avènement de ce qu'on peut appeler une conscience tragique, l'homme et son action se profilant, dans la perspective propre à la tragédie, non comme des réalités stables qu'on pourrait cerner, définir et juger, mais comme des problèmes, des questions sans réponse, des énigmes dont les doubles sens restent sans cesse à déchiffrer. L'épopée, qui fournit au drame ses thèmes, ses personnages, le canevas de ses intrigues, présentait les grandes figures des héros d'autrefois comme des modèles; elle exaltait les valeurs, les vertus, les hauts faits héroïques. A travers le jeu des dialogues, la confrontation des protagonistes avec le chœur, les renversements de situation au fil du drame, le héros légendaire, chanté en gloire par l'épopée, devient sur la scène du théâtre l'objet d'un débat. Quand le héros est mis en question devant le public, c'est l'homme grec qui, en ce Ve siècle athénien, dans et par le spectacle tragique, se découvre lui-même problématique.

Sur tous ces points nous nous sommes, après et avec d'autres hellénistes, suffisamment expliqué pour que nous ne nous sentions pas l'envie d'y revenir.

Mais la question qu'au début de cette étude nous posions, dans le sillage des Grecs, le lecteur ne manquera pas, au terme de notre analyse, de nous la retourner. Il nous dira : à la fin du compte, selon vous, en quoi cela concerne-t-il Dionysos? La réponse est à deux étages. Qu'il y ait d'abord, dans le théâtre grec, une dimension religieuse, c'est trop évident. Mais la religion n'a pas, pour les Anciens, le même sens ni la même place que pour nous. Elle n'est pas vraiment séparée du social et du politique. Toute manifestation collective importante, dans le cadre de la cité et de la famille, du public et du privé, comporte un aspect de fête religieuse. C'est vrai de l'entrée en charge d'un magistrat, d'une réunion de l'assemblée, d'un traité de paix et aussi bien d'une naissance, d'un repas entre amis, d'un départ en voyage. C'est vrai à plus forte raison pour le théâtre.

On insistera cependant : dans cette dimension religieuse, pourquoi Dionysos? Si à la série des causes proprement historiques, difficiles à démêler, il fallait ajouter ou plutôt substituer des raisons d'un autre ordre, qui touchent non plus à l'origine de la tragédie mais à la signification que le lecteur d'aujourd'hui est tenté de lui reconnaître, je dirais volontiers ceci : davantage encore que dans des racines qui le plus souvent nous échappent, c'est dans ce que la tragédie a institué de plus neuf, dans ce qui fonde au Ve siècle – et pour nous encore – sa modernité, que réside sa connivence avec Dionysos. La tragédie donne à voir sur la scène des personnages et des événements qui revêtent, dans l'actualité du spectacle, toutes les apparences de l'existence réelle. Au moment même où les spectateurs les ont sous les yeux, ils savent que les héros tragiques n'y sont pas et ne sauraient y être puisque, rattachés à une époque entièrement révolue, ils appartiennent comme par définition à un monde qui n'existe plus, à un inaccessible ailleurs. La « présence » qu'incarne l'acteur au théâtre est donc toujours le signe ou le masque d'une *« absence »* à la réalité quotidienne du public. Entraîné par l'action, bouleversé par ce qu'il voit, le spectateur n'en reconnaît pas moins qu'il s'agit de faux-semblants, de simulations illusoires – en un mot, de « mimétique ». Dans la culture grecque la tragédie ouvre ainsi un nouvel espace, celui de l'imaginaire, senti et compris comme tel, c'est-à-dire comme une œuvre humaine relevant du pur artifice. *« La conscience de la fiction,* ai-je écrit naguère, *est constitutive du spectacle dramatique; elle apparaît à la fois comme sa condition et comme son produit* [6]. *»* Fiction, faux-semblant, imaginaire; mais, si l'on en croit Aristote, il y a dans ce jeu d'ombres que l'art illusionniste du poète fait vivre sur la scène plus de sérieux et de vérité pour le philosophe que n'en comportent les récits de l'histoire authentique, quand

---

6. *Infra,* « Le Sujet tragique : historicité et transhistoricité », p. 86.

elle s'attache à rappeler comment les événements se sont effectivement passés dans la réalité. Si l'un des traits majeurs de Dionysos consiste, comme nous le pensons, à brouiller sans cesse les frontières de l'illusoire et du réel, à faire surgir brusquement l'ailleurs ici-bas, à nous déprendre et nous dépayser de nous-mêmes, c'est bien le visage du dieu qui nous sourit, énigmatique et ambigu, dans ce jeu de l'illusion théâtrale que la tragédie, pour la première fois, instaure sur la scène grecque.

2

Figures du masque en Grèce ancienne *

En dehors des masques, comiques ou tragiques, portés sur la scène par des acteurs, la Grèce a connu, sculptés dans le marbre, moulés en terre cuite, taillés en bois, des masques destinés à figurer une divinité ou à revêtir le visage de ses célébrants pendant la durée du rite.

Masques cultuels donc, différents du masque théâtral. Cette distinction, à première vue, peut surprendre puisque à Athènes, comme dans les autres cités antiques, les concours dramatiques ne sont pas dissociables du cérémonial religieux en l'honneur de Dionysos. Ils se déroulent à l'occasion des fêtes du dieu, lors des Grandes Dionysies urbaines, et conservent jusqu'à la fin de l'Antiquité un caractère sacré. Au reste l'édifice même du théâtre ménage, dans son enceinte, une place à un temple de Dionysos; au centre de l'*orchestra* se dresse, pour le dieu, un autel de pierre, la *thymelê*, et, sur les gradins, à la place d'honneur, le plus beau siège est réservé au prêtre de Dionysos.

Un écart s'affirme pourtant entre le masque scénique, acces-

* Cette étude, écrite en collaboration avec F. FRONTISI-DUCROUX, a fait l'objet d'une première publication dans le *Journal de psychologie* 1/2, 1983, pp. 53-69. Nous remercions F. Lissarrague qui s'est chargé d'exécuter les dessins illustrant cette étude.

soire dont la fonction est de résoudre, à côté d'autres éléments du costume, des problèmes d'expressivité tragique, et, d'une part, les mascarades rituelles où les fidèles se déguisent à des fins proprement religieuses, d'autre part le masque du dieu lui-même qui, par sa seule face aux yeux étranges, traduit certains aspects propres à Dionysos, cette puissance divine dont la présence est comme inéluctablement marquée d'absence.

L'existence, en Grèce ancienne, de masques cultuels dans le cas de certaines divinités pose un problème qui doit être abordé dans une perspective plus générale : les formes diverses de figuration du divin. Les Grecs ont connu à peu près tous les types d'expression symbolique de la divinité : pierre brute, poutre, pilier, figure animale, monstrueuse, représentation humaine, masque. A l'époque classique, on le sait, la forme canonique qui s'est imposée pour la statue de culte est l'image anthropomorphe. Cependant pour certaines puissances divines, qui s'écartent sur ce plan de la règle et constituent un groupe singulier, le masque garde toute sa valeur, toute son efficacité symbolique. Quels sont ces dieux que le masque a plus spécialement vocation de figurer? Qu'ont-ils en commun qui les apparente à ce domaine particulier du surnaturel que le masque, mieux que toute autre forme, permet d'évoquer?

Nous retiendrons, pour les regrouper, trois puissances divines majeures.

Tout d'abord une puissance qui est tout entière masque, qui opère à travers le masque, dans et par lui : Gorgô, la gorgone. Ensuite une déesse, qui sans être jamais figurée elle-même par le masque, ménage dans son culte une place privilégiée aux masques et aux déguisements : Artémis. Enfin la divinité dont les affinités avec le masque sont sur tous les plans si intimes qu'elle occupe dans le panthéon grec la place de dieu au masque : Dionysos. Entre ces trois entités de l'au-delà, écarts et contrastes mais aussi connivences et glissements permettent de poser le problème général du masque dans l'univers religieux des Grecs.

I. Gorgô

Le modèle plastique de la gorgone se présente sous une double forme : un personnage féminin à face monstrueuse,

Figure 1

Masque de Gorgô entre deux yeux prophylactiques (musée de Naples).

Figure 2

Masque de Dionysos entre deux yeux prophylactiques (musée de Madrid).

Méduse, qui seule des trois gorgones est mortelle. Persée lui coupe la tête, en évitant soigneusement son regard pétrifiant; il offre cette tête à Athéna qui la fixe au centre de son égide, devenue dès lors *Gorgonéion.* Mais Gorgô est avant tout un masque, aux usages multiples : aux frontons des temples, en bas-relief, en acrotère ou antéfixe, elle semble jouer un rôle apotropaïque en même temps que décoratif. Suspendue dans les ateliers des artisans, elle veille sur les fours des potiers et écarte des forges les démons malfaisants. Dans les demeures privées, le masque de Gorgô appartient à l'environnement familier, répété sans cesse sur les coupes et les amphores. On le trouve également en épisème sur le bouclier du guerrier.

Qu'elle soit représentée en pied, ou comme un masque isolé, dès son apparition au VIIe siècle, et à travers les variantes qu'en peut présenter l'imagerie corinthienne, attique et laconienne, une constante fondamentale domine ses figurations : la facialité.

Gorgô, lorsque son corps et ses jambes sont représentés, selon la norme, de profil, présente toujours au spectateur, lui faisant front, son visage arrondi, distendu, écarquillé.

Comme Dionysos qui, nous le verrons, seul de tous les Olympiens, est figuré de face, Gorgô est une puissance que l'homme ne peut aborder sans tomber sous son regard. Cette prédominance du regard est soulignée dans un certain nombre d'images céramiques qui encadrent le masque de Gorgô de deux grands yeux prophylactiques [1]. Dans la même position on rencontre également le masque de Dionysos ou celui d'un satyre. Une variante de ce motif présente la face de Gorgô occupant, au fond de chaque œil, la position de la prunelle – que les Grecs nommaient *Koré,* la « jeune fille » [2].

Dans les textes, en particulier dans l'épopée, le regard de la Gorgone, qui luit parfois aux yeux du guerrier en furie, provoque l'épouvante : panique sans motif, irraisonnée, effroi à l'état pur, terreur comme dimension du surnaturel. L'œil

---

1. Cf. E. E. BELL, « Two Krokotos Mask Cups at San Simeon », *CSCA,* 10, 1977, pp. 1-15.
2. Coupe FN, Cambridge GB, Fitzwilliam Museum, 61; J. BEAZLEY, ABV 202, 2.

gorgonéen du combattant irrésistible, son faciès grimaçant comme le hideux visage sur l'égide d'Athéna, c'est la mort inéluctable dont l'attente glace les cœurs, qui paralyse et pétrifie [3]. Aussi le Gorgonéion est-il l'emblème le plus fréquent des boucliers héroïques sur les figures de vases [4]. Son efficacité visuelle se double d'une dimension sonore. La bouche distendue de Gorgô évoque le cri énorme d'Athéna surgissant dans le camp des Troyens, le hurlement effroyable d'Achille revenant au combat, mais aussi le son de la flûte, qu'invente Athéna pour imiter la voix aiguë des gorgones [5]. La déesse jouait de la flûte lorsqu'elle aperçut dans l'eau d'une source ses joues gonflées, distendues, enlaidies, à la semblance du masque gorgonéen. Dépitée, elle jette son nouveau jouet; Marsyas, le satyre, s'en empare [6]. La flûte guerrière, la flûte des possessions initiatiques est l'instrument du délire, d'un délire qui peut être fatal [7].

Exposé au regard de Gorgô, l'homme s'affronte aux puissances de l'au-delà dans leur altérité la plus radicale, celle de la mort, de la nuit, du néant. Ulysse, le héros d'endurance, fait demi-tour à l'entrée des Enfers : « La crainte verte me saisit, dit-il, que la noble Perséphone ne m'envoie du fond de l'Hadès la tête gorgonéenne du monstre terrifiant [8]. » Gorgô marque la frontière du monde des morts. Y pénétrer c'est, sous son regard, se transformer soi-même, à l'image de Gorgô, en ce que sont les morts, des têtes vides et sans force, des têtes vêtues de nuit [9].

Cette altérité radicale, les artistes grecs l'expriment formellement, pour la rendre visible aux regards humains, par la monstruosité. Une monstruosité basée sur un brouillage

---

3. *Il.*, V, 738; VIII, 349.
4. *Il.*, V, 738 et suiv.; cf. G. H. CHASE, *The Shield Devices of the Greek*, Cambridge (Mass.), 1902.
5. PINDARE, XIIe *Pythique*, 12-42.
6. ARISTOTE, *Politique*, 1342 b et suiv.; APOLLODORE, I, 4, 2; ATHÉNÉE, XIV, 616 e-f; PLUTARQUE, *Moralia*, 456 b et suiv.
7. PLATON, *Lois*, VII, 790 c-791 b; JAMBLIQUE, *Des Mystères* 3, 9. Cf. l'analyse de J.-P. VERNANT, *La Mort dans les yeux*, Paris, 1985, pp. 55-63.
8. *Od.*, XI, 633-635.
9. *Od.*, X, 521, 536; XI, 29, 49.

systématique de toutes les catégories que le monde organisé distingue et qui, en ce visage, se mêlent et interfèrent. Sur la face de Gorgô le bestial vient se superposer à l'humain : la tête élargie, arrondie, évoque un masque léonin; la chevelure est traitée en crinière animale ou, le plus souvent, hérissée de serpents. Les oreilles énormes évoquent celles d'un bovin. La bouche ouverte en rictus fend toute la largeur du visage, découvrant, dans l'alignement des dents, des crocs de fauve ou des défenses de sanglier. La langue, gigantesque, projetée en avant, retombe sur le menton. Elle bave comme le cheval imprévisible et terrifiant, animal venu de l'au-delà, qui souvent est figuré dans ses bras, ou dont elle peut, telle une centauresse, prendre le corps [10].

Mélange d'humanité et d'animalité donc, mais aussi fusion des genres : le menton est poilu et barbu. Figurée en pied elle est parfois dotée d'un sexe masculin, alors que par ailleurs cette créature femelle, qui s'unit à Poséidon, est montrée en train d'accoucher. Mais généralement c'est de son col tranché qu'elle enfante ses deux fils, le cheval Pégase et Chrysaor le géant [11].

Comme ses sœurs les Grées, vieilles jeunes filles nées avec des cheveux blancs, plissées comme la peau du lait, Gorgô porte sur ses joues et son front de profondes rides. Comme elles, elle est jeune et vieille à la fois.

D'une laideur repoussante, elle est pourtant séduisante, le désir de Poséidon suffirait à en témoigner. Une tradition en fait une ravissante jeune fille, entrée en compétition, pour sa beauté, avec quelque déesse, et punie de cette insolence [12]. A l'époque tardive, Méduse est représentée sous les traits d'une femme extrêmement belle, fascinante comme la mort qu'elle porte dans ses yeux.

Jeune-vieille, belle-laide, masculine-féminine, humaine et bestiale, Gorgô conjoint aussi le mortel et l'immortel. Ses deux sœurs sont impérissables. Elle seule est morte, mais sa

---

10. Métope de terre cuite de l'Athenaion de Syracuse (620-610); amphore béotienne à reliefs du Louvre (début VIIe s.); cf. K. SCHEFOLD, *Frügriechische Sagenbilder,* Munich, 1964, pl. II et 156.

11. HÉSIODE, *Théogonie,* 280-281.

12. APOLLODORE, II, 3, 4; OVIDE, *Métamorphoses,* IV, 795 et suiv.

tête tranchée continue à vivre et à donner la mort. Les trois gorgones, nées au royaume de la nuit, dans les régions souterraines proches du monde des morts, sont ailées et leur vol magique leur permet de circuler sur et sous la terre, comme au-delà, dans les airs. Le fils de Méduse, Pégase, cheval-source jailli de son cou coupé, reliera désormais le ciel et la terre en transportant la foudre.

Conjoignant tous les contraires, confondant les catégories normalement distinctes, cette face désorganisée provoque l'épouvante, évoque la mort, mais peut aussi prendre la forme de la crise de possession. Sur le visage du possédé le délire frénétique, que les Grecs appellent *Lussa*, l'Enragée, applique le masque de Gorgô. Les yeux se révulsent, les traits se déforment, la langue saillit hors de la bouche, les dents grincent : ce dément, que dépeint le texte tragique, c'est Héraclès furieux, massacrant ses enfants : l'incarnation même de Gorgô [13].

Si les textes mettent l'accent sur l'inquiétante étrangeté de ce visage bouleversé, les images choisissent très souvent l'autre pôle du monstrueux, le grotesque. La majorité des représentations de Gorgô, sans effacer totalement l'horreur latente, sont risibles, humoristiques, burlesques. Bien proches de ces monstres dont on fait peur aux petits enfants, les *mormolukeia*, sortes de croque-mitaines, d'épouvantails. Façon d'exorciser l'angoisse, de transmuer la menace en protection par un processus d'inversion, de faire que le danger, ne visant que l'adversaire, devienne un moyen de défense.

Dans certains cas le grotesque peut surgir de la confrontation entre le visage et le sexe. Comme pour les satyres, ces êtres équivoques dont le phallus érigé est destiné à provoquer le rire, on relève chez Gorgô des affinités manifestes avec la représentation du sexe, féminin en l'occurrence. La plus évidente est fournie par le personnage de Baubô, que certains textes assimilent elle aussi aux ogresses des contes de nourrices, ou aux spectres nocturnes, et qui joue un rôle décisif dans les récits étiologiques des rituels éleusiniens : c'est elle qui, par ses facéties joyeuses, réussit à rompre le deuil de

---

13. EURIPIDE, *Héraclès*, 931 et suiv.

Déméter en provoquant le rire de la déesse. Selon les récits des Pères de l'Église, Baubô, à bout d'invention, a l'idée de relever sa jupe et d'exhiber son bas-ventre [14]. Or le sexe qu'elle dévoile est aussi un visage d'enfant. Baubô, en le manipulant, lui donne un aspect rieur, et Déméter éclate de rire. L'exhibition du sexe qui, dans d'autres contextes, initiatiques en particulier, suscite un effet de terreur sacrée, provoque ici l'hilarité, et met un terme à l'angoisse du deuil. Ce visage-sexe, ce sexe fait masque, dont la vue est libératrice, se retrouve sur les curieuses statuettes de Priène, où le ventre et la face sont superposés et fondus [15].

II. Artémis

Artémis n'est pas figurée sous la forme d'un masque. Son type plastique, tel que l'ont fixé la statuaire et la céramique, est bien connu : c'est la vierge chasseresse, belle et sportive, en tunique courte, l'arc à la main, souvent escortée de ses chiens ou entourée d'animaux. Dans la mesure ou cette déesse reprend, dans le monde grec, certains aspects d'une divinité préhellénique, la *Potnia therôn,* la « Maîtresse des fauves », il est certes possible de trouver des accointances entre ses représentations et les formes de figuration les plus archaïques de Gorgô [16]. Ce n'est pourtant pas ainsi que nous procéderons. Si Artémis est une divinité du masque, c'est que son culte, et plus précisément les rituels initiatiques de jeunes auxquels elle préside, font aux masques et aux mascarades une place de choix. Pour en dégager les significations et tenter de comprendre ce qui relie la sœur jumelle d'Apollon avec cette zone du surnaturel que le masque a spécialement fonction d'exprimer, il est nécessaire de dessiner le profil d'Artémis, de la situer dans l'ensemble du panthéon, de marquer plus

---

14. Clément d'Alexandrie, *Protreptique,* II, 21 ; Arnobe, *Adv. Nat.,* V, 25, p. 196, 3 Reiff (Kern fr. 52 et 53).
15. Cf. J. Raeder, *Priene. Funde aus einer griechischen Stadt,* Berlin, 1983, fig. 23 a-b-c.
16. Cf. Th. G. Karagiorga, *Gorgeiè Kephalé,* Athènes, 1970.

nettement la place qui lui revient dans l'organisation des pouvoirs surnaturels [17].

L'espace artémisien se déploie sur les zones frontières : montagnes qui bornent et séparent les États, lieux éloignés des villes où les grands sanctuaires de la déesse sont souvent l'enjeu de peuples voisins et ennemis, marges enfin, où dans les forêts épaisses, comme sur les crêtes arides, la déesse mène sa meute massacrant les bêtes sauvages, qui sont sa propriété et qu'aussi bien elle protège. Elle règne également sur les grèves et les rivages marins, limites des terres et de la mer, où la légende la fait parfois aborder, étrange et inquiétante statue venue d'un pays barbare. Sa place est encore dans les plaines intérieures, au bord des lacs, sur les sols marécageux et sur les rives de certains fleuves, là où les eaux stagnantes, les inondations toujours possibles, créent un espace mi-aquatique mi-terrien où, entre sec et humide, entre liquide et solide, la démarcation reste floue.

Entre ces espaces si divers, quels sont les traits communs? Plutôt que d'espace de complète sauvagerie, représentant, par rapport aux terres cultivées de la cité, une altérité radicale, le monde d'Artémis est celui des confins, des zones limitrophes où l'Autre se manifeste dans le contact qu'on entretient avec lui, sauvage et civilisé se côtoyant, pour s'opposer certes, mais pour s'interpénétrer tout autant.

Déesse courotrophe, Artémis préside à l'accouchement, à la naissance, à l'élevage des enfants. Située à l'intersection du sauvage et de l'apprivoisé, son rôle est de prendre en charge les petits des hommes, qui lui appartiennent au même titre que les petits des animaux, bêtes fauves ou bestiaux domestiques. Ces enfants, elle les mène de l'état informe de nouveau-né à la maturité, les apprivoisant, les adoucissant, les façonnant pour leur faire franchir le seuil décisif que représente pour les filles le mariage, pour les garçons l'accès à la

17. Sur les divers aspects d'Artémis évoqués ici, cf. J.-P. VERNANT, *Annuaire du Collège de France,* 1980-1981, pp. 391-405 ; 1981-1982, pp. 408-419 ; 1982-1983, pp. 443-457 ; *La Mort dans les yeux,* pp. 15-24 ; F. FRONTISI-DUCROUX, « Artémis Bucolique », *RHR,* CXCVIII, 1, 1981, pp. 29-56 ; et le recueil collectif : *Recherches sur les cultes grecs et l'Occident,* 2, *Cahiers du Centre Jean Bérard,* Naples, 1984.

citoyenneté. Au cours d'une série d'épreuves, en milieu sauvage, aux marges de la cité, il faut que le jeune réussisse à couper les liens qui, depuis sa naissance, l'unissent à ce monde différent. Il faut d'abord qu'entre le garçon et la fille, au stade ambigu où la frontière entre les sexes reste encore incertaine, une démarcation s'instaure, nette et sans retour.

Artémis fait mûrir les filles, les rend nubiles, les prépare au mariage où l'union sexuelle doit s'accomplir sous la forme la plus civilisée. La violence de l'acte sexuel, qui terrifie les jeunes épousées comme un épouvantail, Artémis la refuse pour elle-même en rejetant le mariage. Et la hantise du viol et du rapt, conduites qui, au lieu d'intégrer la féminité à la culture, sont occasion d'ensauvagement pour les deux sexes, se lit dans les récits mythiques des *parthenoi* vouées à Artémis. Violence masculine bien sûr, mais aussi menace provenant du côté féminin, lorsque la jeune fille, qui veut trop imiter sa déesse, refuse le mariage et bascule dans la bestialité totale, chasseresse farouche qui poursuit et massacre le mâle qu'elle devrait épouser.

Le rituel de Brauron en Attique est exemplaire de la façon dont Artémis prépare la bonne intégration de la sexualité dans la culture. Les petites filles d'Athènes ne pouvaient se marier – cohabiter avec un homme – si elles n'avaient, entre cinq et dix ans, mimé l'ourse. Mimer l'ourse n'indique pas un retour à l'état sauvage, comme dans le cas de Callistô, punie par une métamorphose en ourse pour n'être pas restée fidèle au monde virginal de la déesse, pour avoir connu, par violence, union sexuelle et enfantement. Dans le cas des jeunes Athéniennes il s'agit de refaire le parcours d'une ourse, jadis apprivoisée, qui était venue, familière, cohabiter avec les humains, s'élever en leur compagnie, au sanctuaire d'Artémis. Une petite fille, insolente ou impudente, imprudente certainement, avait trop joué avec l'animal : elle fut griffée au visage, et son frère, en colère, tua l'ourse. Depuis, en réparation, les filles des citoyens d'Athènes imitent l'ourse, comme elle s'apprivoisant lentement, détruisant en elles la sauvagerie latente, afin de pouvoir, sans danger pour les deux partenaires, venir cohabiter avec un époux.

Des masques étaient-ils utilisés lors de ces cérémonies? Rien de moins certain, malgré un fragment de vase qui montre un personnage féminin adulte – une prêtresse? – portant un

Figure 3

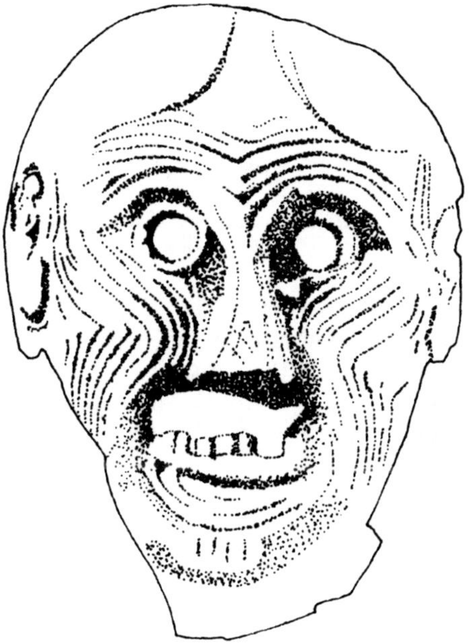

Masque de vieille femme, trouvé au sanctuaire d'Artémis Orthia (musée de Sparte).

masque d'ourse [18]. Mais l'imitation d'un modèle animal fait fonction de mascarade symbolique.

Pour les garçons, il leur faut, avant d'accéder à la citoyenneté, acquérir les qualités physiques et morales nécessaires au combattant citoyen. Ce processus était particulièrement institutionnalisé à Sparte, où d'ailleurs la population masculine était, de la petite enfance à la vieillesse, répartie en classes d'âge fortement organisées. Dès l'âge de sept ans, dans le cadre d'une éducation communautaire, on soumettait le gar-

---

18. Cf. L. KAHIL, « L'Artémis de Brauron : rites et mystères », *Antike Kunst,* 20, 1977, pp. 86-98.

çon destiné à rejoindre un jour la catégorie des « Égaux » à un dressage très rigoureux, comportant des devoirs imposés et des épreuves successives, avec une démarcation très nette au passage de l'enfance à l'adolescence.

Au cours de cette *paideia,* la *mimesis* jouait un rôle considérable, tant sous la forme de comportements quotidiens obligatoires que lors de mascarades occasionnelles.

Les jeunes garçons devaient, par exemple, pratiquer une vertu qui a nom *sophrosunê :* marcher en silence, dans la rue, les mains sous le manteau, sans regarder à droite ni à gauche, les yeux fixés au sol. Ne jamais répondre, ne pas faire entendre sa voix. Il leur faut montrer que, même sous le rapport de la modestie, le sexe masculin l'emporte sur le sexe féminin. Ainsi, rapporte Xénophon, on croirait voir de vraies jeunes filles [19]. Mais parallèlement à ce maintien chaste et réservé, hyperféminin pourrait-on dire, ils doivent faire ce qui normalement est interdit : voler à la table des adultes, ruser, se débrouiller, se faufiler sans se faire prendre pour se procurer de la nourriture. Il leur faut, au cours de féroces batailles collectives, où tous les coups sont permis, morsures, griffures, ruades, faire preuve de la plus violente brutalité, pratiquer la sauvagerie absolue, atteindre les limites extrêmes de cette vertu spécifiquement masculine qui s'appelle *andreia :* frénésie du guerrier qui veut vaincre à tout prix, prêt à dévorer le cœur et la cervelle de son ennemi, et sur le visage de qui se dessine le masque effroyable de Gorgô. Hypervirilité, basculant cette fois vers l'animalité, la sauvage bestialité.

En d'autres occasions les jeunes adeptes de la pudeur et de la réserve se livrent à des manifestations bouffonnes, faisant assaut d'incongruités verbales, d'injures et d'obscénités.

C'est dans ce contexte qu'il faut sans doute replacer les masques découverts lors des fouilles archéologiques dans le sanctuaire d'Artémis Orthia [20]. Il s'agit d'ex-voto de terre cuite, en majorité plus petits que des visages d'enfants, et que l'on interprète comme la reproduction des masques de

19. XÉNOPHON, *République des Lacédémoniens,* III, 5.

20. R. M. DAWKINS, *The Sanctuary of Artemis Orthia at Sparta,* Londres, 1929, en particulier chap. V et pl. XLVI-LXII.

bois qui étaient portés lors des cérémonies du culte de cette déesse.

Certains représentent des vieilles femmes à la figure complètement ridée, à la bouche édentée, qui évoquent les Grées, sœurs lointaines des Gorgones. Il y a aussi des satyres grimaçants, des Gorgô en grand nombre, des faces grotesques, plus ou moins bestiales, parfois informes. On y trouve aussi des visages impassibles de jeunes guerriers casqués.

L'on sait aussi que certains autres rituels initiatiques comportaient, toujours à Sparte, des danses à caractère mimétique – danse du lion, par exemple –, ou franchement inconvenantes.

Tout cela permet de supposer qu'au cours de ces mascarades et de ces jeux rituels les jeunes Spartiates devaient mimer, par leur gesticulation et à l'aide de déguisements et de masques, les attitudes les plus diverses et les plus contrastées : réserve féminine et férocité animale, pudeur et obscénité, dégradation du vieil âge et vigueur du jeune guerrier, explorant successivement tous les aspects de la marginalité et de l'étrangeté, endossant tous les possibles de l'altérité, apprenant la transgression pour mieux s'approprier la règle à quoi désormais ils devraient se tenir.

De la même façon, dans bien des sociétés, l'ordre, pour être raffermi, a besoin d'être périodiquement contesté, bouleversé pendant ces quelques jours de Carnaval où règne l'inversion : femmes vêtues en hommes, hommes costumés en femmes ou en animaux, esclaves prenant la place des maîtres, roi de Carnaval chassant symboliquement le chef de la cité. Pendant ces journées, l'obscénité, la bestialité, le grotesque, le terrifiant et le bouffon, négation de toutes les valeurs établies, déferlent sur le monde de la culture.

De même, sous la protection vigilante d'Artémis, divinité des marges et des transitions, les enfants grecs font l'apprentissage de l'identité sociale, fillettes mimant le lent trajet qui les mène de la foncière sauvagerie de leur sexe à la civilité de la bonne épouse, garçons s'initiant à repérer tous les excès afin de reconnaître et de rejoindre, sans risque de retour ni rechute, la norme de la citoyenneté.

III. Dionysos

Avec Dionysos le processus peut sembler tout à fait contraire. Il est en fait complémentaire. C'est sur l'adulte pleinement socialisé, citoyen intégré, mère de famille à l'abri du foyer conjugal, que le dieu exerce ses pouvoirs, introduisant, au cœur même de la vie quotidienne, la dimension imprévisible de l'ailleurs.

Sur le culte adressé au dieu-masque, nous ne possédons que peu de documents. Rien dans les descriptions des fêtes dionysiaques ne précise jamais si le rituel s'adresse au dieu figuré sous la forme d'un simple masque, ou à une statue cultuelle, anthropomorphe, analogue à celle des grands olympiens dont il fait partie. C'est un premier aspect de son ambivalence. Quoique dieu authentiquement grec, d'aussi bonne origine et d'aussi grande antiquité que les autres – il est déjà présent à Mycènes –, il est pourtant l'« étranger », l'« autre », celui qui perpétuellement arrive d'au-delà les mers, tantôt, comme Artémis, sous la forme d'une idole d'aspect inhabituel apportée par les flots, tantôt surgissant en personne, depuis l'Asie barbare, avec à sa suite sa troupe de Bacchantes qu'il répand sur la Grèce effarée.

Nous avons cependant à notre disposition, pour tenter de cerner la personnalité du dieu-masque, deux types de documents.

– Archéologiques d'abord : d'une part, des masques de marbre, de dimensions diverses, aux orifices non perforés, qui n'étaient pas portés mais accrochés, comme l'indiquent des trous de suspension [21] ; de l'autre, des images céramiques représentant une idole-masque fixée à un pilier.

– Textuels ensuite : la pièce d'Euripide, les *Bacchantes*, qui met en scène, pour le théâtre, la toute-puissance de la *mania* dionysiaque, sur un mode particulièrement ambigu. Sous le masque tragique, un acteur incarne le dieu, protagoniste du drame ; mais ce dieu, lui-même masqué, se dissimule sous une

---

21. W. Wrede, « Der Maskengott », *Athenische Mitteilungen*, Berlin, 1928, pp. 67-98, Pl. XXI-XXVII.

apparence humaine, qui ne laisse pas d'être à son tour équivoque. Homme-femme, au visage fardé, encadré de longues tresses, au regard étrange, vêtu d'une robe asiatique, Dionysos se fait passer pour l'un de ses prophètes, venu pour révéler aux yeux de tous l'épiphanie du dieu dont les manifestations essentielles sont les métamorphoses, le déguisement et le masque [22].

Le texte tragique ainsi que les représentations figurées mettent en évidence une des caractéristiques fondamentales de cette puissance divine : la facialité. Comme Gorgô, Dionysos est un dieu avec qui l'homme ne peut entrer en contact que dans un face-à-face : impossible de le regarder sans tomber du même coup sous la fascination de son regard, qui vous arrache à vous-même.

C'est ce qu'à Penthée l'impie, le Dionysos des *Bacchantes* explique, lorsqu'il feint de n'être que l'un de ses propres fidèles, ayant reçu l'initiation, au cours d'une confrontation décisive avec le dieu : « Je l'ai vu en train de me voir [23]. »

C'est également ce que traduisent les figurations céramiques. Sur le vase François [24], en longue procession, tous les dieux s'avancent, de profil. Et le visage de Dionysos, soudainement offert de face, introduit une rupture saisissante dans la régularité du cortège. De ses yeux écarquillés il fixe le spectateur qui, de ce fait, se trouve placé en position d'initié aux mystères. Sur les coupes à boire, le dieu, corps de profil, debout ou étendu sur un lit, levant d'une main le canthare ou la corne à boire, ou titubant sous l'effet de l'ivresse, regarde encore dans les yeux celui qui le regarde.

Mais ce sont surtout les représentations de son idole masquée qui expriment le mieux la fascination de ses yeux inéluctables. Sur un pilier, un masque barbu, chevelu, couronné de lierre est accroché. Au-dessous, les plis d'une étoffe flottante. Tout autour le culte s'organise. Des femmes, au sortir de la transe extatique, manipulent gravement des récipients à vin. Sous le regard du dieu, vers qui leurs regards convergent,

22. Cf. J.-P. VERNANT, « Le Dionysos masqué des *Bacchantes* d'Euripide », *infra*, pp. 237-270.
23. EURIPIDE, *Bacchantes*, 470.
24. Florence, Mus. Arch., 4209 ; cf. K. SCHEFOLD, *op. cit.*, pl. 46.

drainant à leur suite les yeux du spectateur, elles distribuent le breuvage dangereux, maléfique si on l'absorbe sans les précautions rituelles. Car Dionysos a enseigné aux hommes le bon usage du vin, la façon de couper, pour l'apprivoiser, le liquide sauvage qui rend fou en jetant chacun hors de soi. Devant le masque, les femmes, qui ne consomment pas le vin, puisent et répartissent, avec une pieuse dignité, la boisson destinée aux hommes et aux dieux [25].

Ailleurs le masque énorme est entouré de ménades agitées et de satyres gesticulants. Ces derniers sont eux-mêmes des masques, créatures mixtes, mi-hommes, mi-bêtes, inquiétants comme le cheval dont ils ont les oreilles et la queue, et grotesques comme l'âne ou le bouc dont ils miment la lubricité. Leurs gambades et leurs sauts expriment plastiquement un autre aspect du dionysisme, le délire joyeux et libérateur qui s'empare de celui qui ne refuse pas le dieu, qui accepte avec lui de remettre en question les catégories, d'effacer les frontières séparant l'animal de l'homme, l'homme des dieux, d'oublier les rôles sociaux, les sexes et les âges, de danser sans crainte du ridicule comme dansent les deux vieillards chenus des *Bacchantes*, Tirésias et Kadmos, sages de reconnaître et d'accepter la divine folie.

Lorsque le masque est représenté de profil, au centre d'une image, seul ou redoublé, la danse des ménades qui évoluent autour du pilier semble marquer un autre aspect du rituel : l'effort des humains pour évoquer, fixer et, par l'encerclement au milieu de ses adorateurs, circonscrire en un point du sol, en pleine nature et non pas dans l'espace sacré d'un temple, cette présence divine dont le masque creux aux yeux vacants souligne l'insaisissable ubiquité, l'irrémédiable altérité [26].

Ces accessoires vides, le masque barbu, la couronne de lierre, la robe flottante figurant la divinité avec qui, en un face-à-face fasciné, le fidèle peut se fondre, l'homme peut lui-même les revêtir, endossant ainsi les marques du dieu, les prenant sur soi pour s'en mieux laisser posséder. Devenir

25. Cf. J.-L. DURAND et F. FRONTISI-DUCROUX, « Idoles, Figures, Images : autour de Dionysos », RA, 1/1982, pp. 81-108.

26. Cf. « Au miroir du masque », in *La Cité des Images,* ouvr. coll., Paris-Lausanne, 1984, pp. 147 et suiv.

autre, en basculant dans le regard du dieu ou en s'assimilant à lui par contagion mimétique, tel est le but du dionysisme qui met l'homme en contact immédiat avec l'altérité du divin.

C'est un phénomène parallèle qui s'accomplit au théâtre lorsqu'au Vᵉ siècle les Grecs instaurent un espace scénique où l'on donne à voir en spectacle des personnages et des actions que leur présence, au lieu de les inscrire dans le réel, rejette dans ce monde différent qui est celui de la fiction. Quand ils

Figure 4

Masque cultuel de Dionysos (musée de la Villa Giulia, Rome).

ont sous les yeux Agamemnon, Héraclès ou Œdipe, figurés par leur masque, les spectateurs qui les regardent savent que ces héros sont à jamais absents, qu'ils ne peuvent être là où ils les voient, qu'ils appartiennent au temps désormais révolu des légendes et des mythes. Ce que réalise Dionysos, et ce que provoque aussi le masque, quand l'acteur le revêt, c'est, à travers ce qui est rendu présent, l'irruption, au centre de la vie publique, d'une dimension d'existence totalement étrangère à l'univers du quotidien.

L'invention du théâtre, du genre littéraire qui met en scène le fictif comme s'il était réel, ne pouvait intervenir que dans le cadre du culte de Dionysos, dieu des illusions, de la confusion et du brouillage incessant entre la réalité et les apparences, la vérité et la fiction.

Cette rapide esquisse des emplois religieux du masque dans le monde grec permet de dégager quelques traits communs aux trois puissances divines qui occupent ce secteur du surnaturel défini par le masque, de mettre en lumière aussi, à côté des constantes, les oppositions qui régissent les rapports respectifs de ces trois entités.

A travers le jeu des masques l'homme grec s'affronte à diverses formes de l'altérité. Altérité radicale de la mort dans le cas de Gorgô dont le regard pétrifiant plonge celui qu'elle subjugue dans la terreur et le chaos. Altérité radicale aussi pour le possédé de Dionysos, mais en direction opposée : la possession dionysiaque, du moins pour qui l'accepte, ouvre sur un univers de joie où s'abolissent les limites étroites de la condition humaine. Face à ces deux types d'altérité, verticale, pourrait-on dire, qui entraînent l'homme tantôt vers le bas, tantôt vers le haut, vers la confusion du chaos ou vers la fusion avec le divin, l'altérité que sous le patronage d'Artémis explorent les jeunes Grecs semble située sur un plan horizontal, pour le temps et pour l'espace : chronologie de l'existence humaine, ponctuée d'étapes et de passages; espace concentrique de la société civilisée qui s'étend depuis la cité jusqu'aux zones lointaines des montagnes et des mers, du cœur de la culture aux marges de la sauvagerie. Cette sauvagerie, qui semble la rapprocher de Gorgô, Artémis ne la marque et ne la repère que pour mieux la rejeter, la maintenir à distance en la reléguant à l'horizon des pourtours. En un lent apprentissage des différences, la déesse conduit le jeune à une bonne intégration dans la vie civique. Cela même qu'elle articule avec mesure, au cours de rituels transgressifs, il semble que la fonction de Dionysos soit justement de le faire éclater. Abolissant les interdits, brouillant les catégories, désintégrant les cadres sociaux, Dionysos insère au cœur de la vie humaine une altérité si complète qu'elle peut aussi bien rejeter ses ennemis, comme le ferait Gorgô, vers l'horreur, le chaos, la mort, qu'élever ses fidèles à un état d'extase, d'entière et joyeuse communion avec le divin.

Dionysos partage avec Gorgô le pouvoir fascinant du regard. Mais son culte, comme celui d'Artémis, donne lieu à des mascarades débridées. Dans les trois cas le masque sert à traduire des effets de tension entre termes contraires, terreur et grotesque, sauvagerie et culture, réalité et illusion. Dans les trois cas aussi son emploi s'accompagne et se double du rire, qui résout ces mêmes tensions ; rire libérateur de l'effroi et de la mort, des angoisses du deuil, du carcan des interdits et des bienséances, rire qui affranchit l'humanité de pesantes contraintes sociales.

A ce Rire – en grec *Gelôs* – auquel les Lacédémoniens avaient consacré un sanctuaire, à côté de ceux qu'occupaient ses deux sombres acolytes : Terreur *(Phobos)* et Mort *(Thanatos)*, le législateur Lycurgue avait, en plein centre de l'austère Sparte, fait ériger une statue [27].

27. PLUTARQUE, *Lycurgue*, 24, 4.

3

Le Tyran boiteux : d'Œdipe à Périandre *

Dans l'*Anthropologie structurale,* Lévi-Strauss a proposé du mythe d'Œdipe, à titre d'exemple de sa méthode, une analyse qui est devenue classique [1]. Son interprétation présente deux caractères. D'abord, aux yeux des hellénistes, elle est apparue pour le moins contestable. Ensuite, elle a si radicalement modifié le champ des études mythologiques qu'à partir d'elle, chez Lévi-Strauss et chez d'autres savants, la réflexion sur la légende œdipienne a pris des voies neuves et, je crois, fécondes.

De ce renouvellement je ne retiendrai qu'un aspect. Lévi-Strauss est, à ma connaissance, le premier à avoir dégagé l'importance d'un trait commun aux trois générations de la lignée des Labdacides : un déséquilibre de la démarche, un manque de symétrie entre les deux côtés du corps, un défaut à l'un des deux pieds. Labdacos, c'est le boiteux, celui qui n'a pas les deux jambes pareilles, de même taille ou de même force; Laïos, le dissymétrique, le tout gauche, le gaucher; *Oidipous,* celui qui a le pied enflé. Lévi-Strauss avait d'abord cru pouvoir lire ces noms de personnages grecs, évoquant un défaut dans la démarche ou une malformation du pied, à la

---

* Cette étude a fait l'objet d'une première publication dans *Le Temps de la réflexion,* II, 1981, pp. 235-255.

1. *Anthropologie structurale,* I, Paris, 1958, pp. 227-255.

lumière des mythes amérindiens suivant lesquels les hommes nés de la terre, les autochtones, demeurent liés au sol, d'où ils viennent à peine d'émerger, par une anomalie dans leur mode de locomotion, dans la façon dont ils se déplacent sur la terre en marchant. Interprétation difficile à soutenir, l'application aux faits grecs de modèles américains se révélant gratuite et arbitraire [2].

Mais Lévi-Strauss lui-même, comme obsédé par ce mythe auquel il ne cesse de revenir soit directement, soit par la bande, a laissé tomber cette première hypothèse en élargissant et modifiant sa lecture sur des points essentiels. J'en signalerai deux. Il a d'abord, dans sa *Leçon inaugurale du Collège* [3], rattaché le thème de l'énigme, curieusement oublié dans son analyse première où il n'en soufflait mot, au thème de la démarche : l'énigme doit être comprise comme une question séparée de sa réponse, c'est-à-dire formulée de telle sorte que la réponse ne peut pas réussir à l'atteindre, ne parvient pas à la rejoindre. L'énigme traduit ainsi un défaut ou une impossibilité de communication dans l'échange verbal entre deux locuteurs : le premier pose une question à laquelle ne peut répondre que le silence du second. Par la suite, dans une étude plus récente [4], se plaçant au niveau d'abstraction le plus élevé et essayant de dégager le cadre purement formel de l'armature mythique, il a avancé l'hypothèse suivante : la boiterie, quand un homme ne marche pas droit, le bégaiement, quand un homme, boitant de la langue au lieu du pied, traîne le pas de son discours et n'en projette pas directement la trame vers l'auditeur, l'oubli enfin, quand un homme ne peut pas renouer au-dedans de lui-même le fil de ses souvenirs –

2. Dans les mythes grecs d'autochtonie, les hommes « nés de la terre » ne présentent, comme tels, aucune anomalie du pied ou de la démarche. Dans le cas précis de Thèbes, les *Spartoi* – c'est-à-dire les « Semés » directement sortis du sol et dont les descendants interfèrent avec la lignée des Labdacides dans la légende royale de la ville – portent bien sur le corps la marque de leur origine, mais elle n'a rien à voir avec le pied. La signature de l'autochtonie, c'est sur l'épaule des Fils de la Terre la figure de la lance, authentifiant leur race et rappelant leur vocation guerrière.

3. *Anthropologie structurale*, II, Paris, 1973, pp. 31-35.

4. « Mythe et oubli », in *Langue, discours, société. Pour Émile Benveniste*, Paris, 1975, pp. 294-300.

autant de marques convergentes que le mythe utilise, en liaison avec les thèmes de l'indiscrétion et du malentendu, pour exprimer des défauts, des distorsions ou des blocages de la communication aux différents niveaux de la vie sociale : communication sexuelle, transmission de la vie (l'enfantement normal s'opposant à la stérilité ou à la monstruosité), communication entre générations successives (les pères transmettant leurs statut et fonctions à leurs fils), échanges verbaux, communication de soi avec soi (la présence d'esprit, la transparence à soi-même contrastant avec l'oubli, la division, le dédoublement de soi, comme chez Œdipe [5]).

Cette orientation nouvelle – plus proche de la lecture que Terence Turner avait proposée du mythe et que j'avais, de mon côté, suggérée dans une analyse de la tragédie de Sophocle –, je voudrais essayer de la tester, à titre d'exercice expérimental, en ce qui concerne la boiterie (je laisserai de côté, au moins pour le moment, le bégaiement, c'est-à-dire, du point de vue des hellénistes, les récits concernant les origines de Cyrène, dont la fondation, retardée et déviée par un « oubli » des Argonautes, fut réalisée, malgré les blocages de la communication avec le dieu de Delphes, au terme de bien des errances et détours, par Battos, le « Bègue », éponyme de la dynastie royale des Battiades qui s'achève avec un dernier Battos, celui-là « boiteux et ne tenant pas bien sur ses jambes (χωλός τε ἐὼν καὶ οὐκ ἀρτίπους) », comme note Hérodote [6].

J'examinerai dans quelle mesure un tel cadre interprétatif permet de dégager les traits communs entre deux récits de genre très différent, d'une part un mythe, la légende des Labdacides, de l'autre le récit « historique », chez Hérodote, de la dynastie des tyrans de Corinthe, les Cypsélides, issus de Labda, la Boiteuse.

Cette tentative suppose une condition préalable. Il faut que, chez les Grecs eux-mêmes, la catégorie du « boiteux » ne soit

---

5. Cf., dans l'*Annuaire de l'École pratique des hautes études*, Ve Section, Sciences religieuses, année 1973-1974, le compte rendu du séminaire que J.-P. Vernant a consacré à ces questions, pp. 161-162, et *Religions, histoires, raisons*, Paris, 1979, pp. 30-31.

6. HÉRODOTE, IV, 161, 2 ; il faut lire tout le passage du livre IV, de 147 à 162, et PINDARE, *Pythiques*, IV, 57-123 et 452-466.

pas strictement limitée à un défaut du pied, de la jambe et de la démarche, qu'elle soit susceptible d'une extension symbolique à d'autres domaines que le simple déplacement dans l'espace, qu'elle puisse exprimer métaphoriquement toutes les formes de conduite qui apparaissent déséquilibrées, déviées, ralenties ou bloquées. Sur les valeurs de la boiterie dans le mythe nous nous sommes, Marcel Detienne et moi, assez longuement expliqués dans *Les Ruses de l'intelligence* pour qu'il ne soit pas nécessaire d'y revenir [7]. Qu'on me permette seulement de rappeler le caractère équivoque de la boiterie, son ambivalence [8]. Comparée à la marche normale, elle constitue d'ordinaire un défaut; il manque au boiteux quelque chose; une de ses jambes a moins qu'il ne faudrait (en taille, en force, en rectitude). Mais cet écart par rapport à la règle peut aussi conférer au boiteux le privilège d'un statut hors du commun, d'une qualification exceptionnelle; non plus défaut mais signe ou promesse d'une destinée singulière, l'asymétrie des deux jambes se présente alors sous un autre aspect, positif au lieu de négatif : elle ajoute à la démarche ordinaire comme une dimension nouvelle en libérant le marcheur de la nécessité commune d'avancer toujours tout droit, dans les limites d'une direction unique. Expliquons-nous plus en détail sur ce point. Les deux pieds du boiteux n'étant pas sur le même plan, la claudication produit une démarche zigzagante, oscillante, déséquilibrée, dont la trace est sinueuse. Par rapport au déplacement normal où chaque pied s'avance après l'autre pour progresser en constant équilibre dans la même voie, il s'agit bien sûr d'un défaut. Mais si l'on pousse jusqu'à son terme ultime, sa pointe extrême, le type de déhanchement que met en œuvre la progression du boiteux, ce mouvement de bascule rejoint à la limite une autre forme de locomotion, supérieure cette fois et plus qu'humaine, à savoir cette démarche tout entière basculée, complètement circulaire qui caractérise, aux

7. Spécialement dans le chapitre intitulé : « Les pieds d'Héphaïstos », pp. 257-260 de la 2e édition, Paris, 1978.

8. Cf. Elena CASSIN, « Le droit et le tordu », *Ancient Near Eastern Studies in Memory of J. J. Finkelstein*, Connectitut Academy of Arts and Sciences, 19, 1977. pp. 29-37, et A. BRELICH. « Les monosandales », *La Nouvelle Clio*, 7-9, 1955-1957, pp. 469-489.

yeux des Grecs, diverses catégories d'êtres exceptionnels : au lieu de pousser droit devant eux, en écartant les jambes, chaque pied à la suite de l'autre, ces êtres ont en commun de progresser en rond, comme on fait la roue, toutes les directions de l'espace confondues dans un tournoiement où s'abolit cette opposition de l'avant et de l'arrière qui, en donnant un sens à la marche de l'homme normal, lui impose du même coup de rigoureuses limites. Circulaire apparaît ainsi la démarche d'Héphaïstos, le divin boiteux, quand il « roule », en son atelier, autour de ses soufflets [9]; circulaire aussi celle des hommes primordiaux, ces êtres « complets » comparés aux humains d'aujourd'hui coupés en deux (suivant l'axe qui détermine le clivage avant-arrière), tels que les campe le récit d'Aristophane, dans le *Banquet* [10] : grâce au décalage de chacune de leurs quatre jambes par rapport aux trois autres (sans parler des quatre bras qui se conjuguent aux membres inférieurs), ces boiteux extrêmes – ces boiteux tous azimuts pourrait-on dire – avancent et reculent indifféremment en faisant la roue [11], semblables par leur mode circulaire de locomotion aux trépieds montés sur roulettes que fabrique (à la semblance du dieu) la magie d'Héphaïstos pour que ces automates animés se déplacent aussi aisément vers l'avant qu'en sens inverse [12] – semblables encore à ces animaux de l'île du Soleil dont la démarche rotatoire, attestée par Iamboulos, témoigne, entre autres merveilles, de la supériorité des insulaires sur le commun des mortels [13].

Mais qu'on ne boite pas seulement du pied, qu'il y ait, pour les Grecs, des boiteux d'esprit s'opposant à ceux qui sont agiles, rapides, fermes sur leurs deux jambes, *bebaioi*, à ceux qui vont droit, *euthus, orthôs* – on le voit, en particulier, au septième livre de la *République* [14] où Platon distingue des âmes

---

9. *Iliade*, XVIII, 372 : ἑλισσόμενον περὶ φύσας.

10. PLATON, *Banquet*, 189 e. Zeus a coupé en deux ces hommes primordiaux pour qu'ainsi « ils marchent tout droit sur deux jambes » (190 d).

11. « Comme, en ce temps-là, ils avaient huit membres pour leur servir de point d'appui, en faisant la roue ils avançaient circulairement avec rapidité » (κυβιστῶσι κυκλῷ, [...] ταχὺ ἐφέροντο κυκλῷ) (190 a).

12. *Iliade*, XVIII, 375-8.

13. DIODORE DE SICILE, II, 18.

14. *République*, VII, 535 d et suiv.

bien nées, faites pour la philosophie, celles qui sont « estropiées et boiteuses »; ce faisant il assimile, comme allant de soi, la boiterie intellectuelle à une bâtardise de l'âme, le *chôlos* étant un *nothos*, un bâtard, non un *gnêsios*, de filiation droite et légitime [15], comme dans le cas où le fils est « semblable au père » qui l'a régulièrement engendré, sans écart, sans difformité, parce que la filiation se maintient en ligne droite, et non boiteuse. Deux textes ont une valeur décisive concernant les rapports de la boiterie et de la filiation : Xénophon, *Helléniques*, III, 3,1-3, et Plutarque, *Agésilas*, III, 1-9. Le roi de Sparte, Agis, étant mort, il faut désigner son successeur. Agis a un fils, Léotychidas, et un frère, Agésilas. Normalement, la succession revient au fils, non au frère du roi défunt. De plus, Agésilas est boiteux, physiquement boiteux. Cependant on soupçonne Léotychidas d'être en réalité le fils d'Alcibiade qui était de notoriété publique, pendant son séjour à Sparte, l'amant de Timaia, épouse d'Agis. Sur ces entrefaites, le devin Diopeithès, pour soutenir la cause de Léotychidas, sort de ses tiroirs un « oracle antique » mettant en garde Sparte à peu près dans ces termes : « Attention à toi Sparte, ferme sur tes deux jambes *(artipous)*, qu'un jour ta royauté ne devienne boiteuse, *chôlê basileia*. Tu serais alors accablée de maux [16]. » Le débat oppose donc, pour la succession royale d'Agis, son frère boiteux à son fils présumé bâtard. Du *chôlos* et du *nothos* quel est le plus boiteux des deux? La réponse de Lysandre – et des Lacédémoniens – ne fit pas de doute. Selon Xénophon : « Le dieu n'ordonnait pas de se garder d'un homme qui boiterait pour avoir fait une chute, mais d'un homme qui régnerait sans être de la vraie race (μὴ οὐκ ὢν τοῦ γένους). C'est alors que la royauté serait boiteuse. » Et Plutarque : « Un homme devenu boiteux pouvait régner, mais si un roi n'était pas légitime ni issu des Héraclides (μὴ γνήσιος ὢν μηδ' Ἡρακλείδης), cela rendrait la royauté boiteuse [17]. »

---

15. *Ibid.*, 536 a : χωλοῖς τε καὶ νόθοις.

16. Royauté « ferme sur ses jambes » ou « boiteuse » : la formule s'applique d'autant mieux au cas de Sparte que la cité s'appuie sur deux lignées royales qui doivent être chacune également intactes.

17. Cf. aussi PLUTARQUE, *Vie de Lysandre*, 22, 12 : « La royauté serait boiteuse si des bâtards et des gens mal nés régnaient au lieu des Héraclides »; et PAUSANIAS, III, 8-10.

Examinons, dans cette perspective, la série Labdacos, Laïos, Œdipe et ses deux fils, Étéocle et Polynice.

Labdacos, le boiteux, meurt quand son fils est encore un bébé, âgé d'un an. La lignée légitime est interrompue comme est coupé le lien normal du père au fils. Le trône est occupé par un étranger, Lucos. Le jeune Laïos n'est pas seulement écarté du trône, mais éloigné, détourné de Thèbes pour se réfugier auprès de Pélops.

Laïos, le gauche, devenu grand, se montre, dans ses relations sexuelles et dans ses rapports avec son hôte, déséquilibré et unilatéral. Il gauchit son comportement érotique par une homosexualité excessive, par la violence qu'il fait subir au jeune Chrysippe, fils de Pélops, rompant ainsi avec les règles de symétrie, de réciprocité qui s'imposent entre amants comme entre hôtes. Chrysippe se tue. Pélops lance contre Laïos une imprécation qui condamne sa race au tarissement : le *genos* des Labdacides ne doit plus se perpétuer.

De retour à Thèbes, rétabli sur le trône, marié à Jocaste (ou Épicaste), Laïos est averti par l'oracle. Il ne doit pas avoir d'enfant. Sa lignée est condamnée à la stérilité, sa race vouée à la disparition. S'il désobéit et procrée un fils, cet enfant « légitime », au lieu de le prolonger droitement, dans la similitude avec son père, le détruira et couchera avec sa mère. Le *gnêsios*, le bien-né, se révélera ainsi pire qu'un *nothos*, au-delà de la bâtardise : un monstre.

Laïos entretient avec son épouse des rapports gauchis, de type homosexuel, pour n'avoir pas d'enfant. Mais un soir d'ivresse, il ne prend pas garde : il plante un enfant dans le sillon de sa femme. Ce fils, tout ensemble légitime et maudit, est expulsé de Thèbes dès sa naissance, écarté dans l'espace du Cithéron où il doit mourir exposé. En réalité, il va à la fois moins loin et plus loin. Il échappe à la mort; il reste ici-bas; mais il est éloigné, détourné de son lieu propre, dévié au long d'un cheminement qui laisse sur son pied la trace tout ensemble de son origine et de son rejet [18]; il se retrouve

---

18. Dans les *Grenouilles* (1189-1195), Aristophane brosse, sur le mode comique, le tableau suivant des malheurs d'Œdipe : « Aussitôt né, en plein hiver, il fut exposé dans un vase de terre, de peur que, devenu grand, il ne fût le meurtrier de son père; puis il se traîna chez Polybe, avec ses pieds

à Corinthe, chez des étrangers dont il se croit le fils, porteur d'un nom qui rappelle et cache la lignée à laquelle il appartient et dont il a été, à sa naissance, exclu.

L'histoire d'Œdipe, c'est celle de son retour à son lieu d'origine, sa réintégration dans la lignée dont il est le fils légitime et l'enfant interdit. Ce retour s'effectue, à la façon d'un boomerang, non pas en temps voulu, dans les conditions requises, dans la rectitude d'une succession respectant l'ordre régulier des générations, mais dans la violence d'une identification excessive : Œdipe ne vient pas occuper à son tour la place que son père a quittée pour la lui laisser libre, il prend la place de son père par le parricide et l'inceste maternel; il revient trop loin en arrière : il se retrouve, comme mari, dans le ventre qui l'a enfanté comme fils, et dont il n'avait pas le droit de sortir.

Deux séquences du récit mettent en pleine lumière ces aspects du mythe. Au moment même où, ayant franchi le seuil de l'adolescence, Œdipe devenu homme quitte Corinthe pour fuir ceux qu'il croit ses parents et où il se dirige, par Delphes, vers la Thèbes de son origine, Laïos quitte Thèbes pour Delphes, cheminant en sens inverse, pour consulter l'oracle sur le malheur qui frappe sa cité : la Sphinge. Les deux hommes se rencontrent à un carrefour de trois routes, mais ils se croisent en un lieu trop étroit pour qu'on puisse passer deux de front. Le père et le fils, au lieu de se suivre le long d'un même chemin qui les conduirait l'un et l'autre à occuper successivement les mêmes places – sans s'y heurter ni s'y confondre –, se rejoignent, après avoir été brutalement écartés, en un passage où ils ne peuvent que s'affronter. Les deux générations de boiteux s'entrechoquent au lieu de se succé-

---

enflés! ensuite, il épousa, lui tout jeune, une vieille femme, qui par surcroît, était sa propre mère; puis il se creva les yeux. » Pour dire qu'il se traîna, enflé des pieds, jusque chez Polybe, Aristophane emploie le verbe *errô*, celui-là même qui, au chant XVIII de l'*Iliade*, désigne la démarche d'Héphaïstos claudiquant, *chôleuôn*, pour aller rejoindre, au sortir de sa forge, la mère d'Achille, Thétis, venue le visiter (vers 411, 417, 421).

Est-il nécessaire d'ajouter que ce rapprochement ne signifie pas qu'à nos yeux Œdipe était réellement, pour les Grecs, boiteux, mais que l'enflure du pied, liée à la malédiction de sa naissance et à son rejet de la lignée familiale, avait valeur métaphorique de boiterie, du point de vue de sa filiation, de son mariage, de son pouvoir, de son destin?

der. Œdipe tue son père qui, du haut de son char, bascule au même niveau que lui.

Deuxième séquence. L'énigme de la Sphinge. Il faut d'abord lire une des versions que Pausanias a rapportée de Thèbes et qui est, dans notre perspective, précieuse, puisque la Sphinge est une fille bâtarde de Laïos et que son rôle est de mettre à l'épreuve tous les fils du souverain pour distinguer les *nothoi* des *gnêsioi* [19].

« La Sphinge, selon ce que certains disent, était une fille bâtarde de Laïos *(nothê thugater);* celui-ci, en raison de la bienveillance particulière qu'il éprouvait à son égard, lui révéla l'oracle que Delphes avait rendu à Cadmos. Personne, en dehors des rois, ne connaissait cet oracle. Quand donc un des frères venait discuter avec elle de son droit au trône – Laïos avait eu des fils de concubines, mais l'oracle de Delphes ne concernait qu'Épicaste seule et ceux des fils que Laïos avait eus d'elle –, elle utilisait à l'égard de ses frères une tricherie, disant que s'ils étaient de Laïos ils devaient savoir l'oracle rendu à Cadmos. Quand ils ne pouvaient répondre, elle les punissait de mort comme n'ayant pas de droits valables à la lignée, ni au trône. Mais Œdipe se présenta connaissant, pour l'avoir appris dans un rêve, le contenu de l'oracle. »

Ensuite et surtout l'énigme elle-même. Il y a bien un rapport entre l'énigme et la démarche, mais il va, dans le cas d'Œdipe, beaucoup plus loin que ne le pensait Lévi-Strauss. L'énigme de la Sphinge définit l'homme par son mode de locomotion, sa démarche. Et elle le définit en opposition à toutes les autres créatures vivantes, à tous les animaux qui avancent, qui se déplacent sur la terre, dans l'air, dans les eaux, c'est-à-dire qui marchent, qui volent, qui nagent (qui ont quatre pieds, deux pieds, pas de pieds) [20]. En effet toutes ces créatures

---

19. PAUSANIAS, IX, 26, 3-5.

20. Rappelons le texte de l'énigme, tel qu'il figure dans l'argument des *Phéniciennes,* d'Euripide : « Il est sur terre un être à deux, à quatre, à trois pieds, dont la voix est unique. Seul il change sa nature parmi ceux qui se meuvent sur le sol, en l'air et dans la mer. Mais quand il marche en s'appuyant sur plus de pieds, c'est alors que ses membres ont le moins de vigueur. » Le texte nous a été également transmis dans ATHÉNÉE, X, 456 b; *Anthologie Palatine,* XIV, 64; *Scholie à Lycophron, Alexandra,* 7, 1. 22 Scheer, II, p. 11. Quelques variantes à signaler; dans le premier vers, au lieu de

naissent, grandissent, vivent et meurent avec toujours le même mode de locomotion. L'homme est le seul à changer la nature de sa mobilité pour endosser trois types différents de démarche : quatre pieds, deux pieds, trois pieds. L'homme est un être qui, à la fois, reste toujours le même (il a une seule voix, *phônê,* une seule essence) et qui devient autre : contrairement à toutes les espèces animales il connaît trois statuts d'existence différents, trois « âges » : enfant, adulte, vieillard. Il doit les parcourir à la suite, chacun à son temps, parce que chacun implique un statut social particulier, une transformation de sa position et de son rôle dans le groupe. La condition humaine engage un ordre du temps parce que la succession des âges, dans la vie de chaque individu, doit s'articuler sur la suite des générations, la respecter pour s'harmoniser avec elle, sous peine de retour au chaos.

Œdipe, *Oidipous,* devine l'énigme; il est lui-même le *dipous,* l'homme à deux pieds. Mais sa faute, ou plutôt la malédiction qui pèse sur la lignée boiteuse, fait qu'en devinant l'énigme, en réunissant la réponse et la question, il rejoint aussi son propre lieu d'origine, sur le trône de son père, dans le lit de sa mère. Son succès, au lieu de le rendre pareil à l'homme qui avance dans la vie en marchant droit dans la suite d'une lignée, l'identifie à ce monstre qu'évoquaient les mots de la Sphinge : l'être qui est *à la fois et en même temps* à deux, trois, quatre pieds, l'homme qui dans la progression de son âge ne respecte pas, mais brouille et confond l'ordre, social et cosmique, des générations. Œdipe, l'adulte à deux pieds, est en effet identique à son père, le vieillard dont les pas s'aident d'un bâton, ce « trois

---

« dont la voix *(phônê)* est unique », on a : « dont la forme *(morphê)* est unique »; dans le second vers, « il change sa nature », on a tantôt *phuên,* tantôt *phusin,* et une fois *boên,* son cri (ce qui suppose, par le biais d'une mauvaise graphie de *hoû* vers la fin du premier vers, qu'on lise : « sa voix n'est pas unique », au lieu de « dont la voix est unique »). Diodore DE SICILE résume l'énoncé de la façon suivante : « Qu'est-ce qui, demeurant toujours le même, est à deux, trois, quatre pieds? » (IV, 64). On notera que dans toutes les versions l'énigme brouille l'ordre chronologique normal en commençant par l'homme adulte (deux pieds), puis en passant tantôt au vieillard (trois pieds), tantôt à l'enfant (quatre pieds). On trouvera, en ATHÉNÉE, XIII, 558 d, une transposition érotique de l'énigme, la prostituée prenant alors la place de la Sphinge.

pieds » dont il a pris la place à la tête de Thèbes jusque dans la couche de Jocaste – identique aussi à ses enfants, marchant à quatre pattes, et qui sont à la fois ses fils et ses frères [21].

Les deux fils qu'il a engendrés, Étéocle et Polynice, ne communiqueront normalement ni avec lui ni entre eux. Œdipe les maudira comme Pélops avait maudit Laïos. Ils s'affronteront, comme Œdipe et Laïos, pour se retrouver unis seulement dans la mort que chacun infligera à l'autre. Ainsi, au terme de ce long détour, placé sous le signe de la boiterie, la lignée des Labdacides, au lieu de se continuer droitement, revient à son point de départ en s'abolissant. Le gauche, Laïos, fils du boiteux, ne peut avoir de droite descendance.

S'il m'était permis – avant de passer à Hérodote pour confronter « histoire » et légende – de formuler, après tant d'autres, les questions que le mythe met à l'épreuve à travers le récit des malheurs de la démarche claudicante, les problèmes qui sont comme sous-jacents au terrain qu'explore la narration, je dirais :

Comment l'homme peut-il participer du même, s'enraciner solidement dans le même, en devenant tout au long de son existence trois fois différent? Comment la permanence d'un ordre peut-elle se maintenir chez des créatures soumises, à chaque âge de la vie, à un changement complet de leur statut? Comment les titres et les fonctions de roi, de père, de mari, d'aïeul, de fils peuvent-ils demeurer intacts, immuables, alors que ce sont d'autres personnes qui successivement les assument, et que la même personne doit être aussi bien fils, père, époux, grand-père, jeune prince et vieux roi tour à tour?

Ou encore : à quelles conditions le fils doit-il cheminer droit dans le sillage de son père pour venir occuper sa place, assez semblable à son géniteur pour que cette place subsiste indéfiniment la même, assez distinct de lui pour que ce remplacement de l'un par l'autre ne débouche pas sur une confusion chaotique?

---

21. Sur cette égalité ou identité d'Œdipe tout à la fois avec son père et avec ses enfants, cf. J.-P. VERNANT et Pierre VIDAL-NAQUET, *Mythe et tragédie*, I, pp. 127-130. Comme le dit LÉONIDAS D'ALEXANDRIE (*Anthologie Palatine*, VI, 323), Œdipe c'est celui qui « était le frère de ses enfants, le mari de sa mère ».

Voyons maintenant si ce schéma jette quelque lumière sur l'articulation du récit d'Hérodote, en V, 92, et III, 50-54, et sur l'image que les Grecs se font, au Ve siècle, de la personne du tyran.

A en croire Hérodote, c'est pour mettre en garde les Lacédémoniens et leurs alliés contre la tyrannie, « ce qu'il y a au monde de plus injuste et de plus sanguinaire », que Soclès de Corinthe avait choisi de raconter une aventure qu'il était bien placé pour connaître, celle des Cypsélides, tyrans de sa propre cité. Sous la plume d'Hérodote, cette « histoire » tient à la fois du conte de bonne femme, du récit merveilleux et de la tragédie. Au fil d'épisodes extraordinaires, de rebondissements imprévus, une inexorable nécessité se fait jour. « Il fallait, écrit Hérodote, que la descendance d'Éétion fût pour Corinthe le germe d'infortunes [22] » – comme si le malheur, dont les dieux avaient décidé qu'il allait s'installer en maître au cœur de la cité, avait dû s'incarner dans une famille marginale, à la fois maudite et élue, une lignée de personnages que la déviance de leur origine prédestinait, dès avant la naissance, à jouer la figure du tyran.

A la tête de Corinthe se trouvait jusqu'alors une oligarchie. Les Bacchiades – tel était le nom du petit groupe d'hommes qui monopolisait le pouvoir –, les Bacchiades donc, pour conserver à leur seul profit les privilèges d'une royauté dont ils assuraient la charge en commun, se mariaient exclusivement entre eux, se réservant leurs filles qu'ils échangeaient à l'intérieur du groupe pour se les donner en épouse les uns aux autres. Les Bacchiades n'exercent donc pas seulement la royauté au pluriel; ils constituent, au sommet de la cité, comme le Père collectif de la lignée royale. Or l'un d'entre eux eut une fille boiteuse, nommée Labda. Aucun Bacchiade ne voulut l'épouser. L'infirmité de Labda la place en marge de la race à laquelle elle appartient. La boiteuse est écartée de la droite descendance, déviée de la lignée directe qu'elle aurait

22. V, 92, δ1–2.

dû normalement prolonger. Ou peut-être, comme Louis Gernet le suggérait, faut-il inverser les termes du rapport entre mariage et claudication : « Ayant été mariée hors série, la fille aura été appelée la Boiteuse [23]. » De toute façon, qu'elle n'ait pu se marier selon les règles parce que boiteuse ou qu'on l'ait dénommée boiteuse parce que mariée en dehors des règles, Labda est disqualifiée pour enfanter un Bacchiade authentique, un fils légitime semblable au père qui l'a engendré et dont il doit être, en rectitude, la copie conforme. Par rapport au groupe des Rois-Pères, l'enfant de Labda héritera de sa mère une naissance boiteuse.

Rejetée par ses prétendants normaux, Labda trouve pour mari un Corinthien, Lapithe d'origine, descendant de Kaineus. Ce Kaineus passait pour avoir été androgyne, à la fois homme et femme, à la façon de Tirésias. Que par sa déviance, son étrangeté, son caractère ambivalent (l'androgyne peut être un efféminé et aussi bien un surhomme), l'hermaphrodisme ne soit pas sans évoquer une forme de boiterie dans le statut sexuel des individus (l'androgyne n'est pas tout mâle des deux côtés; il a une moitié homme, l'autre femme), on sera d'autant plus tenté de l'admettre qu'un fragment d'Hésiode établit, à propos d'un autre personnage, une équivalence complète entre bisexualité et boiterie; suivant ce texte, Plisthène, dont Hésiode fait le père d'Agamemnon et de Ménélas, « était hermaphrodite *ou* boiteux [24] ».

Comme Laïos, boiteux sexuel à sa façon lui aussi, l'époux de Labda s'en vient à Delphes consulter l'oracle au sujet de sa descendance, *peri gonou.* Car il n'a pas obtenu d'enfants ni de Labda ni d'une autre femme. Comme Laïos encore il désire apprendre de la bouche du dieu s'il pourra jamais en avoir. A Laïos, Apollon avait répondu par un interdit et une menace : tu ne dois pas avoir de fils; s'il t'en vient un, il te tuera, il couchera avec sa mère. A l'époux de Labda, Éétion, le dieu

23. Louis GERNET, « Mariages de tyrans », in *Anthropologie de la Grèce antique,* Paris, 1968, p. 350.

24. Cf. dans *Nouveaux fragments d'auteurs anciens,* édités et commentés par Manolis Papathomopoulos, Jannina, 1980, le texte du fragment tel qu'il figure dans *Schol. ad Exeg. in Iliadem,* A122, et le très pertinent commentaire, pp. 11-26.

annonce tout de go : « Labda est grosse; elle enfantera une pierre roulante qui s'abattra sur les hommes régnants et châtiera Corinthe [25]. »

Écartée de la droite lignée, la boiteuse enfante un rejeton qui va, en roulant, en tournoyant à la façon d'une pierre dévalant d'une montagne, rejoindre ce lieu dont, à travers sa mère, il avait été éloigné [26]. Et comme une boule lancée dans un jeu de quilles, ce retour de l'exclu fera, pour le malheur de Corinthe, tomber à terre les *andres mounarchoi*, les hommes faits, les adultes à deux pieds (les Pères collectifs) qui sont en même temps les maîtres légitimes du pouvoir (les Royaux).

Les analogies avec le schéma que nous avons cru pouvoir déchiffrer dans l'histoire d'Œdipe sont d'autant plus frappantes que les différences de situation entre les protagonistes viennent les renforcer. Dans un cas nous avons affaire à un fils légitime, rejeté *après* sa naissance par ses vrais parents, exclu de la lignée royale (et boiteuse) des Labdacides à laquelle il appartient. Quand il revient à Thèbes, c'est dans l'espoir de sauver, en fuyant Corinthe, ses faux parents, qui l'ont

---

25. HÉRODOTE, V, 92 β7-13, qu'on comparera, pour Laïos, à EURIPIDE, *Phéniciennes*, 13-20. Nous acceptons la traduction que donne du texte de l'oracle l'édition de Ph.-E. Legrand. *Contra*, cf. Édouard WILL, *Korinthiaka*, Paris, 1955, pp. 450-451 ; Éd. Will comprend « qui s'abattra sur les monarques et rendra justice à Corinthe ». Hérodote utiliserait ici une tradition de récits populaires favorables aux Cypsélides, et l'oracle, dans la version que reprend Hérodote, aurait été lui-même rédigé sous Cypsélos. Il établirait donc une distinction nette, entre les Bacchiades, monopolisateurs du pouvoir, justement châtiés, et la cité de Corinthe, innocente. Cependant un des oracles rapportés par Hérodote s'adresse directement aux Corinthiens pour les avertir de la venue prochaine, en la personne de Cypsélos, d'un « lion puissant et féroce (*ômèstês :* mangeur de chair crue), qui rompra les genoux de beaucoup ». La perspective n'est pas très rassurante pour les Corinthiens et c'est bien pour Corinthe elle-même, pour la cité, qu'« il fallait que la descendance d'Éétion fût le germe de malheurs *(kaka anablastein)* ». Si l'on devait trouver à la formule de l'oracle un point de comparaison, il faudrait le prendre – avec Nicole Loraux à qui nous devons ce rapprochement – chez Théognis exprimant aux vers 39 et suiv. sa crainte qu'un tyran ne vienne rétablir l'ordre à Mégare. Au « Labda est grosse, elle enfantera une pierre roulante », répond, chez Théognis : « Notre ville déjà est grosse et je crains qu'elle n'enfante un redresseur de nos déplorables outrances. »

26. Sur ce qu'évoque la « pierre roulante », *olooitrochos*, dévalant une pente, cf. *Iliade*, XIII, 136 et suiv.; HÉRODOTE, VIII, 52, 10; XÉNOPHON, *Anabase*, IV, 2, 3.

accueilli comme un fils, dont il se croit l'enfant légitime mais dont il est en réalité le bâtard. Ceux qu'il détruit par son retour, en s'installant au lieu et place de son père, sont ses parents directs que, faute de les reconnaître, il traite comme des étrangers. Dans le second cas, tout se passe *avant* la naissance de l'enfant; c'est dans la personne de sa mère que le fils se trouve écarté, réduit à une filiation boiteuse, inférieure, bâtarde par rapport à ce qu'elle aurait dû être. Aussi est-ce en plein accord avec ses vrais parents boiteux, dont il est le fils légitime, qu'il foncera comme une pierre sur ces Pères représentant, dans Corinthe, la droite descendance et qui, en le vouant par avance à une naissance boiteuse, ont fait de lui, non leur fils authentique, mais un étranger à cette lignée des Bacchiades qu'il va détruire par son retour.

Ces divergences de départ dans le statut familial des acteurs conduisent à moduler différemment le thème de l'exposition qui, dans le récit historique comme dans le mythe, occupe une position centrale. Œdipe est exposé par son père et sa mère légitimes qui le confient, afin qu'il meure, à leur berger. Ne pouvant se résoudre à faire périr le nouveau-né, le berger le repasse à un autre berger, qui le remet lui-même entre les mains de ses maîtres, souverains de Corinthe. De cette mort par exposition, à laquelle il a contre toute attente échappé, Œdipe tire son nom, un nom qui est comme le signe de son destin puisqu'il rappelle une infirmité dont on peut dire aussi bien qu'elle est la trace laissée sur son corps par son rejet et la marque de sa parfaite appartenance à la famille boiteuse des Labdacides [27].

---

27. De ces rapports, multiples et ambigus, entre le nom d'Œdipe, ses pieds blessés, son destin personnel, la lignée boiteuse des Labdacides, représentée par son père, dont il est à la fois le fils légitime et le meurtrier, Euripide garde un sens remarquablement vivant. Dans les *Phéniciennes,* il ne se contente pas de rappeler les chevilles de fer qui ont, par le milieu, transpercé les talons du nouveau-né, livré à l'exposition. Tout l'épisode de la rencontre fatale, au croisement des routes, entre Laïos et Œdipe est placé sous le signe du pied. 1) Les retrouvailles du père et du fils, que leur marche mutuelle réunit au même lieu, sont exprimées par la formule ξυνάπτετον πόδα ἐς ταὐτον [...] σχιστῆς ὁδοῦ, ils s'unirent tous deux au même *pied* d'une route qui bifurque (vers 37). *Xunaptein poda,* se rencontrer, c'est s'unir du pied comme *sunaptein cheira,* se tendre la main, se lier les mains (en signe d'amitié), et *sunaptein stoma,* se joindre la bouche, s'embrasser. L'effet de

Le nouveau-né que Labda met au monde est lui aussi, dès sa naissance, soumis à une épreuve qui rappelle l'exposition du petit Œdipe, mais qui la rappelle comme sa contrefaçon, en en inversant les valeurs. La boiteuse fait disparaître son enfant, tout le temps nécessaire, en le déposant pour l'y dissimuler dans l'enclos d'un récipient de terre cuite, servant de ruche [28]; ce semblant de rejet, cette fictive absence du bébé, devenu tout à coup introuvable dans l'espace domestique, ne visent pas, comme l'exposition, à l'expédier au loin pour le laisser périr sous la dent des bêtes féroces au désert d'un mont sauvage, mais tout au contraire à le préserver, à sauver sa vie en le cachant, pour le rendre invisible, dans l'enceinte même de la maison. Ceux qui ne veulent pas laisser vivre l'enfant, ce sont les *andres mounarchoi,* les Bacchiades, maîtres du pouvoir et de la descendance légitime. Quand ils eurent compris le sens de l'oracle rendu à Éétion, sans en souffler mot, ils décidèrent de faire périr le nouveau-né. Dès que Labda eut accouché, le Père collectif confie à une délégation de dix de ses membres la mission de supprimer l'enfant. En chemin vers la maison de la boiteuse qui ne se doute de rien, le groupe décide que le premier qui recevra des mains de la mère, toute confiante, le nouveau-né à porter aura la charge de l'écraser à terre sur le seuil de la maison. Mais « il fallait » que la lignée boiteuse apporte à Corinthe sa rançon de larmes. Par un hasard providentiel, « une chance divine » comme dit Hérodote [29], à peine le bébé dans les bras d'un des Bacchiades, le voilà qui sourit et l'homme, pris de pitié, n'a rien de plus pressé que de le refiler à son voisin, qui fait de même avec le suivant. L'enfant parcourt ainsi, de main en main, toute la série des dix préposés à l'assassinat pour se retrouver, à la fin, en son point de départ : dans les bras de sa mère boiteuse.

---

sens est renforcé par la place de *poda* en fin de vers. 2) Quand le cocher ordonne à Œdipe de s'éloigner pour laisser passer le char de son maître, il s'écrie : « Écarte-toi, ne reste pas dans les pieds des rois *(turannois ekpodôn)* » (40). 3) Enfin, comme Œdipe poursuit sa route sans broncher, les coursiers du char, dans leur élan, « lui ensanglantent de leurs sabots *(chêlais)* les tendons des pieds *(tenontas podôn)* » (42).

28. Sur tout cet épisode, cf. Georges ROUX, « *Kypselê.* Où avait-on caché le petit Kypsélos? », *REA,* LXV, 1963, pp. 279-289.

29. V. 92,γ14-5.

Les Bacchiades sortent; sur le seuil ils se querellent, s'accablant mutuellement de reproches. Ils décident alors de rentrer de nouveau chez Labda et d'accomplir le meurtre sans distinction, tous ensemble. Mais de l'autre côté de la porte la femme les a entendus. Elle a le temps de cacher l'enfant là où personne n'aurait l'idée de l'aller prendre, dans une *kupselê*, une ruche désertée de ses abeilles [30]. Les Bacchiades auront beau fouiller la demeure, l'enfant reste introuvable comme s'il avait, pour tout de bon, disparu de la maison familiale.

Le fils de la boiteuse échappe donc, comme Œdipe, à la mort à laquelle il paraissait voué. Comme Œdipe, son nom lui vient de cet épisode, évoquant à la fois l'extrême péril de sa naissance et le salut inespéré : on l'appelle Cypsélos, l'enfant de la *kupselê* [31]. L'épisode fait apparaître, d'Œdipe à Cypsélos, toute une série de convergences; le nouveau-né échappe à la mort en passant de main en main, d'un berger à l'autre puis

---

30. Hérodote ne nous dit pas où était placée la *kupselê*, cet objet agreste, ce morceau d'espace campagnard, sinon sauvage, inséré dans l'enclos domestique. Georges Roux suppose, avec de bonnes raisons, qu'elle devait se trouver dans la cour de la maison d'Étion, là où les dix Bacchiades s'étaient tout d'abord présentés à Labda.

Avant que ne paraisse l'étude de Georges Roux, on interprétait le terme *kupselê* d'après une indication que donne PAUSANIAS en V, 17,5. A Olympie, le Périégète avait vu, dans le temple de Héra, un coffret de bois *(larnax)* qu'on lui avait dit être celui-là même où Cypsélos avait été caché. Mais une *larnax* n'est pas une *kupselê;* Pausanias le sait bien qui est obligé de prétendre que c'est seulement à l'époque de Cypsélos et chez les seuls Corinthiens qu'on appelait *kupselê* le coffre de bois dont le nom grec est *larnax.* Récipient de terre cuite utilisé comme ruche, la *kupselê* pouvait servir aussi de vase où entreposer le froment (cf. ARISTOPHANE, *La Paix*, 631). On notera que le coffre de bois *(larnax)* et le pot de terre *(chutra, ostrakon)* constituent les deux types de récipients dans lesquels, suivant la légende héroïque, les parents enferment leurs enfants pour les exposer. D'une certaine façon, en le déposant, pour le cacher, dans la ruche de terre cuite, Labda « expose » son petit chez soi, à domicile : simulacre d'exposition certes, exposition à l'envers mais dont témoigne clairement le texte de Plutarque reprenant à son compte, pour le résumer, le récit d'Hérodote : les Bacchiades, écrit PLUTARQUE (164 a), cherchèrent mais ne trouvèrent pas le nouveau-né « déposé » *(apotethenta)* dans une ruche *(kupselê)* par sa mère. Le verbe *apotithêmi*, le nom *apothesis* sont, avec *ektithêmi* et *ekthesis*, les termes techniques qui désignent l'exposition (cf. J.-P. VERNANT, *Mythe et pensée chez les Grecs*, nouvelle éd., Paris, 1985, p. 193, n. 153).

31. V, 92,ε2-3.

au roi de Corinthe, ou d'un Bacchiade à ses voisins. Dans les deux cas les exécuteurs du meurtre se gardent bien de raconter ce qui s'est passé; les dix Bacchiades, comme le berger de Laïos, décident de ne rien dire et, prétendant la mission remplie, laissent croire que l'enfant maléfique a été supprimé.

Dès qu'il a franchi le seuil de l'adolescence et qu'il est devenu adulte à deux pieds, Œdipe se rend à Delphes, interroge l'oracle sur sa naissance et, terrifié par la réponse, au lieu de rentrer à Corinthe fait route en direction de Thèbes dont il va devenir tyran.

A la même étape de sa vie, dès qu'il a atteint l'âge d'homme, le fils de Labda s'en vient lui aussi consulter l'oracle de Delphes. En le saluant du titre de « Roi de Corinthe », le dieu le convie sans ambiguïté à marcher sur la ville pour s'en emparer. Et c'est ainsi que Cypsélos, établi tyran de Corinthe, fit périr bon nombre des *andres mounarchoi.*

Mais c'est à son fils Périandre qu'il revenait de donner au personnage du tyran sa vraie dimension. On peut dire de Périandre qu'en succédant à Cypsélos, il l'accomplit; il réalise, dans sa plénitude, la vocation tyrannique de son père. « Tout ce que Cypsélos avait laissé à tuer et à bannir, écrit Hérodote, Périandre l'acheva [32]. » Les hommes d'abord. Tous ceux dont la tête dépasse quelque peu celles des autres, Périandre les fauche et les abat à terre comme Œdipe frappant Laïos de son bâton le fait tomber du haut du char jusque sur le sol, à ses pieds. Les femmes ensuite. La tradition grecque fait de Périandre, modèle du tyran, un nouvel Œdipe : il aurait, en secret, consommé l'union sexuelle avec sa mère, Crateia [33]. Les Pères royaux occis, que reste-t-il à faire au descendant de la Boiteuse sinon à se coucher dans le lit d'une mère dont le nom proclame si clairement ce qu'elle représente : la souveraineté sur une cité dont le tyran fait entièrement sa chose?

Dans le récit d'Hérodote, où l'épisode de l'inceste maternel ne figure pas, une curieuse séquence occupe peut-être, par rapport au meurtre du père, une position analogue. Aussitôt après avoir rappelé le sort des mâles, du groupe complet des Pères, en notant que « tout ce que Cypsélos avait laissé à tuer

---

32. V, 92,η4-5.
33. DIOGÈNE LAËRCE, I, 96.

ou à bannir, Périandre l'acheva », Hérodote enchaîne sur les femmes : « En une journée Périandre fit dépouiller de leurs vêtements toutes les femmes des Corinthiens en l'honneur de sa propre femme Mélissa [34]. » Quand il fait rassembler au temple d'Héra toute la population femelle de la ville, femmes libres et servantes confondues, pour les dépouiller des vêtements et parures de fête dont elles sont revêtues, c'est Corinthe féminine tout entière que le tyran déshabille en bloc, qu'il dénude d'un coup au profit de sa propre épouse défunte, comme si toute la race féminine de Corinthe avait vocation d'occuper auprès de lui la place que la mort de sa conjointe a laissée vacante.

Mais la tyrannie, royauté boiteuse, ne saurait avancer dans le succès bien longtemps. L'oracle qui avait donné le feu vert à Cypsélos pour lui ouvrir la route du pouvoir avait d'entrée de jeu fixé le terme au-delà duquel la descendance de Labda, pas plus que celle de Laïos, n'avait droit de se perpétuer. « Cypsélos, fils d'Éétion, roi de l'illustre Corinthe », avait proclamé le dieu; mais pour ajouter aussitôt : « Lui et ses fils, mais non plus les fils de ses fils [35]. » A la troisième génération, l'effet de choc produit par la « pierre roulante » sortie du ventre de Labda ne se fait plus sentir. Pour la lignée des boiteux, installés sur le trône de Corinthe, le moment est venu où le destin vacille, bascule, s'abîme dans les malheurs et dans la mort.

C'est ce renversement dont Hérodote fait en détail le récit dans le long excursus qu'il consacre, en son livre III, au motif de l'hostilité opposant Corinthe à sa colonie de Corcyre [36]. J'ai tout à l'heure brièvement évoqué la disparition de la lignée des Labdacides, prophétisée au départ à Laïos, et qui se réalise, après l'éphémère promotion d'Œdipe, par la mort tragique de ses deux fils, opposés tous deux à leur père comme ils le sont l'un à l'autre et qui ne se retrouvent réunis que par un meurtre réciproque. Suivons d'un peu plus près, avec Hérodote, la fin des Cypsélides, issus de Labda. De sa femme, Mélissa, Périandre a eu lui aussi deux fils presque de même

34. Hérodote, V, 92, η6-7.
35. V, 92,ε8-9.
36. III, 50-54.

âge. Entre les deux jeunes gens, rien de commun [37]. Le malheur de Périandre peut se résumer de la façon suivante : son aîné, qui lui est proche et dévoué, mais qui est son contraire par sa lenteur d'esprit, son inattention, son irréflexion, ne communique pas avec lui-même au-dedans de sa propre pensée; il ne se souvient de rien. Son cadet, copie conforme de Périandre en ce sens qu'il est d'intelligence prompte, de caractère obstiné, de mémoire précise et fidèle, refuse de communiquer avec son père : il ne lui adresse pas la parole; il ne lui répond pas. D'un côté l'oubli, de l'autre le silence; dans les deux cas, chez les descendants de Labda, un réseau de communication est bloqué.

Le drame commence avec la mort de Mélissa que Périandre, dans une crise de fureur, tue à force de coups. Le grand-père maternel des deux garçons, Proclès, tyran d'Épidaure, les fait venir auprès de lui et les traite avec la plus grande affection. Avant de les renvoyer à Corinthe il leur dit : « Savez-vous, mes enfants, qui a tué votre mère? » L'aîné ne fait aucun cas de la remarque; ne l'ayant pas comprise, il ne se la met pas dans l'esprit; il n'en garde pas le souvenir [38]. Le cadet, Lycophron, est si bouleversé par cette révélation qu'à son retour, voyant en son père l'assassin de sa mère, il ne lui dit plus un seul mot, « ne répliquant rien si son père parlait, ne répondant pas s'il l'interrogeait [39] ». Périandre, furieux, le chasse du palais.

Quand le père, à force de presser de questions celui de ses enfants qui était incapable de « comprendre » et de retenir, eut enfin réussi à « comprendre » lui-même ce que son cadet avait en tête [40], il interdit à quiconque de recevoir ce fils chez lui. Ordre était donné à tous de le chasser. Le refus de communiquer avec son père fait de Lycophron, dans la cité, un banni, expulsé de partout, un être sans maison ni foyer, semblable à un enfant rejeté par les siens. Mais le statut de Lycophron

37. Sur le contraste entre les deux fils, cf. DIOGÈNE LAËRCE, I, 94 : « Il eut deux fils, Cypsélos et Lycophron, le cadet intelligent *(sunetos)*, l'aîné simple d'esprit *(aphrôn)*. »

38. III, 51,4.

39. III, 50, 13-14.

40. L'opposition se marque par la reprise, à trois lignes de distance, de la même formule; le fils aîné ne comprend pas *(ou noôi labôn)*, et Périandre comprend *(noôi labôn)*; III, 51, 4 et III, 51, 7.

est ambigu. Si les ordres de Périandre le placent en position d'*apolis*, retranché dans sa solitude, coupé de tout lien social, sa naissance légitime ne l'en désigne pas moins pour succéder à son père comme tyran; par avance, elle le projette au sommet de la cité, aussi haut au-dessus du commun que sa condition d'exclu le rejette plus bas en dessous. « Voyant en lui le fils de Périandre, en dépit de leurs craintes, les gens le recevaient cependant [41]. »

Pour forcer Lycophron dans ses derniers retranchements, Périandre fait déclarer par le héraut que quiconque l'accueillerait ou même converserait avec lui aurait à payer une très lourde amende. Personne ne veut plus dès lors échanger de paroles avec le jeune homme. Dans son entêtement Lycophron accepte cet état de complet isolement, de non-communication. Faute d'avoir bien voulu suivre son père dans la voie droite d'une succession qui le mènerait où est sa place, dans le palais, il erre, il tournicote d'un côté et de l'autre, « se roulant sous les portiques [42] ». Le petit-fils de Cypsélos, la pierre roulante dont l'élan a jeté à terre les Pères royaux, est maintenant semblable lui aussi à une pierre roulante, mais il s'agit cette fois de celle dont parle le proverbe français quand il évoque le malheur de qui ne peut rester en place : « Pierre qui roule n'amasse pas mousse. »

Lycophron n'a plus rien à manger. Il dépérit. Périandre le rencontre, sale et défait. Sa colère se relâche; il lui demande laquelle des deux est préférable : la tyrannie ou la vie errante *(alêtês bios)?* « Tu es mon fils, lui dit-il, le roi de la riche Corinthe [...], reviens au palais [43]. » Sans faire d'autre réponse, Lycophron déclare que son père devait payer l'amende pour avoir conversé avec lui.

Comme on expulse un *pharmakos,* Périandre expédie alors

41. III, 51, 14-52.

42. III, 52, 6 : ἐν τῇσι στοιῇσι ἐκαλινδέετο. Le verbe *kalindeomai,* se rouler, résulte très probablement (CHANTRAINE, *Dictionnaire étymologique de la langue grecque,* II, p. 485) d'un croisement entre *alindeomai* et *kulindeomai,* se rouler. Sur l'emploi de *kulindô,* au sens actif, dans le sens de : faire dévaler en tournoyant une pierre roulante, cf. XÉNOPHON, *Anabase,* IV, 2-3 : ἐκυλίνδουν ὁλοιτρόχους et THÉOCRITE, XXII, 49-50 : πέτροι ὁλοίτροχοι, οὕστε κυλίνδων [...] ποταμὸς [...] περιέξεσε.

43. III, 52, 9-20.

son fils à Corcyre, loin de ses yeux (ἐξ ὀφθαλμῶν μιν ἀποπέμπεται) [44]. Le tyran ne se crève pas les yeux pour ne plus voir, comme Œdipe; il rejette son fils pour ne plus le voir.

Mais le temps marche lui aussi; il progresse à la façon des hommes. Avec l'avancée du temps (ἐπεί δὲ τοῦ χρόνου προβαίνοντος [45]), Périandre est devenu vieux. L'homme à deux pieds en a maintenant trois : il ne se sent plus capable d'assumer les responsabilités du pouvoir. L'heure est venue de céder la place à son fils. Or l'aîné ne fait pas l'affaire; son esprit, qui traîne la patte, ne va pas assez vite : il est trop lent *(nôthesteros)* [46] pour marcher dans les traces de son père. Périandre envoie donc à son cadet un messager d'abord, puis sa sœur, pour le convaincre de revenir à Corinthe et d'y occuper la place qui lui revient : « La tyrannie, explique sa sœur à Lycophron, est chose instable, vacillante *(chrêma sphaleron)*; elle a beaucoup d'amateurs. Ton père est vieux maintenant, il a passé l'âge de la force; ne fais pas don à d'autres des biens qui sont à toi [47]. » Mais Lycophron, inflexible, confirme sa décision : il ne rentrera pas à Corinthe tant qu'il saura son père encore en vie. Décision semblable à celle que prend Œdipe à Delphes quand il se jure de ne pas remettre les pieds à Corinthe aussi longtemps que son père y demeurera vivant. Semblable, mais à ceci près cependant que le père dont Œdipe fuit la présence – par affection et non par haine – est en réalité un étranger et que, pour éviter ce faux parent, Œdipe croise en chemin un étranger auquel il se heurte avec violence et qui est bien, lui, son vrai père.

Pour vaincre la résistance de son fils, Périandre met alors au point une solution qui aurait dû permettre de régler ce difficile problème de succession entre deux êtres à la fois les plus proches par la parenté et les plus éloignés par les sentiments comme par leur lieu de résidence, tout en évitant les

---

44. III, 52, 24-25.
45. III, 53.
46. III, 53, 6.
47. III, 53, 16-18. Sur les affinités entre le « vacillant » et le « boiteux », cf. la vieille formule d'exécration à l'égard de ceux qui, partant pour la chasse, n'ont pas invoqué, comme ils le devraient, Pan et Artémis : pour eux, « les chevaux boitent *(chôleuontai)* et les hommes trébuchent *(sphallontai)* ». ARRIEN, *Cynég.*, 35, 3.

malheurs qu'a connus la descendance des Labdacides. Le tyran propose à son fils, par un troisième messager, d'échanger leur position, sans risque de se rencontrer, de se trouver ensemble aux même lieux, Lycophron rejoignant Corinthe pour y assurer la tyrannie tandis que lui s'en viendrait à Corcyre dont il ne bougerait plus. Lycophron accepte; tout semble réglé par ce chassé-croisé qui rétablit, le moment voulu, le fils légitime en son lieu et place, sur le trône du père, sans que le jeune et le vieux, jusqu'alors radicalement dissociés, n'aient à s'affronter pour se rejoindre, à s'entrechoquer comme Œdipe qui, pour faire retour à la terre de sa naissance, a dû se heurter sur sa route à Laïos cheminant en sens inverse [48].

Tout semble réglé – « logiquement » réglé. Mais un oracle est un oracle : « Roi de Corinthe, toi, ton fils, mais non plus les fils de tes fils », avait décrété la Pythie. Au dernier moment les Corcyréens, avertis du projet, tuent le fils pour ne pas avoir à hériter du père. La descendance de Labda, comme celle de Labdacos, s'abîme dans le néant au lieu de se poursuivre dans le droit fil des générations successives.

De cet étrange parallélisme dans le destin des Labdacides de la Thèbes légendaire et des Cypsélides de la Corinthe historique, quelle conclusion tirer? Dans *Mariages de tyrans,* Louis Gernet observait que, pour novateur qu'il ait été, le tyran procède « naturellement » du passé : « Sa démesure, écrit-il, a des modèles dans la légende [49]. » Ce sont ces modèles qui

48. Les fils d'Œdipe, Polynice et Étéocle, pour régler le malentendu fondamental qui les opposait l'un à l'autre, avaient envisagé eux aussi une solution analogue à celle de Périandre. Après qu'Œdipe, enfermé sous clé par ses enfants pour faire « oublier » son sort, les eut maudits, leur souhaitant de partager le palais au tranchant du glaive, les deux garçons, « de peur que les dieux n'accomplissent ces vœux, s'ils cohabitaient ensemble, convinrent que le cadet, Polynice, commencerait par s'exiler volontairement du pays, tandis qu'Étéocle resterait pour détenir le sceptre, pendant un an selon son tour », EURIPIDE, *Phéniciennes,* 69-74. Mais là encore le chassé-croisé prévu n'aboutira pas. Une fois en place, Étéocle refuse d'abandonner le trône et maintient Polynice en exil. Les deux frères ne se rejoindront qu'en se retrouvant face à face, les armes à la main, pour se tuer.

49. *Anthropologie de la Grèce antique,* Paris, 1968, p. 344.

d'un bout à l'autre orientent la narration d'Hérodote. Quand le père de l'histoire rapporte comme des données de fait les événements qui ont installé une lignée de tyrans à la tête de Corinthe, tout « naturellement » il mythologise et son récit se prête à un type d'analyse analogue à celui qu'on peut appliquer à la légende œdipienne. « Dans la perspective de la légende, notait encore Gernet à propos de Corinthe précisément, la tyrannie ne peut être issue que d'un mariage perturbateur [50]. » Si le texte d'Hérodote retient, pour les lier si clairement ensemble, les thèmes que nous avions cru pouvoir repérer dans la saga des Labdacides – la boiterie, la tyrannie, le pouvoir conquis et perdu, la suite continue ou bloquée des générations, la succession droite ou détournée, la rectitude ou les déviations dans les rapports sexuels, l'accord ou le malentendu dans la communication des pères avec les fils et des fils entre eux, la présence d'esprit ou l'oubli –, c'est que dans l'imaginaire grec la figure du tyran, telle qu'elle se dessine aux Ve et IVe siècles, épouse les traits du héros légendaire, à la fois élu et maudit. En rejetant toutes les règles qui fondent, aux yeux des Grecs, la vie commune, le tyran se place en hors-jeu social. Il est extérieur au réseau de relations qui unit, suivant des normes précises, le citoyen au citoyen, l'homme à la femme, le père au fils. Il s'écarte, pour le meilleur et pour le pire, de tous les canaux à travers lesquels les individus entrent les uns avec les autres en communication et se constituent en communauté policée. La route, détournée et solitaire, où le tyran s'aventure, au mépris des chemins battus, des itinéraires balisés, l'exile loin de la cité des hommes, avec ses échanges réglés, ses contacts réciproques, dans un isolement comparable aussi bien à celui d'un dieu, trop au-dessus des lois humaines pour accepter de s'y soumettre, qu'à celui d'une bête fauve, trop dominée par ses appétits pour respecter aucun interdit [51]. Méprisant les règles qui président

50. *Ibid.*, p. 350.

51. Cf. J.-P. VERNANT, « Ambiguïté et renversement. Sur la structure énigmatique d'*Œdipe-Roi* », in *Mythe et tragédie*, I, pp. 122-129. Dans « Histoire de tyran ou comment la cité grecque construit ses marges », Pauline SCHMITT-PANTEL écrit : « Tout à la fois ou parfois tour à tour être efféminé ou super-mâle, le tyran échoue à garder avec la sexualité la bonne distance

à l'agencement du tissu social et qui déterminent, par l'entrecroisement régulier des fils, la position de chacun par rapport aux autres – ou comme le dit Platon plus crûment, prêt à tuer son père, à coucher avec sa mère, à dévorer la chair de ses propres enfants [52] –, le tyran, tout ensemble égal au dieu [53] et égal à une brute féroce, incarne dans son ambivalence la figure mythique du boiteux, avec ses deux aspects contraires : au-delà de la démarche humaine parce que en roulant, plus véloce et agile, dans toutes les directions à la fois, il transgresse les limitations auxquelles est soumis le marcher droit ; mais aussi bien en deçà du mode normal de locomotion parce que mutilé, déséquilibré, vacillant, il n'avance en claudiquant à sa façon singulière que pour mieux tomber à la fin.

---

qui ferait de lui un citoyen possible. » (*Les marginaux et les exclus dans l'Histoire*, Cahiers Jussieu 15, p. 299.) « Efféminé et super-mâle » : tel est bien le statut du boiteux sexuel, de l'hermaphrodite Kaineus, dont un descendant, par son mariage avec Labda, la Boiteuse, fonde la dynastie des tyrans Cypsélides.

52. PLATON, *République*, 571 c-d et 619 b-c.

53. Sur la tyrannie *isotheos*, égale au dieu, cf. EURIPIDE, *Troyennes*, 1168 ; PLATON, *République*, 360 c et 568 b.

Post-scriptum

I. Un Œdipe roumain

Pour éclairer les rapports qu'en Grèce ancienne le mythe établit entre boiterie, parricide et inceste nous avons mis en parallèle l'Œdipe tyran de la tragédie attique et le Périandre tyran de l'histoire de Corinthe. A ce dossier « classique » nous voudrions ajouter une nouvelle pièce, tout autre cette fois, populaire et tirée du folklore roumain. Nous la devons à l'amitié du docteur Paul Galmiche, grand expert en podologie, dont les curiosités et la compétence débordent largement le champ de la médecine. Il a bien voulu nous communiquer le texte d'une cantilène, publiée à Bucarest en 1967, dans le recueil des *Chants d'autrefois*, rassemblés et édités par Cristea Sandra Timoc. Nous en donnons, à la fin de cette étude, la traduction française, établie par Mme Cl. Lemaire, que nous remercions.

Dans le conte roumain tout peut sembler d'abord étranger à la légende grecque : le ton général, le décor, les acteurs, les circonstances et les péripéties du drame, l'heureux dénouement. Mais il n'est pas besoin d'être grand clerc pour y reconnaître aussitôt une version dérivée du mythe d'Œdipe. L'essentiel de l'aventure – ce qu'on peut appeler le noyau dur de la fable et qui constitue le ressort de l'intrigue – est demeuré intact, parfaitement conservé. Nous ne sommes plus à Thèbes ni à Corinthe, mais dans un hameau de campagne si petit qu'il se cache, anonyme, dans la verdure. Plus de lignée princière, plus de palais royal : la chaumière d'un paysan, propriétaire de vignes. Plus d'Apollon, ni d'oracle de Delphes, mais les trois fées qui, après les accoucheuses, veillent sur la naissance de l'enfant. Ce sont elles qui, au troisième jour, s'en viennent hanter le rêve de la mère pour dire à l'avance le destin du nouveau-né : sans le savoir, sans le vouloir, ce fils tuera son père, couchera avec sa mère et « tonnera » en la maison, y commandera en maître souverain.

Avertis des malheurs qui les guettent, les parents, plutôt que de tuer leur enfant, l'enferment dans un tonneau que le père, d'une culbute, envoie « rouler » jusque vers le Danube. Exposé dans sa ronde et flottante prison de bois, comme tant de héros grecs livrés au flot, à leur naissance, au creux d'une *larnax* (coffre de bois faisant fonction d'arche), le rejeton descend le cours du fleuve. Des mariniers le voient, le recueillent, l'élèvent. Arrivé à l'âge d'homme, il prend la route. En chemin, passant par le village où il a vu le jour, il croise un inconnu – son père – qui lui demande pourquoi il marche ainsi. Il répond qu'il cherche à s'établir. L'homme l'engage alors sur ses terres comme gardien du vignoble. Il lui donne mission de veiller, chaque nuit, fusil en main, et de tirer sur toute personne qui s'approcherait, sans lumière, avant que le coq ait chanté. Pendant un mois, tout se passe bien. Mais une belle nuit, par mégarde, le patron s'en vient, sans brandir comme convenu son lumineux signal. Le fils, appliquant la consigne à la lettre, l'ajuste, tire et l'étend mort au premier coup. On enterre la victime. Deux semaines s'écoulent, laissant la maison et le lit conjugal vides de mâle. Passé ce temps, la veuve invite le jeune homme à prendre, chez elle, la place de son défunt mari. Il accepte aussitôt, trop content, lui l'errant, de trouver enfin racine et demeure. Les voilà donc, le soir des noces, étendus tous deux, mère et fils, côte à côte, prêts à devenir dans leur corps épouse et époux. Fort heureusement, quand ils sont sur le point de passer à l'acte, ils échangent d'abord des paroles, ils communiquent verbalement, se reconnaissant du coup pour ce qu'ils sont l'un par rapport à l'autre : une mère et son enfant. Si le parricide a été accompli, l'inceste maternel est ainsi de justesse évité. En dépit de leur mariage, les conjoints ne consomment pas charnellement l'union interdite. D'une génération à celle qui la suit, retrouvailles, réunion et cohabitation s'accomplissent sans être entachées de péché. Le fils-mari pourra, en tout bien tout honneur, prendre soin de sa mère le restant de sa vie et « régner » sans contestation sur la richesse domestique.

Version « optimiste » donc, qui marque à l'égard de l'union sexuelle avec la mère la force d'une censure dont le mythe grec n'avait pas grand souci. Mais l'euphémisme du récit ne modifie en rien l'armature fondamentale de la légende. Toute l'intrigue, depuis le rejet de l'enfant à sa naissance jusqu'à son retour chez les siens à l'âge d'homme, se noue autour des thèmes étroitement imbriqués du meurtre du père, de l'inceste avec la mère, de la conquête du pouvoir

– pouvoir domestique à défaut d'être, dans ce contexte paysan, royal et politique.

Il est un dernier trait que le conte roumain a sauvegardé. Il apparaît d'autant plus significatif que rien, dans la version nouvelle, ne le faisait attendre et qu'on serait tenté d'y dénoncer un ajout factice, un détail gratuit, si les histoires combinées d'Œdipe et de Périandre n'avaient déjà marqué sa place dans l'économie du mythe. Dès la première séquence du conte le tonneau fait son apparition. Présence normale, certes, dans la maison d'un viticulteur. Mais dévalant jusqu'au fleuve les pentes du Danube, éloignant en roulant l'enfant de sa demeure natale, l'écartant du foyer où il aurait dû normalement grandir en suivant pas à pas les traces de son père, ce tonneau, qui présage et prépare un brusque et dangereux retour, n'est pas sans évoquer la « pierre roulante » dont accouche Labda, la Boiteuse, et qui, à la façon d'un boomerang, reviendra, sans crier gare, heurter en sa violence les Pères royaux de Corinthe. L'analogie se trouve, au terme de la narration, expressément confirmée. Tandis qu'ils devisent ensemble, couchés au même lit, la mère reconnaît son fils à ses jambes tordues, en arceau. Or, d'où vient chez le jeune homme cette malformation des membres qui commandent la démarche et qui, chez lui, sont curves au lieu d'être bien droits? La réponse est en clair dans le texte. C'est qu'au lieu d'avoir été langé – c'est-à-dire maintenu emmailloté au cœur de l'espace familial dans l'entière dépendance de ceux dont il est issu et dont il doit, le moment venu, prendre la suite –, l'enfant a été au départ logé au creux d'un tonneau circulaire. Son mode de locomotion initial a consisté à « rouler » dans le tonneau, à en épouser le mouvement giratoire, s'éloignant ainsi dès l'origine de la maison où il aurait dû, pour prendre racine, demeurer langé en son berceau. Roulé dans le tonneau qui l'arrache aussitôt né à son foyer et à ses géniteurs, il lui faudra, pour les rejoindre, au long d'un parcours dévié, en une démarche boiteuse, emprunter, comme autant de traverses, les voies interdites du parricide et de l'inceste.

II. Le chant des fées *

Laine verte d'un épinard,
En bordure de Taligrad
Se trouve un petit village
Si petit, qu'il est caché.
Mais dans le village vivait
Une jeune épousée.
Mariée depuis l'hiver
Un moment heureux lui arrivait
Au monde un enfant elle mettait.
Elle fit avertir les accoucheuses
Pour qu'elles s'occupent de l'enfant
Comme le veut la coutume.
A trois jours de la naissance
Elle vit les fées [1]
Mais la nuit qu'est-ce qui se passa?
Voyez, la femme rêva,
Comme si c'était la réalité
Trois femmes venaient à elle,
Et la plus âgée disait :
« Cet enfant s'il grandit

* Cristea Sandra TIMOC, *Chants d'autrefois et cantilènes* (en roumain), Bucarest, EPL, 1967.

1. Il s'agit des trois fées qui président à la naissance, bénéfiques ou maléfiques.

Qu'il meure tué à coup de fusil
Pendu par la taille. »
Mais la plus jeune lui dit :
« Quand cet enfant grandira,
Il prendra sa mère
Pour lui être épouse,
Et tonner en sa maison. »
Mais la femme, en entendant,
Lorsque le jour se leva
Raconta son rêve à son mari
Le mystère tel qu'il était.
Le mari en entendant
Prit son fusil, le mit en joue
Ma foi! était prêt à tirer,
Mon frère, pour l'en achever.
Mais l'épouse en entendant,
De sa bouche lui dit ainsi :
– Hé, mon homme, pas comme ça.
Sais-tu ce que nous devons faire,
Nous le mettrons dans un tonneau
Et d'une culbute dans le Danube nous l'enverrons
Ainsi nous n'aurons plus à nous soucier de lui.
Le mari en entendant
Dans le grenier monta
Et en choisit un tonneau
Environ comme deux baquets.
Il enleva seulement le fond
Prit l'enfant
Sans même le langer
Et le mit dans le tonneau.
Puis le fond à sa place remit
Et d'une culbute l'envoya sur le Danube.
Descendit le tonneau, descendit,
Pendant trois jours et trois nuits,
Et tout près d'un petit village
C'est là que par hasard
Quelques péniches étaient au repos.
Mais les mariniers le virent
De suite, sautèrent dans une barque
Et attrapèrent le tonneau
Puis le mirent sur une péniche
Et quand ils enlevèrent le fond
Ils virent, Bon Dieu,
Que l'enfant encore vivait.

Et les mariniers le prirent
Et avec du lait ils l'élevèrent.
Il grandit aujourd'hui, il grandit le lendemain,
Ainsi il arriva à ses dix-sept ans.
Alors les mariniers lui dirent :
– Mon garçon, toi
Écoute-nous ici.
Tu dois savoir que nous t'avons trouvé
Tu vois, c'est arrivé ainsi
Dans un tonneau abandonné
Et dans le Danube jeté.
Jusqu'à maintenant nous t'avons élevé
Comme nous avons pu,
Mais maintenant tu dois partir
Sur des chemins nouveaux, va-t'en
Te faire engager quelque part.
Tu dois te faire engager tout seul
Dans ce monde, pour y vivre.
Mais le garçon en entendant
A commencé à pleurer.
Il n'avait personne au monde,
Il marchait de village en village
Et arriva jusqu'à son village
Et rencontra son père.
Mais le père ne le connaissait pas
Et le garçon ne connaissait pas plus son père.
Son père lui demanda :
– Mon garçon, mon ami
Pourquoi marches-tu ainsi?
Et le garçon, lui répondit :
– Hé, vous, mon oncle,
Je cherche à m'établir
Quelque part pour y servir
Dans ce monde pouvoir y vivre
Gagner mes vêtements.
Mais le père en entendant :
– Si tel est ton souci
Viens alors à ma maison
Nous ferons un bon marché
Et traiterons bien honnêtement.
Ce que tu demandes je te payerai
Seule ma vigne tu dois garder.
Si quelqu'un arrive
Avant le chant du coq

Et dans ma vigne surgit
De suite tu lui tireras dessus,
De rien je ne serai responsable.
Le fusil en main lui mit,
Et dans la vigne il l'amena;
Il guetta aujourd'hui, et guetta le lendemain
Il guetta pendant un mois
Et quand le patron lui apportait le dîner
Il venait toujours avec une lumière.
Mais un jour il fut retardé
Par tous les travaux qu'il avait
Et en lui portant le dîner
Avant le chant du coq.
Le garçon en le voyant
Sachant la consigne qu'il lui avait donnée
Mit son fusil en joue
Et ne tira qu'une seule fois
Mais le descendit à plat ventre.
Au lever du jour,
Il vit que c'était son patron.
Dans le village, dans la vallée il descendit
Et à sa mère il dit :
– Ma patronne
Comme nuit il est arrivé
Que j'ai tiré sur le patron.
Il ne s'est pas fait voir
Quand il est entré dans les vignes!
Mais l'épouse en entendant
Prit le corps de son mari
Et lui fit un bel enterrement.
Deux semaines passèrent
Et alors la femme lui dit :
– Toi, mon garçon,
Jusqu'ici tu as été mon valet de ferme
Mais maintenant tu seras mon mari!
Et le garçon en entendant
Était très content
Car il était tellement pauvre
Et n'avait personne au monde
Ainsi il pouvait rester là.
Et quand le soir arriva
Vraiment il se dépêcha de se coucher
Le Bon Dieu même les poussait.
Mais sa femme lui dit :

– Toi mon garçon
Arrête-toi, qu'on se demande
Et que nous voyons qui nous sommes
Car nous sommes trop semblables!
Et le garçon dit :
– Femme, ma femme
Moi, ce que je suis!
Des mariniers m'ont attrapé
Alors que le Danube je descendais
Dans un tonneau abandonné
Et dans le Danube jeté.
Ils m'ont trouvé
Et joliment m'ont élevé.
Mais la mère en entendant
De sa bouche lui dit :
– Oh, pauvre de moi, quel péché!
Tu as épousé ta mère!
Tes jambes ont été tordues
Car ta maman ne t'a pas langé
Mais t'a mis dans un tonneau.
– C'est bien, mère, nous nous sommes retrouvés
Le Bon Dieu nous a protégés
Et nous n'avons pas péché!
Et ainsi il resta
Et prit soin de sa mère
Et régna sur toute la richesse
Et sans être entachés dans l'au-delà.
Bon Dieu, que l'on en parle
Tant que le soleil brillera.

4

Le sujet tragique : historicité et transhistoricité *

De tous les genres littéraires hérités de la Grèce, c'est sans doute la tragédie qui illustre le mieux le paradoxe que, dans l'*Introduction* à la *Critique de l'économie politique* [1], Marx formulait à propos de l'art grec en général et plus spécialement de l'épopée. Si les produits de l'art, comme tout autre produit social, sont liés à un contexte historique défini, s'ils ne se comprennent, dans leur genèse, leurs structures, leurs significations, que dans et par ce contexte, comment expliquer qu'ils demeurent vivants, qu'ils continuent à nous parler lorsque les formes de la vie sociale, à tous les niveaux, se sont transformées et que les conditions nécessaires à leur production se sont évanouies? En d'autres termes, comment est-il possible d'affirmer le caractère historique des œuvres et du genre tragiques tout en constatant leur permanence à travers les siècles, leur transhistoricité?

Rappelons la formule, si souvent citée de Marx : « Mais la difficulté n'est pas de comprendre que l'art grec et l'épopée

* Une première version de ce texte est parue dans *Belfagor*, 6, 1979, pp. 636-642.

1. Karl MARX, Introduction générale à la *Critique de l'économie politique*, in *Œuvres*, tome I, Paris, 1963, pp. 235-266; édition établie par M. Rubel.

sont liés à certaines formes de développement social. La difficulté la voici : ils nous procurent encore une jouissance artistique et, à certains égards, ils nous servent de norme, ils nous sont un modèle inaccessible [2]. »

Marx pose ce problème en passant. L'art n'est pas son affaire. Il n'est pas au centre de sa réflexion. Marx n'a pas tenté de fonder une esthétique marxiste. Il veut seulement, dans ce passage, souligner qu'il existe entre le développement général de la société, l'essor de la production matérielle et l'art un « rapport inégal [3] ». Les formes les plus hautes, exemplaires de l'art peuvent naître dans les sociétés les moins ou très peu développées.

La réponse que propose Marx à ce problème n'est, par rapport à l'idéologie de son temps, ni originale ni spécialement marxiste. Pour Marx, comme pour les hommes cultivés de sa génération en Allemagne, la Grèce est l'enfance de l'humanité. Marx sait bien qu'il y a eu, en dehors de la Grèce et même avant la Grèce, d'autres civilisations, d'autres enfances par conséquent. Mais, à ses yeux, tous ces débuts, ces premiers pas, ne sont pas aussi typiquement que la Grèce l'enfance d'une humanité qui, dans son cours normal, passe par une série d'âges successifs. Il y a, dit Marx, des enfants mal élevés et des enfants précoces. Beaucoup de peuples, ajoute-t-il, appartiennent à ces catégories. Mais les Grecs, eux, étaient des enfants « normaux [4] ». L'attrait qu'exercerait sur nous leur art viendrait ainsi de la naïveté, de la fraîcheur propres à une saine nature enfantine, de ce charme qui, dans l'enfant équilibré, séduit et réjouit l'adulte parce qu'il y retrouve, dans une forme naturelle et spontanée, les prémices de ce qu'il est devenu en sa maturité, une phase de lui-même d'autant plus précieuse qu'elle s'est évanouie à jamais.

Personne aujourd'hui ne saurait accepter la réponse de Marx. Pourquoi les Grecs seraient-ils l'enfance de l'humanité? Pourquoi cette enfance serait-elle plus saine, plus « normale », que celle des Chinois, des Égyptiens, des Babyloniens ou des Africains? Est-ce l'enfance enfin, la naïveté, le naturel qui

2. *Op. cit.*, p. 266.
3. *Ibid.*, p. 264.
4. *Ibid.*, p. 266.

nous séduisent dans une tragédie grecque, par exemple dans les *Bacchantes* d'Euripide ? Nous faudrait-il prétendre aussi que c'est l'enfance normale qui nous séduit dans le *Banquet*, le *Timée*, le *Parménide* ou la *République* de Platon ? Une enfance singulièrement dégourdie et sophistiquée, avouons-le.

Il y a pourtant chez Marx des remarques qui devraient nous permettre d'affronter avec de meilleures armes ce problème de l'historique et du transhistorique dans l'art. Dans un autre ouvrage [5], Marx observe, en effet, que l'homme est le seul animal chez qui les sens (la vue, l'ouïe, l'odorat, etc.) ne sont pas seulement les résultats de l'évolution biologique des espèces, mais les produits d'une histoire sociale et culturelle, spécialement d'une histoire des divers arts dans leurs spécificités, chacun opérant dans son domaine propre ; la peinture crée des objets plastiques, des produits d'une sorte d'exploration du domaine visuel : univers des formes, volumes, couleurs, valeurs, expression de la lumière et du mouvement ; la musique crée un monde organisé de sons, d'harmonies, de dissonances, de rythmes ; les arts du langage s'appliquent également, chacun dans son secteur, à exprimer en leur donnant une forme littéraire certains plans de réalité humaine.

Marx écrit : « L'éducation des cinq sens est l'œuvre de l'histoire universelle tout entière [6]. » « L'œil devient humain, tout comme son objet devient un objet social, humain, venant de l'homme et aboutissant à l'homme [7]. » En d'autres termes, l'œil est devenu humain quand on a créé des produits pour que le partenaire social les ait sous son regard, comme objets de vision, ce qui signifie qu'à côté de leur intérêt pratique, de leur valeur d'usage, ces produits comportent une dimension esthétique ou, comme le dit Marx, qu'ils soient beaux à voir. Marx ajoute : « Ainsi les sens sont devenus " théoriciens " dans leur action immédiate [8]. » Formule étonnante par sa modernité. Si nous l'appliquons au domaine de la peinture, nous dirons que l'œil du peintre, associé à sa main, édifie une

---

5. *Ébauche d'une critique de l'économie politique*, in K. MARX, *Œuvres*, tome II, Paris, 1968, pp. 44-141.
6. *Op. cit.*, p. 85.
7. *Ibid.*, p. 83.
8. *Ibid.*

architecture de formes, un langage de géométrie figurée et colorée qui, tout en étant entièrement différent du langage de la science mathématique, n'en est pas moins, à sa façon et dans son registre, une exploration du champ visuel, de ses possibilités, de ses règles de compatibilité et d'incompatibilité, en bref un savoir, une sorte d'expérimentation dans l'ordre optique. De même que le sens musical de l'homme, pour reprendre la formule de Marx, n'est éveillé que par la musique, le sens plastique se développe et se transforme dans et par la pratique picturale. La richesse de la vision et les formes particulières que revêt cette richesse dans le cadre d'une civilisation vont de pair avec le développement qu'y ont connu les arts figurés, et dépend de la voie dans laquelle ils s'y sont engagés.

« C'est seulement grâce à l'épanouissement de la richesse de l'être humain, écrit encore Marx, que se forme et se développe la richesse de la sensibilité subjective de l'homme : une oreille musicienne, un œil pour la beauté des formes, bref des sens capables de jouissance humaine [9]. » Et il ajoute ces lignes essentielles : « Car non seulement les cinq sens, mais aussi les sens dits spirituels, les sens pratiques (la volonté, l'amour, etc.), en un mot le sens humain des sens, l'humanité des sens, ne se forment que grâce à l'existence de leur objet [Marx veut dire d'un objet produit par l'homme pour l'homme], grâce à la nature humaine [10]. » La nature devenue humaine, c'est ce monde d'œuvres, en particulier d'œuvres d'art, qui constituent à chaque moment de l'histoire le cadre dans lequel se déploient les divers types d'activités humaines.

Tout ce que Marx affirme des rapports de la main et du travail, que la main crée le travail mais que le travail crée aussi la main, la main étant à la fois l'organe et le produit du travail, il le dit de la même façon pour l'art et ses œuvres : « L'objet d'art – comme tout autre produit – crée un public sensible à l'art, un public qui sait jouir de la beauté [11]. » La production, en art, ne produit pas seulement un « objet pour

9. *Ibid.*, p. 85.
10. *Ibid.*
11. *Introduction générale...*, p. 245.

le sujet », mais un « sujet pour l'objet » [12] – cet objet nouveau qui vient d'être créé.

L'invention de la tragédie grecque, dans l'Athènes du Ve siècle, ce n'est pas seulement la production d'œuvres littéraires, d'objets de consommation spirituelle destinés aux citoyens et adaptés à eux, mais à travers le spectacle, la lecture, l'imitation et l'établissement d'une tradition littéraire, la création d'un « sujet », d'une conscience tragique, l'avènement d'un homme tragique. Les œuvres des dramaturges athéniens, d'un même mouvement, expriment et élaborent une vision tragique, une façon nouvelle pour l'homme de se comprendre, de se situer dans ses rapports avec le monde, les dieux, les autres, avec soi-même aussi et ses propres actes. De même qu'il n'y a point d'oreille musicale en dehors de la musique et de son développement historique, il n'y a pas de vision tragique en dehors de la tragédie et du genre littéraire dont elle fonde la tradition.

A cet égard, le statut de la tragédie grecque apparaît comparable à celui d'une science, comme la géométrie euclidienne, ou d'une discipline intellectuelle, comme la philosophie telle que l'instituent, en fondant leurs écoles, Platon et Aristote. L'œuvre d'Euclide, ce sont des textes, déterminés et marqués par leur date; mais c'est aussi un champ d'études qui s'ouvre et se délimite, un objet nouveau qui est constitué : l'espace dans son idéalité abstraite – avec corrélativement un mode de démonstration et de raisonnement, un langage proprement mathématique : en bref, un domaine du réel, un type nouveau d'opération mentale, des outils intellectuels, jusqu'alors ignorés. Platon et Aristote, l'Académie et le Lycée, c'est l'inauguration d'une pratique philosophique, avec un horizon de problèmes neufs : qu'est-ce que l'être, le connaître, leurs rapports? C'est aussi la constitution d'un vocabulaire, d'un type de discours, d'un mode d'argumentation, d'une pensée philosophique. Aujourd'hui encore, philosopher suppose qu'on s'intègre à cette tradition, qu'on se place à l'intérieur de l'horizon intellectuel dégagé par le mouvement de la philosophie, pour l'élargir sans doute, le modifier ou le

12. *Ibid.*

mettre en question mais toujours en s'insérant dans sa ligne, en prenant les problèmes au point où ils ont été élaborés par tous les philosophes qui vous ont précédé. Comme les peintres regardent, non la « nature », mais les œuvres des maîtres et les tableaux de leurs contemporains, les philosophes répondent à leurs devanciers, ils pensent par rapport à eux, contre eux, ou en s'efforçant de résoudre les difficultés que la réflexion antérieure a fait surgir dans le champ de la recherche philosophique.

De la même façon, si l'on est en droit de parler de tragédies pour les œuvres de Shakespeare, de Racine ou de certaines œuvres contemporaines, c'est qu'avec les déplacements, les changements de perspective liés au contexte historique, elles s'enracinent dans la tradition du théâtre antique où elles trouvent, déjà tracé, le cadre humain et esthétique propre au type de dramaturgie qui a instauré, en lui donnant sa pleine forme expressive, la conscience tragique.

Que dire de cet « homme tragique », né à Athènes, sur la scène du théâtre, au cours du Ve siècle? Par quels traits le caractériser dans son historicité et sa transhistoricité, le court moment où il surgit et s'affirme chez les grands dramaturges attiques ayant suffi à dégager, au sein de la culture occidentale, le plan où chacun pourra désormais faire l'expérience du tragique, le comprendre, le vivre en son for intérieur?

Je m'en tiendrai, après cette bien longue introduction, à deux points. Je ne ferai qu'évoquer le premier : j'en ai traité ailleurs [13]. La tragédie prend pour matière la légende héroïque. Elle n'invente ni les personnages ni l'intrigue de ses pièces. Elle les trouve dans le savoir commun des Grecs concernant ce qu'ils croient être leur passé, l'horizon lointain des hommes d'autrefois. Mais sur l'espace de la scène et dans le cadre de la représentation tragique, le héros cesse de se présenter en modèle, comme il l'était dans l'épopée et la poésie lyrique : il est devenu problème. Ce qui était chanté comme idéal de

13. « Le moment historique de la tragédie en Grèce », in J.-P. VERNANT et P. VIDAL-NAQUET, *Mythe et tragédie*, I, pp. 11-17, et *passim*.

valeur, pierre de touche de l'excellence, se trouve, dans le cours de l'action et par le jeu des dialogues, mis en question devant le public; le débat, l'interrogation dont le héros est désormais l'objet, atteignent à travers sa personne le spectateur du Ve siècle, le citoyen de l'Athènes démocratique. Dans la perspective tragique, l'homme et l'action humaine se profilent, non comme des réalités qu'on pourrait cerner et définir, des essences à la façon des philosophes du siècle suivant, mais comme des problèmes qui ne comportent pas de réponse, des énigmes dont les doubles sens restent sans cesse à déchiffrer.

Deuxième point. La tragédie a joué un rôle décisif dans la prise de conscience du « fictif », au sens propre; c'est elle qui a permis à l'homme grec, au tournant des Ve et IVe siècles, de s'appréhender lui-même, dans son activité de poète, comme un pur imitateur, comme le créateur d'un monde de reflets, de faux-semblants, de simulacres et de fables, constituant, à côté du monde réel, celui de la fiction. Ce qu'aujourd'hui nous appelons art ou imaginaire, Platon et Aristote vont tenter d'en fixer le statut, la place et la fonction, en élaborant une théorie de la *mimesis* [14], de l'imitation, étroitement liée à l'expérience nouvelle du spectacle tragique. Dans la tradition de l'épopée, en effet, le poète, inspiré des muses dont il est le prophète, n'imite pas la réalité : il la dévoile. A la façon d'un devin, il révèle, en le disant, « ce qui est, fut et sera ». Sa parole ne représente pas, elle rend l'être présent. Qu'en est-il de la tragédie? Elle met sous les yeux du public, elle fait parler et agir devant les spectateurs les figures légendaires de l'âge héroïque. Pour les Grecs, nous l'avons dit, ces personnages ne sont pas fictifs, ni le destin qui fut le leur. Ils ont effectivement existé, mais dans un autre temps, en un âge entièrement révolu. Ce sont les hommes d'autrefois qui appartiennent à une autre sphère d'existence que la nôtre. Leur mise en scène implique un être-là, une présence réelle de personnages posés en même temps comme ne pouvant y être, relevant de l'ailleurs, d'un invisible au-delà. Au théâtre, le public n'a pas devant lui un poète qui lui fait le récit des

14. Cf. J.-P. VERNANT, *Religions, histoires, raisons*, Paris, 1979, p. 106 et suiv.

épreuves supportées, dans l'ancien temps, par des hommes disparus et dont l'absence est comme impliquée par la narration; ces épreuves se produisent devant lui, sous ses yeux, en revêtant les formes de l'existence réelle dans l'actualité du spectacle. Le poète tragique disparaît donc totalement derrière les personnages qui agissent et parlent sur la scène chacun pour son compte comme s'ils étaient vivants. C'est cet aspect direct du discours et de l'action qui constitue, dans l'analyse de Platon, le propre de la *mimesis :* l'auteur, au lieu de s'exprimer en son nom en rapportant les événements en style indirect, se dissimule au-dedans des protagonistes, endosse leur apparence, leurs façons d'être, leurs sentiments et leurs paroles, pour les singer. Au sens précis de *mimeisthai,* imiter c'est simuler la présence effective d'un absent. Face à une telle représentation, il n'est que deux attitudes possibles. La première rappelle celle des spectateurs dans les salles de cinéma, tout au début du septième art. Faute d'habitude, faute de s'être fabriqué ce qu'on pourrait appeler une conscience du fictif ou une conduite de l'imaginaire, ils invectivaient les méchants, encourageaient et félicitaient les bons sur l'écran comme si les ombres qui y passaient étaient des êtres en chair et en os; ils prenaient le spectacle pour la réalité même. La seconde attitude consiste à entrer dans le jeu, à comprendre que ce qui nous est donné à voir sur la scène se situe sur un plan autre que le réel et qu'on doit définir comme celui de l'illusion théâtrale. La conscience de la fiction est constitutive du spectacle dramatique : elle apparaît à la fois comme sa condition et comme son produit.

De ce point de vue, on comprend mieux la portée et les implications d'un phénomène caractéristique de la tragédie grecque. Tout au long du Ve siècle, elle se maintient sur le terrain qu'elle a en quelque sorte choisi comme le sien propre ; celui de la légende héroïque. Il aurait pu en être autrement. La preuve : en 494, une des toutes premières pièces du répertoire tragique, *La prise de Milet,* du poète Phrynichos, portait sur la scène le désastre qu'à peine deux ans auparavant les Perses avaient infligé à la cité ionienne de Milet. Tragédie, par conséquent, non pas légendaire, mais historique; tragédie d'actualité devrait-on dire. Or, lisons Hérodote qui rapporte le fait : « Les spectateurs fondirent en larmes; le poète fut puni d'une amende de mille drachmes pour avoir rappelé des malheurs nationaux (des malheurs propres, *oikeia kaka*) et défense fut faite à qui que ce fût de représenter ce drame à l'avenir [15]. » A l'aube du Vᵉ siècle, quand la tragédie fait ses premiers pas, les grands événements du temps, les drames de la vie collective, les malheurs qui concernent chaque citoyen n'apparaissent pas comme susceptibles d'être transportés sur la scène du théâtre. Ils sont trop proches; ils ne permettent pas cette distanciation, cette transposition grâce auxquelles les sentiments de terreur et de pitié sont déplacés dans un autre registre, non plus éprouvés comme dans la vie réelle, mais d'emblée saisis et compris dans leur dimension de fiction.

On me dira : que faites-vous des *Perses*? Il est vrai qu'en 472 Eschyle monte une tragédie qui met en scène la défaite subie par les Barbares à Salamine, huit ans plus tôt. Eschyle avait pris part en personne au combat, comme une partie de son auditoire, et le chorège qui avait la charge du spectacle n'était autre que Périclès. Mais précisément, ce qui frappe dans les *Perses*, c'est d'abord que les malheurs formant le noyau du drame ne sont pas, pour le public grec, les siens propres, mais ceux des autres, des malheurs étranges et étrangers; ensuite et surtout qu'en se plaçant chez les Perses et dans leur perspective le poète tragique remplace l'habituel éloignement des faits légendaires dans un temps révolu, par une autre distance, spatiale cette fois, un écart culturel qui permet d'assimiler les monarques perses et leur cour au monde des héros d'autrefois. Évoqués par le chœur, racontés par le messager, déchiffrés par l'ombre de Darius, les événements « historiques » ne sont présentés sur la scène que dans un climat de légende; l'éclairage que projette sur eux la tragédie n'est pas celui qui convient à des réalités politiques; c'est la lumière que réfracte jusque vers le théâtre d'Athènes un très lointain ailleurs, le reflet sur la scène d'une absence qui se donne à voir comme si elle était là.

Ce que les Grecs appellent histoire : l'enquête sur les conflits entre cités, à l'intérieur des cités, entre Hellènes et Barbares, c'est l'affaire d'Hérodote et de Thucydide. La tragédie prend

---

15. HÉRODOTE, VI, 21.

sa matière ailleurs : dans les vieilles légendes. En refusant de se placer sur le terrain des événements contemporains, de la vie politique effective, elle acquiert aux yeux d'Aristote non pas moins mais plus de valeur, plus de vérité que l'histoire [16]. Mettre en scène le cours réel des événements, ce serait raconter tout bonnement ce qui s'est passé sans plus. Monter une tragédie est tout autre chose. Ce n'est pas inventer des personnages imaginaires ni forger une intrigue à sa convenance. C'est utiliser les noms et le destin de figures exemplaires, connues de tous, pour fabriquer un scénario, un découpage de scènes agencées de telle sorte qu'on voit comment et pourquoi, tel personnage étant donné, il y a toute vraisemblance ou entière nécessité pour qu'il fasse tel type d'action dont le résultat sera tel ou tel. La tragédie, contrairement à l'histoire, ne raconte pas, parmi tous les événements qui auraient pu se produire, ceux qui sont effectivement arrivés; elle montre, en réorganisant en fonction de ses propres critères la matière de la légende, en ordonnant la progression de l'intrigue suivant la logique du probable ou du nécessaire, comment les événements humains, par une marche rigoureuse, peuvent ou doivent arriver. Aussi constitue-t-elle, dans l'esprit du philosophe qui la compare à l'histoire, une création plus sérieuse et plus philosophique. Grâce à la liberté que lui assure la fiction du *muthos,* elle atteint le général; l'histoire, par son objet, reste enfermée dans le particulier. Le général, c'est-à-dire que telle sorte d'homme, choisi au départ par le poète pour soumettre son destin singulier à l'épreuve du déroulement tragique, apparaîtra dans la logique de l'action comme devant faire telle chose « vraisemblablement ou nécessairement ».

Parce que la tragédie met en scène une fiction, les événements douloureux, terrifiants qu'elle donne à voir sur la scène produisent un tout autre effet que s'ils étaient réels. Ils nous touchent, nous concernent, mais de loin, d'ailleurs. Ils se situent en un lieu différent de celui de la vie. Leur mode d'existence étant imaginaire, ils sont mis à distance en même

16. *Poétique,* 1451 a 36-b 32.

temps que représentés. Chez le public, désengagé par rapport à eux, ils « purifient [17] » les sentiments de crainte et de pitié qu'ils produisent dans la vie courante. S'ils les purifient, c'est qu'au lieu de les faire simplement éprouver, ils leur apportent par l'organisation dramatique – avec son début et sa fin, l'enchaînement combiné des séquences, la cohérence d'épisodes articulés en un tout, l'unité formelle de la pièce – une intelligibilité que le vécu ne comporte pas. Arrachées à l'opacité du particulier et de l'accidentel par la logique d'un scénario qui épure en simplifiant, condensant, systématisant, les souffrances humaines, d'ordinaire déplorées ou subies, deviennent dans le miroir de la fiction tragique objets d'une compréhension. Tout en concernant des personnages et des événements singuliers, liés au cadre historique et social qui est le leur, ils acquièrent une portée et une signification autrement plus larges.

Le drame antique explore les mécanismes par lesquels un individu, si excellent qu'il soit, est conduit à sa perte, non sous l'empire de la contrainte ni par l'effet de sa perversité ou de ses vices, mais en raison d'une faute, d'une erreur comme celle que chacun peut commettre. Il met ainsi à nu le jeu de forces contradictoires auquel l'homme est soumis, toute société, toute culture, au même titre que la grecque, impliquant tensions et conflits. Par cette voie, la tragédie propose au spectateur une interrogation à portée générale sur la condition humaine, ses limites, sa nécessaire finitude. Elle porte en elle, dans sa visée, une sorte de savoir, une théorie concernant cette logique illogique qui préside à l'ordre de nos activités d'homme. Il y a tragédie quand, par le montage de cette expérience imaginaire que constitue un scénario, avec sa progression dramatisée, par cette *mimesis praxeôs*, comme dit Aristote [18], cette simulation d'un système cohérent

---

17. ARISTOTE, *Poétique*, 6, 1449 b 28. Sur les problèmes de la *katharsis* aristotélicienne et sur le sens de cette purification ou « épuration » des émotions comme la pitié et la crainte par le moyen de la représentation tragique, cf. Roselyne DUPONT-ROC et JEAN LALLOT, *Aristote, La Poétique*, Texte, traduction, notes, Paris, 1980, pp. 188-193.
18. *Poétique*, 1449 b 24.

d'actions suivies conduisant à la catastrophe, l'existence humaine accède à la conscience, tout à la fois exaltée et lucide, aussi bien de son irremplaçable prix que de son extrême vanité.

5

Eschyle, le passé et le présent *

I. Les ensembles

En 405 avant Jésus-Christ, peu après la mort d'Euripide et celle de Sophocle, Aristophane représenta Dionysos se rendant aux Enfers, accompagné d'un chœur de grenouilles pour y ramener le premier des poètes tragiques. Le débat, l'*agôn,* s'instaure entre Eschyle et Euripide, Sophocle restant à l'arrière-plan, mais obtenant la seconde place. Débat plus complexe qu'il n'y paraît : Aristophane donne la victoire à Eschyle et outrage copieusement Euripide, mais c'est ce dernier poète qui est présent presque dans chacun de ses vers, et ce goût littéraire d'Aristophane sera aussi celui du IVe siècle et de l'époque hellénistico-romaine.

Eschyle, Sophocle, Euripide. Cet ordre canonique, celui de l'âge : les Anciens aimaient à dire, en forçant un peu les dates, qu'au moment de Salamine (480), Eschyle (né vers 525) combattait, que Sophocle (né en 496 ou 495) chantait le péan et qu'Euripide (né vers 485) naissait, cet ordre canonique n'est donc pas une création des Modernes et Aristophane a

* Préface à Eschyle, trad. Paul Mazon, *Tragédies,* Paris, Gallimard, coll. Folio, 1982, pp. 7-39.

été entendu. Au siècle suivant Lycurgue fit voter une loi qui « ordonnait d'exécuter en bronze des effigies des poètes Eschyle, Sophocle et Euripide et de transcrire leurs tragédies pour en conserver aux archives la copie dont le secrétaire de la cité devait donner lecture aux acteurs avec défense d'en modifier le texte à la représentation [1] ». C'est là un type d'honneurs comparable à ceux que la cité accorde, normalement à l'époque classique et à l'époque hellénistique, à ses bienfaiteurs (évergètes). Il ne s'ensuit pas obligatoirement que la triade ainsi constituée se retrouve partout. On constate avec surprise, par exemple, qu'elle n'existe pas, à proprement parler, dans la *Poétique* d'Aristote dont l'influence se fit sentir pendant des siècles. Le seul chapitre où les trois tragiques soient cités ensemble mentionne aussi Agathon (fin du Vᵉ siècle), bien connu par le rôle qu'il joue dans le *Banquet* de Platon. Euripide est de loin l'auteur le plus cité, tandis qu'Eschyle ne l'est pas plus qu'Agathon et qu'Aristote mentionne encore de nombreux tragiques dont il ne reste rien.

En 264 avant Jésus-Christ, dans la cité de Paros dans les Cyclades, on fit graver sur marbre une chronique de l'histoire grecque, essentiellement athénienne, depuis l'avènement de Cécrops, placé en 1581, jusqu'à l'archontat de Diognète à Athènes (264). Les dates que nous dirions « culturelles » y sont nombreuses. Si l'on excepte Thespis, créateur de la tragédie, les seuls tragiques mentionnés sont les trois poètes majeurs. La première victoire d'Euripide au concours tragique (442) est mentionnée immédiatement après la mort d'Eschyle (456) et celle de Sophocle (405), tout de suite après celle d'Euripide (406), ce qui est évidemment moins surprenant. Sur le terrain de la diffusion culturelle, la statistique des papyrus littéraires montre que, si Euripide l'emporte et de loin, ce sont bien les trois grands tragiques qui restent à peu près les seuls à être vraiment répandus.

Cet ensemble nous a donc été imposé. Dans quelle mesure est-il naturel? Sophocle a rivalisé avec Eschyle et Euripide avec Sophocle, mais ils n'étaient pas seuls en cause. L'imitation, la *mimesis* de poète en poète, est une des lois de la

---

1. PSEUDO-PLUTARQUE, *Vie de Lycurgue*, 15. Cf. *infra*, pp. 214-215.

littérature grecque. Impossible, par exemple, de lire l'*Électre* d'Euripide et celle de Sophocle, sans les référer l'une à l'autre et les rapprocher des *Choéphores* d'Eschyle. Les *Phéniciennes* d'Euripide constituent la première « lecture », comme on dit, des *Sept contre Thèbes.* Mais Eschyle lui-même n'est pas un commencement absolu, et je ne fais pas seulement allusion à un personnage plus ou moins légendaire comme Thespis. Le premier vers des *Perses* (472) renvoie au premier vers des *Phéniciennes* de Phrynichos (476) dont nous ne connaissons guère que ce début, mais dont « les vieux airs sidoniens, doux comme le miel [2] », sont demeurés célèbres – c'est encore Aristophane qui nous l'apprend – tout au long du Vᵉ siècle. Un ensemble à quatre termes, non à trois, n'aurait pas été inconcevable.

Quoi qu'il en soit, et par des chemins variés, ces trois tragiques sont devenus des classiques, s'il est vrai que le classicisme, c'est la possibilité, voire l'obligation, de la répétition. La transformation est accomplie pour les trois poètes à la fin de leur siècle. Elle a pu, dans le cas d'Eschyle, débuter très tôt. L'auteur, anonyme, de la *Vie d'Eschyle* (11), œuvre médiocre qui nous est parvenue avec une partie de la tradition manuscrite, nous apprend que les Athéniens « ont tant aimé Eschyle qu'après sa mort ils décidèrent que quiconque voudrait représenter les œuvres d'Eschyle obtiendrait de la cité un chœur ». C'était là faire concourir un mort et lui donner une indiscutable prime. Nous savons aussi que les *Perses,* un an après la représentation d'Athènes (472), ont été rejoués en Sicile.

Cet ensemble à trois, la postérité plus lointaine l'a, le plus souvent, respecté, bien que chaque époque ait eu sa préférence [3], et il faut bien admettre qu'il s'adapte merveilleusement à toute sorte de constructions, à la dialectique hégélienne, par exemple, qui fait évoluer les arts du « symbolique » avec « excès du fond sur la forme » au « romantique » avec « excès de la forme sur

---

2. ARISTOPHANE, les *Guêpes,* 219-220.

3. Voir l'étude récente de Thomas G. ROSENMEYER, dans le livre dirigé par Moses I. FINLEY, *The Legacy of Greece,* Oxford, 1981, pp. 120-154. On aura une idée de l'immensité et de la complexité de la tradition eschyléenne en feuilletant la *Bibliographie historique et critique d'Eschyle et de la tragédie grecque, 1518-1974,* établie par André WARTELLE, Paris, 1978.

le fond », en passant par l'équilibre classique. Quels écrivains mieux qu'Eschyle, Sophocle et Euripide pouvaient illustrer ce schéma? Hegel oublia, du reste, de s'en apercevoir.

Mais devons-nous, nous, maintenir les tragiques entre eux? Introduisons donc, tout en demeurant dans la sphère du théâtre, le comique. Aristophane n'est pas seulement le lecteur et le commentateur ironique des trois poètes, il nous oblige aussi à nous rappeler que leurs « trilogies » – une seule a subsisté, l'*Orestie* d'Eschyle – se terminaient par un « drame satyrique », genre intermédiaire assez proche de la comédie, et qu'Eschyle maniait aussi bien que lui – nous le savons par de rares fragments – la plaisanterie phallique.

Mais on peut aussi refuser cet ensemble et en constituer d'autres, en restant dans l'Antiquité, ou en en sortant. Eschyle peut être lu, comme il l'a probablement voulu, dans son rapport à Homère et à Hésiode. Il peut être lu en confrontation avec les lyriques ses contemporains, Pindare et Bacchylide, avec les philosophes du Vᵉ siècle, Héraclite, Empédocle, Parménide. On peut lire aussi les tragiques en les associant aux historiens : le parallèle Eschyle-Hérodote s'impose à tout lecteur des *Perses* et l'on a parfois tenté d'expliquer Thucydide à l'aide d'Eschyle.

Veut-on un exemple de ces lectures croisées? Dans les *Grenouilles,* Dionysos consulte Eschyle et Euripide sur l'opportunité de rappeler à Athènes Alcibiade, le célèbre et parfois populaire aventurier. Euripide se prononce contre. « Et toi, quel est ton avis? » demande le dieu à Eschyle : « Surtout de n'aller pas nourrir un lion dans une cité, sinon, une fois élevé, il faut se prêter à ses façons! » (1430-1432). Allusion évidente à un chœur célèbre de l'*Agamemnon :* « C'est ainsi qu'un homme a, dans sa maison, nourri un lionceau, tout jeune privé du lait de sa mère, et dans ses premiers jours l'a vu, plein de douceur, caresser les enfants, amuser les vieillards, plus d'une fois même rester dans ses bras, comme un nouveau-né, joyeux et flattant la main à laquelle sa faim le fait obéir. Mais, avec le temps, il révèle l'âme qu'il doit à sa naissance... » (717-728). Quand, au début de ce siècle, dans un livre célèbre [4],

4. *Thucydides Mythistoricus,* Londres, 1907, réimpr., New York, 1969.

F. M. Cornford voulut montrer que l'histoire selon Thucydide restait prisonnière d'un schéma tragique, il mit l'accent sur le personnage d'Alcibiade et intitula le chapitre qu'il lui consacra « le petit du lion ». Cette analyse, dira-t-on, à supposer qu'elle soit correcte, ne jette aucune lumière sur Eschyle. Est-ce absolument sûr? Aristophane était un meilleur lecteur d'Eschyle que bien des critiques contemporains. Quel est le sens de la métaphore du lionceau? Qui est ce « prêtre d'Até [divinité de la vengeance], envoyé par le Ciel, qu'a nourri la maison » (735-736)? La strophe est placée entre une évocation de « Pâris aux funèbres amours », qui avait été accueilli à Sparte et viola l'hospitalité de Ménélas, et une autre d'Hélène, « fleur de désir qui enivre les cœurs ». Tous deux engendrent le malheur à Troie. Mais le lion, la démonstration en a été faite de façon écrasante [5], est aussi le personnage grandi au sein de la cité et devenu non un roi mais un tyran, c'est-à-dire Agamemnon lui-même. Et par là est posé tout le problème du statut du héros tragique face à la cité qui le projette et le rejette. Est-il sûr qu'Aristophane et Thucydide ne nous aient pas aidé à comprendre cela?

Quitterons-nous les arts de la parole et de l'écrit? C'est là s'aventurer sur un terrain difficile. Il y a des peintres de vases, par exemple, qui ont pu être influencés par la représentation de l'*Orestie*, mais cela ne nous autorise pas à transposer dans la peinture le langage de la tragédie. Les rythmes d'évolution ne sont pas les mêmes. D'instinct on rapprocherait le premier des tragiques du plus grand des peintres de vases à figures noires, Exékias, mais le peintre est antérieur, d'un bon demi-siècle, au poète. Reste à nous souvenir, parfois, de contemporanéités qui pourraient avoir un sens. Rapprocher la scène centrale des *Sept contre Thèbes* et un fronton sculpté, est-ce fatalement absurde [6]? Eschyle lui-même dans cette scène, et ailleurs, se réfère au répertoire des artisans, sculpteurs et bronziers.

---

5. Bernard M. W. Knox, « The Lion in the House », *CPh*, 47, 1957, pp. 17-25, repris dans *Word and Action. Essays on the Ancient Theater*, Baltimore-Londres, 1979, pp. 27-38.
6. Cf. *infra*, pp. 115-147.

Mais devons-nous même rester dans le monde grec?

En 1864, Victor Hugo présente dans un livre tout entier une nouvelle traduction de Shakespeare, œuvre de son fils François-Victor. Il y dresse une courte liste de génies qui précèdent et annoncent Shakespeare, étant sous-entendu que Shakespeare précède et annonce Victor Hugo. Ce sont : Homère, Job, Eschyle, Isaïe, Ézéchiel, Lucrèce, Juvénal, Tacite, saint Jean, saint Paul, Dante, Rabelais et Cervantès : le monde hébraïque (encore que Job soit pris pour un Arabe), le monde grec et, mieux représentés, les Latins, les débuts du christianisme, l'Occident médiéval et renaissant. A l'échelle du monde, le secteur représenté est limité. Victor Hugo s'en explique. Il existe, par exemple en Extrême-Orient ou dans les pays germaniques, de « vastes œuvres collectives » qui ne sont pas le legs de génies individuels : « Les poèmes de l'Inde en particulier ont l'ampleur sinistre du possible rêvé par la démence ou raconté par le songe. » Eschyle est mis en parallèle et en opposition avec Job : « Eschyle, illuminé par la divination inconsciente du génie, sans se douter qu'il a derrière lui, dans l'Orient, la résignation de Job, la complète à son insu par la révolte de Prométhée; de sorte que la leçon sera entière, et que le genre humain, à qui Job n'enseignait que le devoir, sentira dans Prométhée poindre le droit [7]. » Pure absurdité écrite à un moment où les orientalistes eux-mêmes ignoraient qu'effectivement le livre de Job, qui date d'après l'Exil, est grossièrement contemporain de l'œuvre d'Eschyle. Voici pourtant ce qu'écrivait récemment un grand historien contemporain : « Confucius, le Bouddha, Zoroastre, Isaïe, Héraclite – ou Eschyle. Cette liste aurait probablement intrigué mon grand-père et les hommes de sa génération. Aujourd'hui elle a un sens et ce fait symbolise le changement de nos perspectives historiques... Ces hommes ne se sont pas connus les uns les autres... Cependant nous sentons que nous avons découvert maintenant un dénominateur commun qui fait que tous, ils nous concernent [8]... » Ce quelque chose qui nous

---

7. Victor HUGO, William Shakespeare, in *Œuvres*, éd. Jean Massin, XII, Paris, 1969, pp. 189 et 174.

8. Arnaldo MOMIGLIANO, *Essays in Ancient and Modern Historiography*, Oxford, 1977, p. 9.

concerne est une même réflexion sur les rapports entre la justice des hommes et celle des dieux. Insérer Eschyle dans cet ensemble dépasse l'ambition de cette présentation, il fallait tout de même rappeler qu'il existe.

II. Démocratie tragique

Eschyle né vers 525 a environ dix-huit ans lors de la grande réforme de Clisthène qui déboucha sur la démocratie. Présent à Marathon (490), à Salamine (480), il est contemporain des conflits qui opposent après les guerres médiques les démocrates guidés par Éphialte, assassiné en 461, puis Périclès à leurs adversaires par Éphialte, assassiné en 461, puis Périclès à leurs adversaires dont le chef le plus représentatif fut Cimon, fils de Miltiade. Quand Eschyle meurt, à Géla en Sicile, en 456, Cimon, qui a été ostracisé en 461, vient peut-être d'être autorisé à regagner Athènes en guerre contre Lacédémone, mais il s'en faut que le conflit fondamental soit réglé. Une étape importante a été la réforme d'Éphialte (462) qui a privé l'Aréopage de son rôle de conseil, « gardien des lois », pour le limiter dans ses attributs judiciaires. C'est la *Boulè,* conseil tiré au sort, qui est désormais, à côté de l'assemblée populaire, le seul organe délibératif à fonction politique.

Comment Eschyle vécut-il cette transformation, comment vota-t-il à l'assemblée, dans quel camp se situa-t-il? Nous ne le savons pas. Plus exactement nous n'avons que deux indications extérieures à son théâtre. En 472, son « chorège », c'est-à-dire le riche Athénien qui finance la tétralogie dont la seconde pièce, seule conservée, est les *Perses,* est Périclès alors âgé d'environ vingt ans. De même en 476, Thémistocle avait été le chorège de Phrynichos. Ce choix peut indiquer que le poète est alors dans le camp démocrate. Mais, inversement, selon Pausanias (I, 14, 5), « Eschyle, lorsqu'il sentit l'approche de la fin, lui qui avait gagné tant de gloire par sa poésie et qui avait combattu sur mer à l'Artémision et à Salamine, oublia tout cela et écrivit simplement son nom, son patronyme et le nom de sa cité, ajoutant qu'il attestait comme témoins de sa valeur la baie de Marathon et les Mèdes qui y avaient débarqué ». Nous possédons effectivement le texte d'une épitaphe qui est peut-être celui qu'avait dicté Eschyle, alors en Sicile, et que les gens de Géla firent graver sur sa tombe : « Ce mémorial renferme Eschyle fils d'Euphorion, Athénien, mort dans Géla riche en froment. Le Mède à longue chevelure et la baie célèbre de Marathon savent ce que fut sa valeur [9]. » Mentionner Marathon, ignorer Salamine peut être considéré comme un choix idéologique, celui de la république des hoplites contre celle, beaucoup plus nombreuse, des marins. Mais en admettant que tel fut le choix individuel d'Eschyle à la fin de sa vie, cela ne nous donne que peu d'information sur ce que disent ses œuvres, décalées du reste par rapport aux choix quotidiens. Le final de l'*Orestie* qui glorifie le rôle judiciaire de l'Aréopage a pu être interprété et comme une apologie d'Éphialte et comme une critique d'Éphialte.

On peut suivre presque année après année les choix politiques d'Euripide. Sophocle fut stratège aux côtés de Périclès et siégea à la fin de sa vie dans une commission qui joua un rôle préparatoire dans le coup d'État de 411, mais la cité dont il parle n'est ni celle des démocrates ni celle des oligarques. Ses œuvres conservées se dispersent sur plusieurs dizaines d'années. Il n'en est pas de même pour Eschyle : on a cru jadis que les *Suppliantes* étaient presque contemporaines de l'avènement de la démocratie, on sait aujourd'hui, par la découverte d'un papyrus, qu'elles doivent être datées de 464 [10]. De fait les sept tragédies qui subsistent d'une œuvre immense : quatre-vingt-dix tragédies, une vingtaine de drames satyriques, sont groupées en un très court espace de temps : 472 les *Perses,* 467 les *Sept,* 458 la trilogie de l'*Orestie.* Seul le *Prométhée* n'est pas daté mais est tenu pour postérieur aux *Sept,* quelques-uns disent même à l'*Orestie,* certains contestant, à tort, son authenticité.

Impossible donc d'oublier qu'à l'arrière-plan se situait l'action de ce personnage largement occulté : le réformateur Éphialte, à coup sûr un des créateurs de la démocratie athénienne. Mais rien ne nous permet de dire si Eschyle se plaça dans son camp. Le problème, à vrai dire, se pose autrement.

La tragédie est une des formes d'identification de la cité

---

9. *Vie d'Eschyle,* 10.
10. *Pap. Ox.,* XX, 2256, fr. 3.

nouvelle, démocratique; opposant l'acteur au chœur – c'est Eschyle qui introduit un deuxième acteur –, elle va chercher, dans le lointain du mythe, le prince devenu tyran, elle le projette et le met en question, représente ses fautes, ses choix erronés qui le conduisent à la catastrophe. Dans les *Perses,* le héros n'est pas un prince grec disparu depuis longtemps, mais un roi perse toujours de ce monde. Mais les autres pièces de la trilogie mettent également en scène l'aveuglement royal. L'espace barbare tient la même fonction que le temps grec. Racine saura s'en souvenir quand il préfacera *Bajazet.*

J'ai dit *une* des formes; il en est d'autres, fort différentes : l'oraison funèbre par exemple qui montre au contraire une cité exemplairement unifiée [11].

Mais, si le prince, sans être le tyran, est parent du tyran [12], le chœur n'est pas le peuple, et notamment pas le peuple en arme. Composé de déesses *(Prométhée),* de Furies (les *Euménides*), de femmes, voire de captives (les *Sept,* les *Suppliantes,* les *Choéphores*), de vieillards (les *Perses, Agamemnon*), le chœur n'est pas qualifié pour incarner la cité combattante ou pacifique. Impossible dialogue politique que celui d'Étéocle, chef unique et souverain, et des femmes de Thèbes. « Va, écoute des femmes, si dur qu'il te soit de le faire », disent celles-ci au héros qui a choisi la septième porte et par conséquent l'affrontement fratricide (712). Dans une cité démocratique le conseil propose, l'assemblée décide par un vote, les magistrats exécutent les décisions. Et les magistrats et les conseillers font partie de l'assemblée. La *décision* tragique est prise par le héros, répétition d'une décision antérieure qui s'inscrit elle-même dans la longue durée : celle des Atrides ou celle des Labdacides. La faute d'Agamemnon date-t-elle de sa décision de fouler le tapis, réservé aux dieux, que lui tend Clytemnestre, du sacrifice d'Iphigénie, du crime d'Atrée, ou de la destruction sanglante de Troie? La faute d'Étéocle répète celle d'Œdipe, celle de Laïos [13]. Leurs choix s'inscrivent donc

---

11. Voir Nicole LORAUX, *L'Invention d'Athènes,* La Haye, Berlin, Paris, 1981.

12. Voir Diego LANZA, *Il Tiranno e il suo pubblico,* Turin, 1977.

13. On comparera cette cascade de crimes avec ce que dit Richard MARIENTRAS du monde de Shakespeare : « La violence sociale poursuit

dans un temps qui n'est pas celui de la cité. Mais le chœur ne décide pas. Seul celui des *Suppliantes* est en quelque sorte partie à l'action. Il a pris, avant le début de la pièce, la décision collective de refuser le mariage. Les femmes de ce chœur sont *dans* la tragédie. Dans l'*Agamemnon*, le chœur des vieillards exerce bien la fonction de conseil, mais, au moment du meurtre, il montre de façon presque caricaturale son impuissance. Chaque choreute opine tour à tour et, lorsque le coryphée conclut, c'est pour dire : « Ma voix donne du moins le nombre [plus exactement *la* majorité] à cet avis : savoir exactement le sort fait à l'Atride » (1370-1371). Quand à la fin des *Sept*, qui n'est peut-être pas tout entière d'Eschyle, la cité se divise en deux camps opposés, ce sont des femmes, Antigone et Ismène, qui sont à la tête des deux factions.

Le peuple n'est pas présent sur la scène. Sa place est sur les gradins du théâtre. Est-il représenté? Il l'est par des figurants muets au début des *Sept* et c'est à ces figurants qu'Étéocle lance son apostrophe initiale (1-2) : « Peuple de Cadmos [plus exactement : Citoyens de la cité de Cadmos], il doit dire ce que l'heure exige, le chef qui, tout à sa besogne, au gouvernail de la cité, tient la barre en main... » Les Danaïdes, qui forment le chœur des *Suppliantes*, exigent du roi d'Argos qu'il prenne tout seul la décision de les accueillir. Démocrate, Pélasgos refuse et s'en réfère à l'assemblée du peuple (365-375). Celle-ci vote un décret qui accorde aux jeunes filles le statut de métèque. C'est même à l'occasion de ce vote que pour la première fois, dans les textes que nous possédons, le mot *démos* (peuple) a été rapproché du verbe *kratein* (commander). Mais l'assemblée est racontée, elle n'est pas représentée sur la scène ou sur l'*orchestra*.

Dans les *Euménides*, les juges qui décideront du sort d'Oreste et qui votent effectivement sont, eux aussi, des figurants muets. Seule Athéna parle et vote tout à la fois. Son suffrage entraîne l'absolution d'Oreste (734-753). La cité est ici représentée par sa déesse éponyme. Tels sont les déplacements qui marquent la démocratie tragique.

---

mécaniquement son cours dévastateur : à un premier meurtre (à une première infraction) succède un second meurtre qui doit venger le premier, un troisième qui doit venger le second. La spirale va s'élargissant... », *Le Proche et le Lointain*, Paris, 1981, p. 15.

III. Les dieux et les hommes

Dans une tragédie comme les *Bacchantes* d'Euripide (406), l'insertion dans le monde des hommes d'un dieu déguisé comme Dionysos, son inquiétante proximité est le moteur du tragique. Dans les pièces de Sophocle, temps des dieux et temps des hommes sont séparés, mais c'est le premier qui rend compte, en dernière analyse, du second. Le sens des oracles se modifie peu à peu pour aboutir à la transparence finale. Les apparitions des dieux sont rares : Athéna au début de l'*Ajax*, Héraclès divinisé à la fin du *Philoctète*.

Chez Eschyle, l'interférence entre monde divin et monde humain est permanente. Les deux univers se reflètent l'un l'autre. Il n'y a pas de conflit humain qui ne traduise un conflit entre les forces divines. Il n'y a pas de tragédie humaine qui ne soit aussi une tragédie divine.

Il ne s'agit pas d'un « pas encore ». Il ne s'agit pas de croire qu'Eschyle vit dans on ne sait quel monde primitif qui ne parviendrait pas à conceptualiser le rapport de l'homme aux dieux, de l'homme à la nature. La domination de Zeus, la transcendance de Zeus, le triomphe final de Zeus, sont à l'horizon de toute l'œuvre d'Eschyle, de même qu'ils seront à l'horizon de l'œuvre de Sophocle. Mais le Zeus de Sophocle est hors de l'histoire, le Zeus d'Eschyle a une histoire, comme celui d'Hésiode, une histoire à laquelle il met un terme.

« Un dieu fut grand jadis, débordant d'une audace prête à tous les combats : quelque jour on ne dira plus qu'il a seulement existé. Un autre vint ensuite qui trouva son vainqueur et sa fin. Mais l'homme qui, de toute son âme, célébrera le nom triomphant de Zeus aura la sagesse suprême. » Telle est la lignée des Ouranides : Ouranos, Cronos, Zeus dans l'*Agamemnon* (167-175). Mais une autre histoire aurait été possible. Le *Prométhée* est une tragédie dans le monde des dieux. Zeus est tyran et Prométhée esclave, mais un esclave maître du temps, capable d'imposer à Zeus cette répétition dans le crime qui caractérise les Atrides et les Labdacides : hier Cronos contre Ouranos, puis Zeus contre Cronos; demain le fils de Zeus contre son père. Dans cette étonnante tragédie, *Kratos*, la Domination, le Pouvoir, apparaît sur scène aux côtés de *Bia*, la Violence, la Force.

Dans l'*Orestie*, le conflit des jeunes dieux politiques contre les vieilles divinités du sang scande la trilogie au même titre que l'affrontement entre la lignée d'Agamemnon et Clytemnestre. Bien des modernes ont été sur ce plan victimes de l'illusion historique que leur a dispensée Eschyle. Ils ont cru, vraiment, que cette opposition exprimait une mutation, qu'Eschyle dramatisait le passage d'une religion tellurique et naturaliste à une religion civique, du matriarcat au patriarcat, du clan à la cité [14]. Il ne s'agit pas d'histoire mais d'une dramatisation du présent.

Les hommes sont à la recherche des signes. L'univers relatif qui est le leur est celui de la Persuasion, *Peithô* [15]. Mais s'agit-il de la « Persuasion sainte », qu'évoque Athéna dans le final des *Euménides* « qui donne à [sa] parole sa magique douceur » (886) et qui transforme les Érinyes en Euménides, ou s'agit-il de cette « persuasion traîtresse » qu'invoque le coryphée dans les *Choéphores* et qui conduit Clytemnestre à la mort, comme elle avait aidé à tuer Agamemnon? Ce sont encore des signes que s'efforce de déchiffrer et de renverser Étéocle en écoutant le messager décrire l'un après l'autre les boucliers des *Sept contre Thèbes*, ces signes qui constituent peu à peu *pour nous* un ensemble que *nous* pouvons déchiffrer, plus complètement que ne le fait Étéocle, ces signes qui expriment en fin de compte le triomphe de Zeus, le salut de la cité, la mort des deux rois-frères.

Signes encore : les rêves, jamais tout à fait transparents. Signes aussi, enfin, les présages. Ainsi, au début de l'*Agamemnon*, le rappel de celui qui marqua le départ pour la Troade :

« Deux rois des oiseaux apparus aux rois des nefs, l'un tout noir, l'autre au dos blanc. Ils apparurent près du palais, du côté du bras qui brandit la lance, perchés bien en vue, en train de dévorer, avec toute sa portée, une hase pleine, frustrée des chances d'une dernière course » (114-120). Calchas

---

14. Cf. George THOMSON, *Aeschylus and Athens*, Londres, 1941, nombreuses rééditions.

15. Voir R. G. A. BUXTON, *Persuasion in Greek Tragedy. A Study of Peitho*, Cambridge, 1982.

le devin donne un début d'explication : les deux aigles sont les Atrides et ils s'empareront de Troie, mais en violant les règles de la chasse, en tuant des animaux innocents contrairement aux règles fixées par Artémis maîtresse de la nature sauvage, ils vont déchaîner la tempête. Qui est la *hase* pleine? A la fois Troie et Iphigénie, sacrifiée par son père, les enfants innocents du festin offert à Thyeste par Atrée. Cette polysémie, cette surdétermination des présages est caractéristique d'Eschyle. Mais le réseau des images, des métaphores s'ajoute au réseau des présages. Les Atrides sont « représentés » par des aigles, animaux des hauteurs, ils sont comparés à des vautours, oiseaux d'en bas, rapaces dévoreurs de cadavres : « Terribles, ils criaient la guerre du fond de leur cœur irrité, semblables aux vautours qui, éperdus du deuil de leur couvée, tournaient au-dessus de l'aire, battant l'espace à grands battements d'ailes, frustrés de la peine prise à garder leurs petits au nid » (47-54). Ne cherchons pas dans l'œuvre d'Eschyle à séparer la poésie du sens tragique. Ils sont une seule et même dimension du texte. Entre la métaphore et le présage, l'image et le signe venus des dieux, il y a continuité, comme si les lions ou les aigles des apparitions ou des comparaisons bondissaient tout d'un coup sur la scène. Cette continuité est peut-être l'aspect le plus étonnant de l'art d'Eschyle.

Entre l'obscurité humaine et le monde divin qui n'est pas celui de la transparence, il n'y a pas que le rêve, le présage et l'image, il y a un intermédiaire que sont les devins et les prophètes. Ici encore, entre l'interprète du songe métaphorique et le personnage à statut de devin, il n'y a pas de solution de continuité. Au début des *Choéphores* c'est le souvenir du crime de Clytemnestre, ou, si l'on veut, le remords qui est appelé « prophète » (plus exactement interprète des rêves) : « En un trop clair langage, auquel se dressent les cheveux, le prophète qui, dans cette demeure, parle par la voix des songes, soufflant la vengeance du fond du sommeil, en pleine nuit, au cœur du palais, proclamant son oracle en un cri d'épouvante, lourdement vient de s'abattre sur les chambres des femmes. Et, interprétant ces songes, des hommes dont la voix a les dieux pour garants ont proclamé que, sous terre, les morts âprement se plaignent et s'irritent contre leurs meurtriers » (32-42). Il est, dans les tragédies d'Eschyle, bien des figures du divin et de son art la mantique. Le personnage de Calchas, par exemple, s'épuise dans l'interprétation du présage de la hase pleine. Amphiaraos, c'est-à-dire « l'homme à la double malédiction », comme Polynice est « l'homme aux mille querelles » – ces jeux sur les mots sont constants chez Eschyle et jouent leur rôle dans la détermination du texte –, Amphiaraos est un personnage nommé, non un personnage représenté, figurant sur la scène. Il est un des « Sept » contre Thèbes et à ce titre il est destiné à mourir, mais il est devin et connaît son destin. Dans la scène centrale des *Sept* il maudit tout à la fois Tydée, le premier des héros, et Polynice, le dernier. De tous les boucliers longuement décrits, le sien est le seul à ne revêtir aucun emblème, « car il ne veut pas paraître un héros, il veut l'être » (592). Du coup, le devin, c'est-à-dire le donneur de sens, renvoie les boucliers de ses compagnons du monde de l'être à celui du paraître et nous invite à les interpréter en tant que faux-semblants.

Les devins de Sophocle : Tirésias, par exemple, dans l'*Antigone* et l'*Œdipe-Roi,* ne sont que des devins. Ils anticipent la tragédie mais sont en marge de la tragédie comme le sont, chez Sophocle et chez Eschyle lui-même, les messagers, les hérauts ou les serviteurs.

La Pythie de Delphes apparaît au début des *Euménides,* mais si elle dit le passé du lieu saint, un passé qui préfigure ce que sera Athènes à la fin de la trilogie, un lieu où les forces divines sont combinées, non affrontées, elle ne dit pas l'avenir et s'adresse à Apollon, médecin, guérisseur, interprète des prodiges.

Le seul intermédiaire entre le passé, le présent et l'avenir dont le destin ne se joue pas dans la tragédie est le fantôme de Darius, modèle mort du vieux roi lucide, c'est-à-dire du roi impossible, qui n'apparaît sur scène que pour condamner le jeune roi fou (*Perses,* 719 et suiv.).

Apollon est à la fois dieu oraculaire et dieu exégète. Son oracle a conduit Oreste au meurtre de sa mère. Mais, dans le procès qui s'engage à Athènes et qui doit dire un droit qui n'existe pas encore, il est à la fois témoin et partie, au même titre que les Érinyes. Chez deux des personnages d'Eschyle, cette fusion entre la qualité de devin et celle de personnage tragique est réalisée d'une façon totale, chez une femme, Cassandre, chez un dieu, Prométhée.

Dieu-devin, dieu-médecin (mais incapable de se guérir), intermédiaire entre les immortels et les hommes auxquels il a enseigné les techniques et la vie en société, annonçant dans la tragédie au seul personnage humain, Io, ce que sera son destin, Prométhée est à la fois la victime et le maître du secret dont dépend l'avenir de Zeus. L'homme est son passé, le salut de Zeus son avenir, c'est sa souffrance présente, sa déchirure entre le passé et le présent qui en fait un personnage tragique. Cassandre, victime d'Apollon et bénéficiaire de ses dons, pénètre dans le palais en maîtrisant tout à la fois le passé, celui du meurtre des enfants de Thyeste, et l'avenir : celui du meurtre d'Agamemnon et le sien propre : « Et voici qu'aujourd'hui le prophète qui m'a fait prophétesse m'a lui-même conduite à ce destin de mort » (1275-1276), sans parler de l'avenir plus lointain, celui de la vengeance d'Oreste. Discours « sans énigme »; l'obscurité n'est pas cette fois dans les mots, elle est dans le personnage.

Entre les dieux et les hommes, le mode normal de communication est le sacrifice, cette invention de Prométhée. Mais, précisément, dans le monde tragique d'Eschyle, il n'y a pas de sacrifice régulier, tout sacrifice est « corrompu [16] » et cela est vrai de l'*Orestie* comme des *Sept contre Thèbes,* tout sacrifice tenté doit s'interrompre comme celui qu'adresse aux dieux la reine des Perses. Inversement tout meurtre, celui d'un frère, celui d'une fille, d'un époux, d'un père, tout meurtre est dépeint sous les espèces d'un sacrifice. Le suicide projeté des *Suppliantes* prend lui aussi la forme d'une offrande aux dieux d'Argos. La norme n'est posée dans la tragédie grecque que pour être transgressée ou parce qu'elle est déjà transgressée; c'est en cela que la tragédie grecque relève de Dionysos, dieu de la confusion, dieu de la transgression.

16. Cf. Froma I. ZEITLIN, « The Motif of the Corrupted Sacrifice in Aeschylus' *Oresteia* », *TAPhA,* 96, 1965, pp. 463-508; voir aussi, en général, Zoe PETRE, « La représentation de la mort dans la tragédie grecque », *Stud Clas,* XXIII, 1985, pp. 21-35.

IV. Les hommes et la cité

La cité grecque est un espace sur la terre cultivée avec, à ses frontières, la montagne ou le « désert », où erre la bacchante, où chemine le berger, où s'entraîne l'éphèbe; elle est un temps fondé sur la permanence des magistratures et le renouvellement des magistrats; elle est un ordre sexuel reposant sur la domination politique des mâles et l'exclusion provisoire des jeunes; elle est un ordre politique dans lequel s'insère plus ou moins facilement l'ordre familial; elle est un ordre grec excluant les barbares et limitant la présence des étrangers même grecs; elle est un ordre militaire où les hoplites l'emportent sur les archers, les troupes légères et même la cavalerie; elle est un ordre social fondé sur l'exploitation des esclaves et la mise sur les marges de l'artisanat sinon toujours des artisans. C'est la combinaison, l'action réciproque de ces inclusions et de ces exclusions qui est l'ordre civique.

Dans la tragédie il faut que la cité tout à la fois se reconnaisse et se mette en question. Autrement dit la tragédie est à la fois un ordre et un désordre. L'auteur tragique déplace, inverse, parfois supprime l'ordre politique. Ce sont les écarts qui créent la mise en évidence, ou, au sens étymologique du mot, la mise en scène. Seul le *Prométhée* voit son action se dérouler dans un lointain désert où le Pouvoir et la Violence s'exercent sans médiation; le lieu ordinaire de l'action scénique est le devant du palais royal ou d'un temple : Delphes au début des *Euménides*. Cependant l'action des *Suppliantes* se situe devant un lieu sacré, mais à la frontière de la cité, près du rivage; toute la question est de savoir si ces étrangères qui disent être des Argiennes seront admises au sein de la cité, thème qui sera repris, par exemple dans l'*Œdipe à Colone* de Sophocle, mais dont nous avons ici le premier exemple conservé. La nature sauvage sert de référence constante, avec son bestiaire : le lion, le loup, avec la chasse *des* animaux prédateurs et *aux* animaux prédateurs qui interfère tout à la fois avec le sacrifice et avec la guerre : on ne doit pas tuer son ennemi comme on chasse une bête fauve; on ne doit pas sacrifier aux dieux des animaux chassés, mais des animaux domestiques, compagnons de l'homme dans la domination de la terre cultivée [17]. Entre le monde sauvage et le monde barbare, il peut y avoir recoupement : c'est le cas de l'Égypte dans les *Suppliantes*, il n'y a pas obligatoirement identité. C'est dans la mesure où l'*hybris* de Xerxès, sa folie orgueilleuse l'ont conduit au-delà des mers, en Grèce, qu'il représente lui la sauvagerie, et c'est la veuve de Darius, femme pourtant, qui représente avec le chœur des vieillards, les fidèles, le monde de la culture.

Dans une seule tragédie, la deuxième partie des *Euménides*, la scène se passe au cœur même de la cité, au « foyer d'Athéna », sur l'acropole, devant un groupe de citoyens appelé à se renouveler de génération en génération, non loin de là, sur la colline d'Arès, l'Aréopage. Ces muets incarnent le commencement du temps civique. Devant Athéna et les juges, et les Érinyes et Oreste sont des étrangers dont les rapports avec la cité doivent être définis. Oreste sera acquitté mais ne deviendra pas citoyen. Les Euménides seront, comme les Suppliantes à Argos, dotées d'un statut de métèques, mais de métèques divines. Ce sont elles qui définiront le programme politique de la jeune démocratie athénienne : « ni anarchie, ni despotisme », programme repris par Athéna : « Vous vous montrerez au monde, tous ensemble, menant votre pays, votre peuple, par les chemins de la droite justice » (992-994).

Agamemnon craint « la colère de son peuple », mais passe outre et s'affirme ainsi comme tyran. Le seul personnage explicitement démocrate de l'œuvre d'Eschyle est un roi : le Pélasgos des *Suppliantes*. Les filles de Danaos s'adressent à lui au nom des rapports familiaux. Il leur répond en montrant que c'est le destin tout entier de la cité qui est en jeu.

Étéocle est à la fois un chef politique, qui semble affronter avec lucidité la menace quasi barbare qui pèse sur la cité grecque de Thèbes, et le représentant d'une lignée maudite, celle des Labdacides. L'action tragique sépare ce qui paraît inextricablement lié. Politiquement Polynice est l'ennemi de Thèbes et un traître à Thèbes, sur le plan du lignage il est le double d'Étéocle. La mort des deux frères sauve-t-elle la cité sur les

17. Cf. Pierre VIDAL-NAQUET, « Chasse et sacrifice dans l'*Orestie* d'Eschyle », in Jean-Pierre VERNANT et Pierre VIDAL-NAQUET, *Mythe et tragédie*, I, pp. 133-158.

ruines du lignage? Oui et non : le chœur se divise en deux et les deux sœurs, Antigone et Ismène, prennent, si l'on en croit nos manuscrits, la tête de deux factions qui, à leur tour, vont s'entre-déchirer. La tragédie continue : droit contre droit.

Ce paradoxe d'une prise en charge de la cité par les femmes peut nous conduire à cette réflexion : la cité grecque n'est certes pas la seule civilisation à exclure les femmes de la vie politique, mais elle offre cette particularité très notable de dramatiser cette exclusion, d'en faire un des moteurs de l'action tragique. Ici encore, ce sont les écarts qui permettent de définir la norme. Clytemnestre, cette femme qui parle « avec sens, autant qu'homme sage », usurpe et le pouvoir politique et la souveraineté familiale. Son crime est le meurtre d'un époux, mais, dans les *Choéphores,* le chœur, qui dépeint ce que peut faire une femme criminelle, dresse la gamme des crimes concevables : meurtre du père, du fils, du mari, non de la fille. Étrange couple, du reste, que forment Clytemnestre et sa fille Électre (certains interprétaient : *alektra,* c'est-à-dire sans hymen), fille vierge d'une mère polyandre, virile pourtant comme elle, mais aussi attachée à venger son père Agamemnon que sa mère l'a été à le détruire [18].

Si le « rêve d'une hérédité purement paternelle n'a jamais cessé de hanter l'imagination grecque », il en a été de même du rêve d'un monde sans femmes. Le premier est exprimé par Apollon dans son témoignage au procès intenté à Oreste, le second par Étéocle au début des *Sept.* A quoi l'on ajoutera que, personnages créés ou plutôt recréés par Eschyle, les Danaïdes rêvent, elles, d'un monde sans hommes [19]. Ce dernier rêve n'a évidemment pas le même statut que les premiers qui trouvent de quoi s'alimenter dans la réalité politique et sociale. Dans certaines limites pourtant : Apollon n'est pas la tragédie et ce que dit un personnage tragique comme Étéocle

---

18. Voir Jean-Pierre VERNANT, *Mythe et pensée chez les Grecs,* nouvelle éd., Paris, 1985, pp. 163-166, à qui j'emprunte aussi la formule mise ci-dessous, entre guillemets.

19. Sur ces questions voir les travaux de Nicole LORAUX, et surtout *Les Enfants d'Athéna,* Paris, 1981, et de Froma I. ZEITLIN, notamment « The Dynamics of Misogyny : Myth and Mythmaking in the *Oresteia* », *Arethusa,* 11, 1-2, 1978, pp. 149-189.

témoigne de l'*hybris* du personnage, de son passage à la limite. Dans l'*Orestie*, Athéna, c'est-à-dire la cité, proclame, en acquittant Oreste : « Mon cœur toujours – jusqu'à l'hymen du moins – est tout acquis à l'homme : sans réserve je suis pour le père » (737-738). Reste qu'elle s'efforce avec succès de convaincre les Érinyes, divinités féminines, vengeresses du sang versé, de s'installer à Athènes et de politiser en quelque sorte les valeurs dont elles ont la garde : « Vous n'êtes pas des vaincues : un arrêt indécis, seul, est sorti de l'urne, pour satisfaire la vérité, non pour vous humilier » (795-796). Les valeurs féminines relèvent elles aussi de la *timè*, de l'honneur civique [20].

Homme-femme, adulte-jeune, le rapprochement n'est pas artificiel. Un jeune homme est féminin avant que l'épreuve de l'initiation n'en fasse un adulte. Entre Oreste et sa sœur, il y a, au début des *Choéphores*, une quasi-gémellité. Les classes d'âge dans la tragédie grecque, voilà malheureusement un sujet encore non traité. L'Oreste d'Eschyle est peut-être le seul personnage de la tragédie grecque que l'on puisse suivre, à travers une mort fictive, de l'enfance à l'âge adulte : nourrisson dans le récit de la nourrice des *Choéphores*, lorsqu'il est cru mort, adulte et transformé, positivement, par le temps lors du procès d'Athènes : « Il y a longtemps déjà que j'ai usé ma souillure au contact d'autres foyers et sur tous les chemins de la terre et des mers » (451-452). Entre les deux, le personnage des *Choéphores* : il est double, masculin et féminin, vaillant et rusé, combattant du jour et de la nuit, hoplite et archer [21] ; il est un éphèbe tragique. Étéocle, lui, se qualifie d'hoplite, mais un hoplite isolé est une contradiction dans les termes – l'hoplite n'existe que dans la ligne de bataille – et cette contradiction est précisément un aspect de la césure qui traverse le personnage.

Étrange destin que celui des valeurs hoplitiques, celles de la discipline collective de la phalange, dans la tragédie eschyléenne. Elles sont constamment proclamées, elles triomphent même dans l'épilogue des *Euménides*, et constamment niées, par les héros et même par les collectivités, dans les récits.

---

20. Voir Nicole LORAUX, « Le lit, la guerre », *L'Homme*, XXI, 1, 1981, pp. 37-67.

21. Cf. Pierre VIDAL-NAQUET, in *Mythe et tragédie*, I, pp. 151-153.

Dans l'*Agamemnon*, c'est Clytemnestre qui explique ce que doit être le comportement d'une armée à la fois vaillante et respectueuse des dieux de l'ennemi. Pourtant la prise de Troie est l'œuvre, non des hoplites, mais du « monstre dévorant d'Argos » (824), qui bondit et, « ainsi qu'un lion cruel, a tout son soûl léché le sang royal » (827-828). L'hoplite Étéocle mourra dans un combat singulier. Mais le problème le plus curieux est celui que pose la tragédie des *Perses*. Les personnages tragiques y sont les Perses, et plus spécifiquement le roi Xerxès, et la pièce est évidemment écrite par un Athénien à la gloire des siens et des Grecs en général. Mais les techniques de récit mises en œuvre sont étonnantes. L'armée perse décrite au début de la pièce est une force où dominent les cavaliers, les archers, les combattants sur char. Quand le coryphée s'interroge sur l'aboutissement de la guerre, il pose ainsi le dilemme : « Est-ce l'arme de jet, l'arc, qui triomphe? Est-ce la lance à la coiffe de fer dont la force a vaincu? » (146-148). La lance est l'arme de l'hoplite, elle est liée aux valeurs du combat ouvert, la phalange affrontant la phalange, l'arc est l'arme de la ruse, l'arme de la nuit. Mais Grecs et Perses s'affrontent aussi symboliquement, toujours au début de la pièce, sous la forme du milan et de l'aigle. Tous deux sont des oiseaux de proie, mais, des deux, c'est l'aigle qui est lié aux valeurs de la souveraineté et des hauteurs. C'est l'aigle perse qui « fuit vers l'autel bas [*eschara*] de Phoibos » (205-206) et c'est le milan qui fond sur lui venant du ciel. Quant à la guerre proprement dite, elle est représentée surtout par la bataille navale de Salamine engagée grâce à la ruse de Thémistocle et terminée par une image de madrague : les Grecs assomment les Perses comme les pêcheurs le font des thons (424), dans la « chambre de mort ». Du premier épisode hoplitique de la seconde guerre médique, des Thermopyles, il ne sera pas question. Tout au plus l'ombre de Darius annoncera-t-elle la grande bataille, hoplitique et largement lacédémonienne, de 479 : « Tant doit être abondante la libation de sang que fera couler sur le sol de Platée la lance dorienne! » (816-817). Faut-il rendre compte de ces singularités en faisant observer que les valeurs (hoplitiques) se heurtaient ici tout aussi bien aux faits connus des spectateurs (la ruse de guerre, la bataille navale) et au patriotisme athénien qui conduisait Eschyle à minimiser les exploits des hoplites de Sparte?

Un épisode montre qu'il y a là, en réalité, une difficulté qui reste à lever. Selon Hérodote, qui écrit une quarantaine d'années après Eschyle, mais qui n'est pas un auteur tragique, Aristide – qui, dans l'historiographie athénienne, est un modéré – aurait débarqué, pendant le cours même de la bataille de Salamine, dans la petite île de Psyttalie, avec un parti d'hoplites, et massacré les Perses qui se trouvaient là (VIII, 95). Or Eschyle, à la fin du récit du messager, place autrement l'épisode, qui est chez lui postérieur à la victoire, et, s'il fait intervenir des soldats cuirassés, ce sont bien des armes de jet qui inaugurent le massacre : « Et d'abord des milliers de pierres parties de leurs mains l'accablaient [le Perse], tandis que, jaillis de la corde de l'arc, des traits portaient la mort dans ses rangs » (459-461). Ce n'est qu'après l'intervention de ces armes que les Grecs achèvent leurs ennemis à l'arme blanche. Vérité d'Eschyle contre mensonge d'Hérodote? Cette thèse a été soutenue [22] ainsi d'ailleurs que l'inverse. Ou contrainte du récit tragique qui, jusqu'au bout, fait anéantir les guerriers d'un empire par les plus minces des combattants, héroïques, bien sûr, mais protégés et guidés par les dieux? Au-dessus du messager rusé de Thémistocle il y a « un génie vengeur, un dieu méchant, surgi je ne sais d'où » (353-354). « C'est un dieu... qui nous a détruit notre armée, en faisant de la chance des parts trop inégales dans les plateaux de la balance » (345-346). Miltiade, dans le discours que lui prête Hérodote (VI, 109), à la veille de Marathon, à l'intention du polémarque Callimachos, disait au contraire ceci : « Si nous engageons le combat sans attendre qu'il y ait chez certains Athéniens quelque chose de pourri, nous sommes en état, *pourvu que les dieux tiennent la balance égale,* d'avoir dans le combat l'avantage. » Récit historique contre récit tragique?

La mention des archers, ces « pauvres diables » de la cité

---

22. Charles W. FORNARA, « The Hoplite Achievement at Psyttaleia », *JHS*, 86, 1966, pp. 51-54; Georges ROUX, « Eschyle, Hérodote, Diodore, Plutarque racontent la bataille de Salamine », *BCH*, 98, 1974, pp. 51-94, interprète le texte autrement, tout à fait à contresens : les archers seraient les Perses (voir p. 91).

classique, nous conduit à quitter le centre de la cité pour ses marges et ses catégories inférieures. Dans quelle mesure les esclaves et les artisans apparaissent-ils dans l'œuvre d'Eschyle et quel sens a leur présence?

Il y a dans les tragédies d'Eschyle des serviteurs et des esclaves qui ne sont là que pour ce qu'ils disent, étant eux-mêmes transparents, et leur condition n'intervenant en aucune manière. Le messager des *Perses*, celui des *Sept*, sont-ils des esclaves? Ils représentent une fonction dramatique, tout comme les hérauts, dans les *Suppliantes* et dans l'*Agamemnon*. Dans le prologue du veilleur, au début de cette dernière pièce, la condition servile est notée par une métaphore animale : le veilleur, couché sur la terrasse en attendant le signal de la prise de Troie, se compare à un chien, mais à un chien qui a « appris à connaître l'assemblée des étoiles nocturnes ». Il marque sa double dépendance, en droit il appartient à Agamemnon, en fait au tyran féminin Clytemnestre. Dans les *Choéphores*, le serviteur d'Égisthe a un cri de désespoir quand son maître est assassiné.

Il y a, au vrai, deux sortes d'esclaves dans l'œuvre d'Eschyle : esclaves par destination, esclaves par capture, ces derniers étant des Grecs ou des enfants des dieux et des rois, victimes du droit de la guerre. Les premiers sont anonymes, à une seule exception près : la nourrice d'Oreste dans les *Choéphores*. Comme tant d'esclaves en Grèce, elle porte le nom de son pays d'origine : Kilissa, la Cilicienne. Étonnante et célèbre scène. On vient d'annoncer la mort d'Oreste, mais, contrairement à Euryclée dans l'*Odyssée*, Kilissa n'a pas reconnu son nourrisson. La scène a un accent comique et il est de fait, non seulement chez Eschyle, mais dans l'ensemble de la tragédie grecque, que les scènes comiques font intervenir les esclaves, les gens de peu et parlent du corps, vivant ou mort. Pensons au garde de l'*Antigone* et à ses propos « réalistes ». Le comique est un des moyens par lesquels la tragédie est en prise sur le présent.

Kilissa a élevé Oreste, non pour le compte de sa mère, « pour son père [23] », ce qui permet d'intégrer sa tirade à l'ac-

---

23. Cf. Nathalie DALADIER, « Les mères aveugles », *Nouvelle Revue de psychanalyse*, XIX, 1979, pp. 229-244.

tion tragique. Ce que dit ici le texte est caractéristique de la représentation de ce type d'esclave. De son nourrisson Kilissa ne connaît que le corps, ne mentionne que le corps, celui d'un animal, là derechef : « Ce qui n'a pas de connaissance, il faut l'élever comme un petit chien, n'est-ce pas? se faire à ses façons. Dans les langes, l'enfant ne parle pas, qu'il ait faim, soif, ou besoin pressant, et son petit ventre se soulage seul. Il fallait être un peu devin, et, comme, ma foi! souvent j'y étais trompée, je devenais laveuse de langes; blanchisseuse et nourrice confondaient leurs besognes » (753-760).

Le modèle même des esclaves par droit de conquête est Cassandre : tout à la fois concubine d'Agamemnon, prophétesse d'Apollon et esclave. Face à elle Clytemnestre dit la norme grecque, mais s'arroge le pouvoir du tyran sur le corps de celui qu'il réduit en esclavage. Toute l'apostrophe de Clytemnestre à Cassandre serait à analyser, y compris sa remarquable opposition entre le destin des esclaves chez les nouveaux riches et chez les maîtres « riches de vieille date ». « De nous, dit-elle, tu peux attendre les égards coutumiers » (1046). Mais le jeu sur les mots est terrible : « Zeus clément a voulu que, dans ce palais, tu eusses avec nous part à l'eau lustrale... » (1036-1037). C'est là annoncer le sacrifice humain qui fera de Cassandre une victime, aux côtés d'Agamemnon.

Ce même rapport entre le tyran et l'esclave par accident, nous le retrouvons, mais enrichi et rendu plus complexe, dans le *Prométhée.* Zeus-tyran et Prométhée-esclave, un esclave mis à la torture, comme seuls les esclaves peuvent l'être, le couple se retrouve parmi les dieux. Mais il y a esclave et esclave, et Prométhée oppose la servitude volontaire d'Hermès, le serviteur du tyran, à sa propre condition : « Contre une servitude pareille à la tienne, sache-le nettement, je n'échangerais pas mon malheur » (966-967). Mais Hermès ne se reconnaît pas esclave, et définit Zeus non comme son maître, mais comme son père [24].

Une autre catégorie sociale intervient dans le *Prométhée,* celle des artisans. Le cas est unique : il peut être question, ailleurs, de l'œuvre des artisans, par exemple dans la descrip-

24. Cf. Katerina SYNODINOU, *On the Concept of Slavery in Euripides,* Jannina, 1977, p. 92.

tion des boucliers des *Sept,* et la condition poétique, ellemême, à l'époque d'Eschyle, était celle d'un artisan [25], ce qui liait à sa façon le poète au monde de la fabrication et de l'échange, mais, en règle générale, l'artisan, qui n'est pas reconnu en tant que tel dans la cité, n'apparaît pas sur la scène tragique. L'artisan que l'on voit à l'œuvre dans le *Prométhée,* attachant un esclave à un rocher, avec l'aide de Pouvoir et de Force, est, il est vrai, un dieu, Héphaïstos, un dieu qui n'exécute pas son travail sans quelque réflexion [26]. Pouvoir et Force... les valeurs politiques l'emportent sur les valeurs de la fabrication. Prométhée est le dieu de la fonction technique et Hermès celui de l'échange. Le *Prométhée* est peut-être la dernière pièce conservée d'Eschyle, et, certes, la vision que nous en avons est fatalement faussée parce que de la trilogie dont elle faisait partie nous ne possédons ni le milieu ni la fin qui racontait la délivrance du dieu enchaîné. Essayons d'imaginer une *Orestie* dont nous ne posséderions que l'*Agamemnon.* Il n'empêche : les problèmes qui affleurent dans cette pièce, ceux des rapports entre le pouvoir et le savoir, entre la fonction politique et la fonction technique, ces problèmes-là n'ont peut-être pas fini de nous tourmenter.

---

25. Cf. Jesper SVENBRO, *La Parole et le marbre. Aux origines de la poétique grecque,* Lund, 1976.

26. On peut maintenant renvoyer à Suzanne SAÏD, *Sophiste et tyran ou le problème du « Prométhée enchaîné »,* Paris, 1985, notamment pp. 131-154.

6

Les boucliers des héros *
Essai sur la scène centrale des *Sept contre Thèbes*

La parole écrite s'installe
dans l'avènement des jours comptés,
sur une ardoise de hasard.
René CHAR,
Chants de la Balandrane

Ce travail [1] se situe à la rencontre de trois questions qui

* Une première version de cette étude est parue dans les *Annali del seminario di studi del mondo classico,* Naples, 1979, pp. 96-118.

1. Il a fait l'objet, dans une première version, de plusieurs exposés en anglais, à la fin de 1976, à Bergen (Norvège), à Bristol, Cambridge, Liverpool, Oxford et Londres. Par ailleurs les thèmes ici abordés ont fait l'objet de séminaires en France et en Italie, avant de donner lieu à une communication à l'« Association pour l'encouragement des études grecques », le 9 janvier 1978. Je remercie les participants de leurs observations, mais ce sont, une fois de plus, les discussions que j'ai eues avec Nicole Loraux qui se sont révélées les plus fructueuses. Nos échanges de vues sur le texte d'Eschyle se sont multipliés pendant plusieurs années. Par ailleurs, ce texte était déjà rédigé dans son ensemble lorsque j'ai pu prendre connaissance de deux manuscrits très importants : D. PRALON, « Eschyle : les *Sept contre Thèbes* », et P. JUDET DE LA COMBE, « Histoire des interprétations des *Sept contre Thèbes* d'Eschyle (fin XVIIIe-XIXe siècle) », de ce dernier article, je n'ai

ont – inégalement – tourmenté les exégètes d'Eschyle, trois questions dont mon propos est précisément de montrer qu'elles n'en font, à la limite, qu'une seule.

La première question est, si je puis dire, celle de la « psychologie » d'Étéocle. Chacun l'a remarqué : tout se passe comme si ce personnage, qui est *le* personnage de la pièce d'Eschyle, connaissait, à partir du vers 653, ce qu'on pourrait appeler une mutation brusque. Avec sa façon un peu affective de traiter de ces problèmes, Gilbert Murray a assez bien donné l'opinion commune. Jusqu'au vers 652, Étéocle est un homme « froid et calme, il a l'esprit prompt et le souci du moral de son peuple »; il est, en bref, le leader idéal de la *polis.* Et puis, vient le tournant : « En un éclair, Étéocle devient un autre homme. Sa froideur et son contrôle sur lui-même ont disparu. Il est un homme désespéré, dominé, écrasé par la malédiction [2]. » Que s'est-il passé? Étéocle a décidé, lors de l'épisode précédent, qu'après avoir placé, face aux chefs ennemis, six héros thébains aux six premières portes de Thèbes, il ferait lui-même front, en avant de la septième :

282 'Εγὼ δέ γ' ἄνδρας ἓξ ἔμοι σὺν ἑβδόμῳ
ἀντηρέτας ἐχθροῖσι τὸν μέγαν τρόπον
ἐς ἑπτατειχεῖς ἐξόδους τάξω μολών,

---

pu lire que ce qui concerne le débat jusqu'à Wilamowitz qui me sert précisément de point de départ. Je signale en notes les indications que j'ai tirées de l'étude de D. Pralon. Malheureusement, ces deux derniers mémoires sont restés inédits.

Ce texte a été achevé au mois d'août 1978, j'ai eu depuis l'occasion, à propos d'un débat sur les *Sept* organisé à l'université de Princeton, de prendre connaissance de travaux inédits de F. I. Zeitlin, et de la dissertation de W. G. THALMANN, *Dramatic Art in Æschylus « Seven against Thebes »*, New Haven, Conn., 1978. Je ne puis que me réjouir de la concordance qui existe entre ces travaux et mon étude. Depuis la publication en revue de ce texte, les problèmes qui y sont traités ont été discutés singulièrement par Liana LUPAȘ, et Zoe PETRE, *Commentaire aux « Sept contre Thèbes » d'Eschyle,* Bucarest et Paris, 1981, et Froma I. ZEITLIN, *Under the Sign of the Schield,* Rome, 1982; par ailleurs, P. JUDET DE LA COMBE a tenté une synthèse intitulée : « Étéocle interprète », dont on espère qu'elle ne restera pas inédite.

2. G. MURRAY, *Æschylus; the Creator of Tragedy,* Oxford, 1940, p. 140; j'ai, en principe, traduit les textes en langue étrangère.

(« Moi je vais aux sept issues des remparts poster six guerriers et moi-même septième pour affronter avec grandeur l'ennemi [3]. ») Qu'il s'agisse d'une conduite rationnelle, destinée à maîtriser l'imprévisible, c'est ce que disent bien les vers 285-286 :

> 285 πρὶν ἀγγέλους σπερχνούς τε καὶ ταχυρρόθους
> λόγους ἱκέσθαι καὶ φλέγειν χρείας ὕπο.

(« Avant que des messagers affolés et des paroles trop promptes ne viennent nous surprendre et mettre tout en feu sous la contrainte de la nécessité. »)

Des messagers affolés... c'est précisément après avoir entendu un messager, qu'il disqualifiait pour ainsi dire à l'avance, qu'Étéocle change brutalement de comportement. Écoutant l'*angelos,* l'espion qu'il a envoyé dans les lignes ennemies, il entend dans le calme la description pourtant terrifiante des six premiers chefs de l'armée argienne. Face à chacun d'entre eux, il campe un héros thébain, mais le septième est son frère Polynice, et c'est le cri illustre :

> 653 Ὦ θεομανές τε καὶ θεῶν μέγα στύγος,
> ὦ πανδάκρυτον ἁμὸν Οἰδίπου γένος·
> ὤμοι, πατρὸς δὴ νῦν ἀραὶ τελεσφόροι...

(« Ah! Lignée furieuse, si durement haïe des dieux, lignée d'Œdipe, la mienne, déplorable entre toutes. Hélas, voici aujourd'hui parvenues à leur fin les malédictions d'un père. »)

Le fait lui-même du changement étant supposé acquis, tout le problème consiste à l'expliquer, et il n'est pas besoin d'être un grand expert en logique historique pour deviner qu'il n'y a pas un nombre infini de solutions. L'explication la plus simple est, bien sûr, celle qui consiste à rendre compte du caractère double de l'Étéocle d'Eschyle par le caractère double des sources qui ont inspiré le poète. Ne peut-on admettre qu'il a mêlé, avec plus ou moins d'adresse, deux traditions inconciliables? Ainsi pensa Wilamowitz qui donna, en 1903, une forme brutale à cette hypothèse : « Son drame tout entier

---

3. J'utilise et parfois corrige librement les traductions de J. Grosjean (Pléiade) et de P. Mazon (C.U.F.); dans plusieurs cas, j'ai traduit moi-même directement.

a deux motifs fondamentaux *(Grundmotive)*, tout à fait opposés l'un à l'autre. L'un est l'*Œdipodie*, l'histoire exemplaire de l'Oracle de Delphes, de la désobéissance de Laïos, de la malédiction d'Œdipe, du destin fatal de la brute pécheresse. Cette histoire trouve son terme avec le meurtre réciproque des deux frères. L'autre motif est celui de la défense victorieuse de Thèbes contre les Argiens, le destin fatal des Sept [4]. » Autrement dit, deux personnages se succèdent dans la pièce d'Eschyle : Étéocle *le second*, héros de la Thébaïde, sauveur de Thèbes, est celui qui apparaît en premier sur la scène. Mais il cède la place à partir du vers 653 à Étéocle *le premier*, personnage de l'*Œdipodie*, fils maudit de l'époux de Jocaste. Paradoxalement, Wilamowitz pouvait écrire, en 1914, à deux pages d'intervalle, qu'Étéocle était la seule personnalité individualisée, le seul individu de tout le drame d'Eschyle, et que son créateur « ne s'était pas demandé : comment vais-je peindre mon Étéocle? Il a pris ce qui lui était donné *(Er nahm was ihm gegeben war)*, mais cela était double *(Das war aber Zweierlei)*... Le porteur de la malédiction héréditaire était un autre Étéocle [5] ».

Si j'ai cité ainsi Wilamowitz, ce n'est pas pour le plaisir de montrer que le plus grand philologue de son temps a proposé un schéma d'interprétation qu'aucun de nos contemporains n'accepterait sans doute de prendre au sérieux, mais c'est précisément pour montrer que l'interprétation a une histoire qui laisse derrière elle aussi bien des acquis durables que des problématiques oubliées. Nous-mêmes nous faisons partie de cette histoire, et c'est là assez dire qu'il ne s'agit pas d'on ne sait quelle dialectique hégélienne débouchant sur le triomphe de l'Idée. L'explication de Wilamowitz avait le mérite d'en être une. Elle n'est plus aujourd'hui qu'un dépôt de la tradition.

Ou peut admettre que le débat moderne, toujours en cours, et auquel cette étude veut apporter sa contribution, a été inauguré en 1937 par F. Solmsen dans son article sur le rôle

4. « Drei Schlusszenen griechischer Drama » *SDAW*, 1903, pp. 436 et suiv. ; je cite la page 438.

5. WILAMOWITZ, *Aischylos Interpretationen*, Berlin, 1914, pp. 641-643 ; voir encore *Griechische Versekunst*, Berlin, 1921, p. 199.

de l'Érinys dans la pièce d'Eschyle [6]. Il ne s'agit pas ici d'énumérer les parties prenantes et leurs opinions respectives [7], mais il est assez aisé de dégager la logique de la discussion.

Une première attitude consiste à penser que nous devons bien vivre avec les contradictions d'Eschyle et de son personnage. On peut même penser qu'elles sont délibérées, qu'elles sont un élément de la « technique dramatique » du poète, pour user d'une expression rendue célèbre par le livre sur Sophocle de Tycho von Wilamowitz. Ainsi Roger Dawe qui estime qu'« il y a, dans Eschyle, des contradictions que même une interprétation d'extrême avant-garde ne peut réduire à un système logique [8] ». D'autres critiques pensent qu'il est de leur devoir de prouver qu'Eschyle et Étéocle sont respectivement un auteur et un personnage parfaitement cohérents. A la limite, il n'y a que deux façons de procéder. Ou l'on montre que, bien *avant* le vers 653, Étéocle était déjà maudit et le savait; ou l'on s'efforce de prouver qu'*après* comme avant ce vers fatidique, Étéocle demeure un homme politique et un stratège.

La première solution – celle de Solmsen lui-même – peut s'appuyer, par exemple, sur l'invocation qu'adresse Étéocle au début de la pièce :

> 69 Ὦ Ζεῦ τε καὶ Γῆ καὶ πολισσοῦχοι θεοί,
> Ἀρά τ' Ἐρινὺς πατρὸς ἡ μεγασθενής,

(« Ô Zeus, Terre, dieux maîtres de la cité, et toi, Malédiction, puissante Érinys d'un père. »)

Mais, à l'inverse, il n'est pas moins vrai de dire qu'Étéocle reste jusqu'à la fin de la pièce le chef militaire qui est présent à l'ouverture. Le grand discours qui commence au vers 653 se termine par une décision d'ordre militaire :

---

6. F. SOLMSEN, « The Erinys in Æschylus *Septem* », *TAPhA* 69, 1937, pp. 197-211.

7. On trouvera l'essentiel de la bibliographie récente dans l'article de synthèse de R. P. WINNINGTON-INGRAM, « Septem contra Thebas », *YCS*, XXV, 1977, pp. 1-45.

8. R. D. DAWE, « Inconsistency of Plot and Character in Æschylus », PCPhS, 189, 1963, pp. 21-62, cf. p. 32; très voisine de l'interprétation de R. Dawe est celle de A. J. PODLECKI, « The Character of Eteocles in Æschylus *Septem* », *TAPhA*, 95, 1964, pp. 283-299.

675 Φέρ' ὡς τάχος
κνημῖδας, αἰχμῆς καὶ πετρῶν προβλήματα

(« Allons, qu'on m'apporte mes cnémides, contre les lances et les pierres, vite! ») Schadewaldt n'a-t-il pas montré naguère que le dialogue qui suit, entre Étéocle et le chœur, est scandé sur la scène par l'armement d'Étéocle en hoplite [9]? Étéocle perd la vie mais gagne la guerre. Tout au long de la pièce il demeure le bon pilote, l'*oiakostrophos* du vers 62, le navigateur qui sait guider dans la tempête le navire de la cité, en proie aux éléments déchaînés [10]. Une voie moyenne consiste à jouer subtilement sur les rapports entre la décision d'Étéocle et celle des dieux, à explorer cet inépuisable entre-deux de la tragédie grecque. Étéocle désigne-t-il les chefs thébains qui affronteront les chefs argiens, ou la décision a-t-elle été prise au-dessus de lui? Sur ce thème comme sur d'autres, on peut broder à l'infini [11]. Si subtile qu'ait été parfois la discussion, on n'en est pas moins tenté de donner raison à R. Dawe, qui écrivait qu'avec elle « nous en apprenons moins sur Eschyle que nous n'assistons aux débats d'un club privé [12] ». Le plus grave, peut-être, est que nombre de participants à la discussion se préoccupent moins d'interpréter le texte d'Eschyle que de donner à Étéocle une vraisemblance, une profondeur psychologiques conformes à « nos » propres habitudes men-

9. W. SCHADEWALDT, « Die Waffnung des Eteokles », *Mélanges H. Hommel*, Tübingen, 961, pp. 105-116; mais voir cependant les objections d'O. TAPLIN, *op. cit., infra*, note 19, pp. 158-161.

10. Cf. G. KIRKWOOD, « Eteokles Oiakostrophos », *Phoenix*, 23, 1969, pp. 9-25; on peut aussi, à propos de l'imagerie maritime et politique, lire Z. PETRE, « Thèmes dominants et attitudes politiques dans *les Sept contre Thèbes* d'Eschyle », *Stud Clas*, XIII, 1971, pp. 15-28. Ce dernier article a fortement contribué à éveiller mon intérêt pour les *Sept*.

11. Je me contente de renvoyer ici à quelques articles qui se répondent les uns aux autres : E. WOLFF, « Die Entscheidung des Eteokles in den *Sieben gegen Theben* », *HSPh*, 62, 1958, pp. 89-95; H. PATZER, « Die dramatische Handlung den *Sieben gegen Theben* », *ibid.*, pp. 97-119; B. OTIS, « The Unity of the *Seven Against Thebes* », *GRBS*, 3, 1963, pp. 153-174; K. VON FRITZ, « Die Gestalt des Eteokles in Æschylus *Sieben gegen Theben* », in *Antike und moderne Tragödie*, Berlin, 1962, pp. 193-222; A. LESKY, « Eteokles in den *Sieben gegen Theben* », *WS*, 74, 1961, pp. 5-17.

12. R. DAWE, *loc. cit., supra*, n. 8, p. 21 : « We are not so much learning about Æschylus as witnessing the transactions of a private club. »

tales. On se demande ce qui se passe derrière la *skênê*, comme s'il s'y passait vraiment quelque chose [13], et, à la limite, on s'efforce, avec L. Golden, de faire d'Étéocle « *at least a believable human being* [14] ».

On ne le répétera pourtant jamais assez, Étéocle n'est pas un « être humain », raisonnable ou non; il ne relève ni de la psychanalyse, qui ne peut interpeller que des vivants ou des fictions assez proches de nous pour donner effectivement prise à ce mode d'interprétation, ni de l'étude de caractère à la façon des romans du XIXe siècle. Il est un personnage d'une tragédie grecque et c'est en tant que tel qu'il doit être étudié. Les valeurs qui s'affrontent de part et d'autre du vers 653, pour conserver cette limite symbolique, valeurs de la *polis*, valeurs liées au monde familial, ne sont pas des états d'âme [15]. Nous n'avons pas à boucher les trous du texte, à glisser d'un Étéocle textuel à un Étéocle vivant, mais à rendre compte du texte, à faire en sorte qu'il signifie. Si Étéocle est déchiré, ce n'est pas là un trait de son caractère. La déchirure passe dans le tissu tragique lui-même.

Deuxième question : Étéocle et les femmes. En soi, elle a été peu étudiée [16], et ce n'est pas l'étudier que de se contenter

---

13. Outre l'article d'E. WOLFF cité *supra*, n. 11, voir, par exemple, F. FERRARI, « La Scelta dei difensori nei *Sette contra Tebe* di Eschilo », *SCO*, 19-20, 1970-1971, pp. 140-155.

14. GOLDEN, « The Character of Eteocles and the Meaning of the *Septem* », *CPh*, 59, 1964, pp. 78-89 (je cite la page 80). L'Étéocle de L. Golden est un homme politique avisé qui ne croit pas à la fatalité.

15. Cf. J.-P. VERNANT, « Tensions et ambiguïtés dans la tragédie grecque », in *Mythe et tragédie*, I, pp. 28-30.

16. Voir cependant R. S. CALDWELL, « The Misogyny of Eteocles », *Aretbusa*, 6, 1973, pp. 197-231 ; R. P. WINNINGTON-INGRAM, « Æschylus, *Septem* 187-190, 750-771 », *BICS*, 13, 1966, pp. 83-93; H. BACON, « The Shield of Eteocles », *Arion*, III, 3, 1964, pp. 27-38 (article essentiel); EADEM, « Woman's two Faces : Sophocle's View of the Tragedy of Œdipus and his Family », *Science and Psychoanalysis*, X, 1966, pp. 13-23; S. BENARDETE, « Two Notes on Æschylus *Septem* », *WS*, *n.f.*, 1, 1967, pp. 22-30 et *n.f.*, 2, 1968, pp. 15-17, surtout pp. 26-30 (avec des remarques lumineuses); U. ALBINI, « Aspetti dei Sette a Tebe », *Parola del Passato*, 27, 1972,

d'exclamations comme celle de U. Albini : « *L'idea di un coro femminile, trattandosi di una guerra, è splendida* [17]. » Étéocle est un dirigeant politique et militaire, un homme. Ses premiers mots sont adressés aux citoyens de Thèbes, plus exactement à ceux qu'Étéocle appelle, non sans paradoxe, les citoyens (les concitoyens) de Cadmos :

1 Κάδμου πολῖται, χρὴ λέγειν τὰ καίρια
ὅτις φυλάσσει πρᾶγος ἐν πρύμνῃ πόλεως
οἴακα νωμῶν βλέφαρα μὴ κοιμῶν ὕπνῳ...

(« Citoyens de la cité de Cadmos, il doit dire ce que l'heure exige, le chef qui, tout à sa besogne, à la poupe de la cité, tient le gouvernail sans laisser dormir ses paupières. ») Mais qui sont ces citoyens? Deux thèses s'affrontent : les uns estiment que les seuls citoyens auxquels s'adresse l'acteur qui représente Étéocle sont les citoyens d'Athènes, assis dans l'orchestra du théâtre de Dionysos au printemps de 467 [18], et font valoir que Thèbes, tout au long de la pièce, est le masque d'Athènes, victorieuse de l'ennemi perse. En fait, il semble bien que O. Taplin a démontré la thèse opposée : Étéocle s'adresse effectivement à des figurants, notamment des figurants armés, auxquels l'acteur donne aux vers 30-35 l'ordre de gagner les remparts [19]. Mais cela ne change rien au problème essentiel. Les figurants ne sont précisément que des figurants, et, au fil de la pièce, Étéocle n'aura pas d'interlo-

---

pp. 289-300; sur le problème féminin dans *l'Orestie*, beaucoup plus étudié, l'article de F. I. ZEITLIN, « The Dynamics of Misogyny : Myth and Mythmaking in the *Oresteia* », *Arethusa*, 11. 1-2, 1978, pp. 148-189, est fondamental et renvoie à une importante bibliographie.

17. U. ALBINI, *loc. cit. n. préc.*, p. 290.

18. En ce sens, par exemple, H. J. ROSE, *A Commentary on the Surviving Plays of Æschylus*, 1, Amsterdam, 1957, *ad. loc.*; Rose est suivi par C. DAWSON dans sa traduction commentée des *Sept*, Prentice-Hall, Englewood Cliffs, N.J., p. 29; voir aussi D. LANZA, « Lo spettatore sulla scena », in D. LANZA, M. VEGETTI, G. CAIANI, F. SIRCANA, L'*Ideologia della città*, Naples, 1977, p. 61. Dans leur récente traduction de la pièce (Londres et New York, 1974), H. Bacon et A. Hecht notent la présence sur scène de « citoyens mâles de Thèbes » mais sans en apporter la démonstration.

19. *The Stagecraft of Æschylus*, Oxford, 1977, pp. 129-136; la démonstration de Taplin me paraît décisive; il montre bien que la tragédie, au contraire de la comédie, ne connaît pas le discours adressé aux spectateurs, et que la mise en scène implique obligatoirement la présence de figurants.

cuteur citoyen, à moins qu'on ne tienne le messager, qui n'est pas un personnage tragique, pour un tel interlocuteur. Mais son rôle est purement fonctionnel. L'interlocuteur d'Étéocle, tout au long des *Sept*, apparaît au vers 78 avec la *parodos*, le chant d'entrée du chœur, et ce chœur, comme dans d'autres pièces, est composé de femmes. C'est avec les femmes thébaines que dialoguera Étéocle. On peut dire mieux : c'est avec elles qu'il tentera un impossible dialogue civique. Dans la célèbre tirade où Étéocle exprime son horreur pour l'espèce féminine (vers 181-202), sa crainte de la subversion féminine, il dit :

193 τὰ τῶν θύραθεν δ' ὡς ἄριστ' ὀφέλλεται
αὐτοὶ δ' ὑπ' αὐτῶν ἔνδοθεν προθούμθα

(« Ceux qui sont hors de nos portes [l'ennemi argien] reçoivent ainsi le meilleur renfort : nous nous détruisons nous-mêmes à l'intérieur. ») Le *nous* de la cité, c'est, ici, Étéocle et les femmes. La cité, disons-le dans un premier temps, se trouve prise entre deux dangers, un péril extérieur et celui de la subversion féminine. Et, certes, nous verrons que les choses sont beaucoup plus complexes, que « ce danger de l'extérieur qu'il ne faut pas laisser entrer et ce danger de l'intérieur qu'il ne faut pas laisser sortir », dont parle H. Bacon [20], ne sont qu'un seul et même péril, mais, en ce premier moment du temps tragique, Étéocle, chef militaire, a aussi pour tâche d'empêcher que les femmes ne pénètrent sur le terrain politique :

200 μέλει γὰρ ἀνδρί, μὴ γυνὴ βουλευέτω,
τἄξωθεν· ἔνδον δ' οὖσα μὴ βλάβην τίθει.

(« Ce qui se fait hors de la maison est l'affaire de l'homme mâle. Que la femme n'y donne pas sa voix. Reste à l'intérieur et cesse de nous nuire. ») On peut, on doit insérer le discours d'Étéocle dans cette longue polémique contre le *genos gunaikôn* ouverte par Hésiode (*Théogonie*, 591) [21] et maintes fois reprise,

---

20. *Loc. cit., supra*, n. 16, p. 29.

21. Voir l'étude de Nicole LORAUX, « Sur la race des femmes et quelques-unes de ses tribus », *Les Enfants d'Athéna*, Paris, 1981, pp. 75-117 ; l'article est centré sur le poème de Sémonide d'Armorgos contre les diverses tribus féminines, mais a une portée beaucoup plus générale.

surtout dans la tragédie. On peut estimer qu'en vitupérant les femmes et en les priant de ne pas participer à la délibération (μὴ γυνὴ βουλευέτω), ce que tout chœur fait par définition [22], Étéocle est dans la norme grecque, tant du moins qu'il reste le chef lucide de la cité, c'est-à-dire, pour maintenir, provisoirement, cette coupure, avant le vers 653.

Mais Étéocle ne serait pas un personnage tragique s'il n'allait pas *plus loin* que la norme, c'est-à-dire s'il ne franchissait pas la limite qui sépare le citoyen du tyran [23]. Étéocle met en question l'existence même des femmes :

256 Ὦ Ζεῦ, γυναικῶν οἷον ὤπασας γένος.

(« Ô Zeus, qu'est-ce que cette race des femmes que tu as créée. ») Dans une saisissante stichomythie, c'est le chœur des femmes qui invoque les dieux de la cité et Étéocle qui accuse les femmes, ces êtres apolitiques par excellence, de réduire la cité en esclavage :

253 θεοὶ πολῖται, μή με δουλείας τυχεῖν.
Αὐτὴ συ δουλοῖς κἀμὲ καὶ πᾶσαν πόλιν.

(« Dieux de la cité, puissé-je ne pas rencontrer l'esclavage. C'est toi qui nous réduis en esclavage et moi et toute la cité. »)

On pourrait multiplier les enquêtes. Contentons-nous de deux remarques. Dans la fameuse invocation aux dieux des vers 69-77, qui sont, à côté de Zeus et des dieux de la cité, les divinités féminines qu'invoque Étéocle? Ce sont Ara, la Malédiction, l'Érinys paternelle, et aussi Gè, la terre de la patrie. Une relation spéciale, sur laquelle je reviendrai, unit Étéocle, les autres descendants des Spartes, et la terre de Thèbes, mais cette relation directe implique toujours, dans la mythologie grecque, ce qu'on appellera en termes lévi-

---

22. M. Shaw écrit fort justement à propos des personnages féminins de la tragédie grecque : « Indeed, by the very act of being in a drama, which always occurs outside the house, they are doing what women should not do » (« The Female Intruder : Women in Fifth-Century Drama », *CPh*, 70, 1975, pp. 255-266 [v.p. 256]). Mais cette remarque ne vaut-elle que pour les *personnages* tragiques? Il y a là au moins matière à enquête.

23. Voir D. Lanza, *Il tiranno e il suo pubblico*, Turin, 1977, livre dont on peut du reste regretter qu'il fasse si peu de place à l'Étéocle d'Eschyle.

straussiens un excès de masculinité [24]. Issus de la terre-mère, les mâles – et eux seuls – défendent la terre-mère [25].

Aux femmes, Étéocle n'a qu'une demande positive à adresser :

267 καμῶν ἀκούσασ' εὐγμάτων ἔπειτα σύ
ὀλολυγμὸν ἱερὸν εὐμενῆ παιώνισον,
Ἑλληνικὸν νόμισμα θυστάδος βοῆς,
θάρσος φίλοις, λύουσα πολέμιον φόβον.

(« Puis écoute mes vœux à moi, et accompagne-les, en péan favorable, du hurlement sacré qui, selon la coutume grecque, salue la chute des victimes. Il donnera [le hurlement] confiance aux nôtres et dissipera en eux la crainte de l'ennemi ») [26]. Que signifie cette demande? Observons d'abord, avec L. Deubner, que le péan qu'Étéocle attend des femmes est un cri spécifiquement masculin [27]. C'est un cri de guerre que les femmes ne sont pas normalement habilitées à pousser. Dans l'immédiat, il ne saurait être question de sacrifice. Étéocle s'engage sans doute à offrir aux dieux un grand sacrifice (271-278), mais l'*ololugmos* doit être, lui, immédiat, répondre aux vœux formulés par Étéocle. S'il en est bien ainsi, il doit accompagner non le sacrifice ni même le salut de la patrie [28], mais la guerre, non la mort d'un animal, mais la mort des hommes. Le poète et son public le savent, Étéocle se prépare à tuer un homme, le plus proche de tous ses proches. L'équivoque entre la guerre et le sacrifice humain [29] a déjà été amorcée aux vers 230-232 :

---

24. Cf. Cl. LÉVI-STRAUSS, *Anthropologie structurale*, I, Paris, 1958, pp. 236-241, et, en général, F. VIAN, *Les Origines de Thèbes. Cadmos et les Spartes*, Paris, 1963; voire maintenant surtout, sur les mythes d'autochtonie, N. LORAUX, « L'autochtonie : une topique athénienne », *Les Enfants d'Athéna*, pp. 35-73.

25. Au contraire, dans la *parodos*, 110-165, le chœur s'adresse à quatre divinités féminines (Athéna, Aphrodite, Artémis, Héra) et à quatre divinités masculines (Zeus, Poséidon, Arès et Apollon); cf. S. BENARDETE, *loc. cit., supra*, n. 16, p. 27.

26. Ce texte a été étudié avec précision par L. DEUBNER, « Ololyge und Verwandtes », *Abhandl-Preuss Ak*, 1947, 1, pp. 22-23.

27. L. DEUBNER, *ibid.*, et p. 4, s'appuyant sur Pollux, I, 28.

28. Comme au vers 825. Dans l'immédiat, comme le note S. BENARDETE, *loc. cit., supra*, n. 16, p. 23, le chœur ne répond pas à l'appel d'Étéocle.

29. J'ai évoqué ailleurs un semblable usage pervers du vocabulaire du sacrifice : cf. « Chasse et sacrifice dans l'*Orestie* d'Eschyle », in *Mythe et tragédie*, I, pp. 135-158.

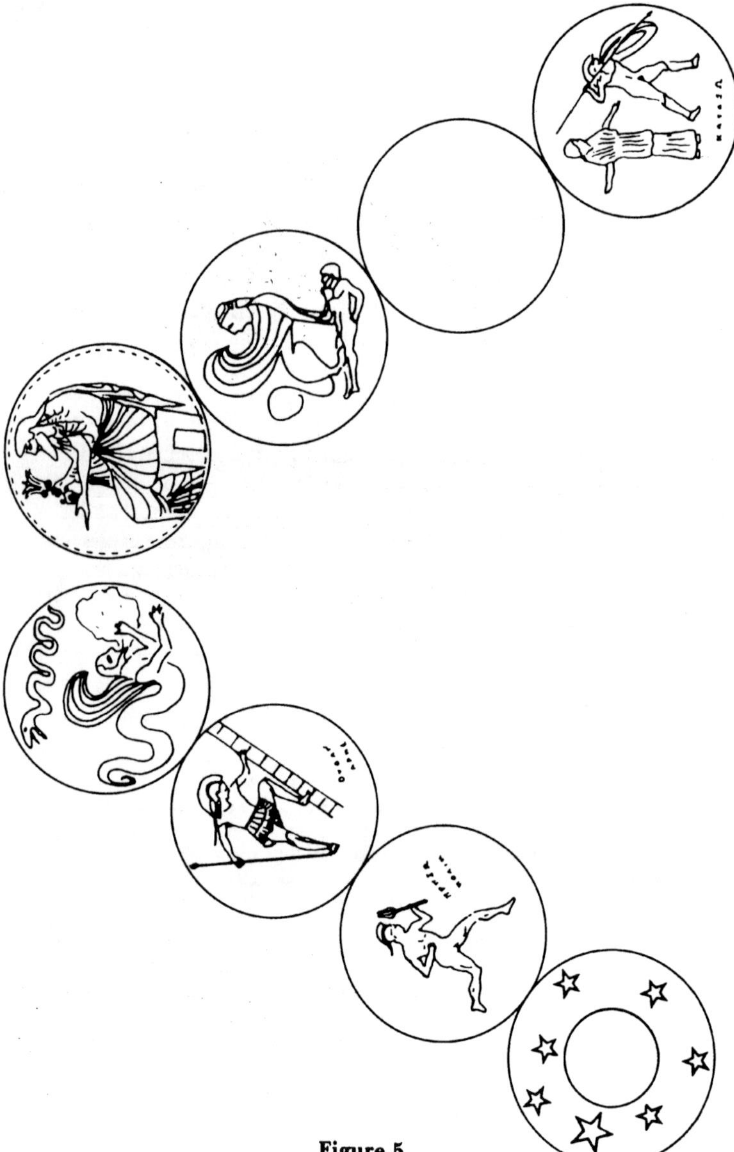

Figure 5

230 'Ανδρῶν τάδ' ἐστί σφάγια καὶ χρηστήρια
θεοῖσιν ἔρδειν πολεμίων πειρωμένους·
σὸν δ' αὖ τὸ σιγᾶν καὶ μένειν εἴσω δόμων.

(« C'est l'affaire des hommes que d'offrir des victimes afin d'obtenir la réponse des oracles divins, en entreprenant [30] l'ennemi. La tienne est de te taire et de rester chez toi. ») Il y a là, je crois, un bon exemple de ce qu'on peut appeler l'« interférence tragique » [31].

Or, cette relation entre Étéocle et les femmes se retourne après le vers 653. Ce sont maintenant les femmes, celles que le messager appellera, après la mort des deux frères, au vers 792, παῖδες μητέρων τεθραμμέναι, « enfants, femmes trop filles de vos mères », comme interprète joliment P. Mazon, ce sont les femmes qui se mêlent très directement de politique en donnant des conseils à Étéocle, ainsi, au vers 712, ceci, qui résume tout : πιθοῦ γυναιξί καίπερ οὐ στέργων ὅμως. (« Obéis à des femmes, même si tu n'aimes pas cela. ») Le renversement demeure, les femmes incarnent bien, désormais, les valeurs d'ordre, les valeurs civiques, même si Étéocle, s'enfonçant dans son *hybris* de guerrier, d'*anêr hoplitês* (717), refuse d'obéir. Renversement brutal, car l'obéissance, voire une discipline proprement militaire, c'est cela même qu'Étéocle voulait imposer aux femmes :

224 πειθαρχία γάρ ἐστι τῆς εὐπραξίας
μήτηρ, γύναι, σωτῆρος·

« La discipline, ô femmes, est mère du succès sauveur », avec cet étonnant rapprochement : *mêtêr, gunai.* Sur le peuple des

30. πειρωμένους est une correction d'H. Weil qu'on est tenté de juger excellente, les manuscrits hésitant entre πειρωμένοις et πειρωμένων.

31. Cf. N. Loraux, « L'interférence tragique », *Critique,* 317, 1973, pp. 908-925. En insistant ici sur l'aspect « transgressif » de la demande d'Étéocle, je vais au-delà de l'interprétation de J.-P. Vernant qui écrit : « La seule contribution qu'Étéocle accepte de la part de l'élément féminin à un culte public et politique, qui sait respecter ce caractère lointain des dieux sans prétendre mêler le divin à l'humain, c'est l'*ololygê,* le iou-iou qualifié de *hieros* parce que la cité l'a intégré à sa propre religion et le reconnaît comme le cri rituel accompagnant la chute de la victime dans le grand sacrifice sanglant » (in *Mythe et tragédie,* I, pp. 33-34).

femmes, Étéocle avait proclamé sa souveraineté et son droit d'user de la peine de mort envers quiconque, « homme, femme ou tout autre », ἀνὴρ γυνή τε χὤ τι τῶν μεταίχμιον [32], mettra en cause son autorité.

On peut même se demander si ce renversement, qui, l'espace d'un vers, fait succéder à un gouvernement hypermasculin une gynécocratie [33], ne peut pas, à son tour, éclairer la fin, si discutée, des *Sept* [34]. Car, à lire le texte des manuscrits, c'est bien un débat politique qui va opposer un demi-chœur à l'autre, qu'ils soient ou non conduits par Antigone et par Ismène, débat qui oppose le droit, changeant, de la cité, et celui, stable, du lignage [35]. Qu'il soit ou non dans son entier d'Eschyle, l'épilogue des *Sept* s'inscrit pleinement dans la logique de la pièce.

La troisième question est, bien sûr, le sens qu'il convient de donner à la série fameuse des sept discours parallèles, des

---

32. *Metaichmion* au vers 197 signifie « ce qui est intermédiaire ». Étéocle est-il « trop en colère pour parler avec une complète cohérence » (R. Dawson, *trad. cit.*, p. 50) ou, au contraire, dépasse-t-il par *hybris* la polarité masculin/féminin? On notera (avec R. Dawson, *ibid.*) l'importance du vocabulaire politique. Au vers 199, *psêphos* est la pierre qui sert à lapider, c'est aussi l'instrument du vote. Bel exemple d'ambiguïté tragique.

33. Sur la signification du phénomène dans la pensée mythique, cf. P. VIDAL-NAQUET, « Esclavage en gynécocratie dans la tradition, le mythe, l'utopie », in *Le Chasseur noir* [2], Paris, 1983, pp. 267-288; sur le thème gynécocratique dans l'*Orestie*, cf. F. I ZEITLIN, *loc. cit.*, *supra*, n. 16, pp. 153-156, qui renvoie à la littérature antérieure, notamment au *Review Essay* de M. B. ARTHUR sur les femmes dans le monde classique et les théories interprétatives, *Signs. Journal of Women in Culture and Society*, 2, 1976, pp. 382-403. Je remercie F. I. Zeitlin de m'avoir communiqué ce dernier article. J'ai lu avec profit l'étude de Nicole LORAUX, *Les Enfants d'Athéna*, Paris, 1981, pp. 119-153 : « Le nom athénien. Structures imaginaires de la parenté à Athènes. »

34. Je n'entends pas aborder ici directement ce problème et, de ce fait, n'en cite pas l'immense bibliographie.

35. Voir les vers 1065-1075; je m'accorde ici avec S. BENARDETE qui écrit, *loc. cit.*, p. 29 : « Antigone survit à Étéocle pour provoquer dans la cité une scission, exactement sur le plan où il assumait audacieusement qu'elle formait un tout. »

Redenpaare de la critique allemande, que prononcent le messager et Étéocle, le premier décrivant les chefs ennemis, le second retournant cette description et désignant les chefs thébains. C'est à l'intérieur de cet ensemble que prennent place les figurations de sept boucliers argiens et d'un bouclier thébain qui me concernent dans cet essai.

Et certes ce n'est pas là un terrain vierge. On ne mesure que difficilement l'ampleur de ce qui a été écrit à ce propos depuis que Friedrich Ritschl a publié en 1858 son célèbre essai sur le parallélisme dans les sept discours antithétiques [36], une tentative pour démontrer que le messager et Étéocle tenaient des discours rigoureusement parallèles, ayant exactement le même nombre de vers, ce qui signifiait qu'il fallait émonder, tailler, couper dans le texte transmis jusqu'à ce qu'on soit parvenu à l'absolue symétrie d'une ode lyrique. Si je mentionne ici le nom de Ritschl – dont l'élève préféré s'appela F. Nietzsche –, ce n'est pas que j'aie été convaincu par ce que Wilamowitz appelait sa « dialectique tyrannique [37] », c'est parce que l'analyse de Ritschl, avec sa recherche un peu terroriste, il est vrai, d'une symétrie absolue, est, à sa façon, structuraliste avant la lettre. Rappeler à quels excès il a été conduit est pour moi une façon d'adresser ce que J. Larsen appelait – dans des circonstances toutes différentes – « *a humble prayer to Sophrosyne* [38] ».

Depuis Ritschl, le « sujet », comme on dit, a été constamment repris. Mais encore faut-il savoir ce qu'on cherche dans cette littérature. S'agit-il de ce qui fait l'objet de cette étude : rendre compte des « mutations » parallèles d'Étéocle et du chœur des femmes à travers la scène principale de la pièce? Alors il me faut bien constater, par exemple, que la principale étude moderne, celle d'un disciple, parmi les plus grands, de

36. F. RITSCHL, « Der Parallelismus der Sieben Redenpaare in den *Sieben gegen Theben* des Aischylos », *JahrbClassPhil* 77, 1858, pp. 761-784, repris dans *Kleine Philologische Schriften*, I, Leipzig, 1866, pp. 300-361 (appendice, pp. 362-364).

37. *Aischylos Interpretationen*, cité *supra*, n. 5, p. 74.

38. J. LARSEN, « Federation for Peace in ancient Greece », *CPh*, 39, 1944, pp. 145-162; je cite la page 145 et dois cette référence à A. AYMARD, « Rapport » au « IXe Congrès international des sciences historiques », I, Paris, 1950, p. 516.

Wilamowitz, E. Fraenkel, n'a rigoureusement rien à nous apprendre, parce que le problème même du sens de la scène n'a pas été posé [39]. Ce qui manque en effet à la plus grande partie de la littérature moderne [40], c'est d'avoir franchement tenté de montrer – à travers le réseau des images dont la scène est tissée – comment l'action dramatique progresse, ou, autrement dit, comment travaille l'Érinys d'Œdipe [41]. Idéalement, quelles sont les tâches de l'interprète? Répétons-le contre la tradition positiviste : il faut interpréter, ne serait-ce que parce que le texte même d'Eschyle est un appel constant à l'interprétation, à un jeu interprétatif. Le messager décrit successivement les sept guerriers qui vont donner l'assaut à Thèbes et il décrit, plus spécifiquement, les épisèmes qui ornent leurs boucliers [42]. Sept boucliers sont évoqués auxquels s'ajoute un huitième, celui du Thébain Hyperbios, mais cela ne fait en tout que sept épisèmes, puisque le bouclier d'Amphiaraos est vierge. Chaque épisème a, bien sûr, une signification évidente et agressive à l'égard de Thèbes. Mais cette signification est retournée par Étéocle, dans son dialogue avec le messager commenté par le chœur [43]. Ce que ne sait pas Étéocle – avant le vers 653 –, mais ce que savent Zeus et le poète son interprète, c'est que ce réseau d'emblèmes qui pré-

---

39. E. FRAENKEL, « Die Sieben Redenpaare in Thebaner Drama des Aischylos », *SBAW*, 1957, Heft 5. Naturellement, l'étude de Fraenkel contient un grand nombre d'indications utiles au niveau du détail.

40. Les travaux qui m'ont été les plus utiles sont, outre le mémoire cité *supra*, n. 16 d'H. BACON, les articles de S. BENARDETE, cités *supra*, n. 16; A. MOREAU, « Fonction du personnage d'Amphiaraos dans les *Sept contre Thèbes* : Le " Blason en abyme " », *BAGB*, 1976, pp. 158-181 (étude qui doit beaucoup à celle, inédite, de D. PRALON); et le livre de H. D. CAMERON, *Studies on the* Seven Against Thebes *of Æschylus*, La Haye et Paris, 1971.

41. H. D. CAMERON parle justement de « two intimately connecting systems, one of plot and theme and one of imagery », *op. cit.*, p. 15.

42. L'archéologie nous a appris beaucoup sur les épisèmes, soit par l'étude directe des boucliers, soit, surtout, par les représentations figurées sur les vases. Anne JACQUEMIN, ancien membre de l'École d'Athènes, a consacré à cette question, sous la direction de P. Devambez et F. Robert, un mémoire de maîtrise approfondi (1973). Elle y montre bien que ce n'est pas de l'archéologie que peut venir l'interprétation des épisèmes d'Eschyle.

43. Voir, outre les articles cités *supra* de S. BENARDETE, H. D. CAMERON, « The Power of Words in the *Seven against Thebes* », *TAPhA*, 101, 1970, pp. 95-108.

tendent annoncer la chute de Thèbes non seulement présage son salut mais aussi le désastre de la maison des Labdacides, la mort d'Étéocle et de Polynice.

Idéalement, la tâche de l'interprète est proprement gigantesque : il faut, en effet, jouer sur plusieurs tableaux. Il y a ce que disent, directement, les trois acteurs de la scène : le messager, Étéocle, les femmes. Il y a les personnages *représentés* au premier degré : les Sept contre Thèbes et leurs adversaires thébains, et il y a les personnages représentés *au second degré,* ceux qui figurent sur les épisèmes, de la lune de Tydée à la prétendue Dikè de Polynice ; il y a le réseau spatial, représenté, lui aussi, celui des sept portes de Thèbes, les divinités qui les gardent. Il y a enfin, par-delà le texte d'Eschyle et les lectures qui en ont été faites, d'Euripide à nos jours, les textes qui servirent à Eschyle de références, les poèmes homériques et les épopées perdues du cycle thébain. Voilà, en résumé, ce qu'une énumération globale devrait mettre en œuvre. Entreprise difficile s'il en fut [44], impossible peut-être. Ce n'est pas là que se situe mon ambition. Je vais tenter de définir *un* réseau de significations, celui des épisèmes, et de le mettre en rapport avec le mouvement dramatique de la pièce. Je ne m'interdirai pas, par la suite, cela va sans dire, de regarder ailleurs et de faire intervenir d'autres niveaux du texte, mais je crois avoir défini clairement le but premier que je me suis assigné.

Je propose maintenant, à titre d'hypothèse purement *pratique,* de lire l'ensemble des épisèmes à l'aide d'un schéma emprunté à un art de l'époque d'Eschyle, celui du fronton sculpté [45]. Non que j'entende suggérer le moins du monde qu'Eschyle avait un tel schéma dans la tête en écrivant cette scène tragique ; je crois simplement que ce schéma permet de

---

44. Seul Didier Pralon a eu cette audace, et c'est pourquoi je regrette si fort qu'il n'ait pas publié son étude.

45. Bien que nos méthodes soient très différentes, je ne peux pas ne pas renvoyer à la tentative qu'avait faite J. MYRES de lire ainsi le texte d'Hérodote : voir son *Herodotus Father of History,* Oxford, 1948. Le schéma illustrant mon hypothèse (*supra,* p. 126), et qui a été dessiné par Annie Schnapp-Gourbeillon que je remercie, n'a – faut-il le préciser ? – aucune prétention archéologique.

regrouper commodément un certain nombre de données, de les faire parler à *nos* yeux qui ont lu Eschyle et vu les frontons d'Olympie. On admettra, me semble-t-il, que ces deux formes d'art peuvent parfois, tout de même, se recouper. Au surplus, Eschyle lui-même nous invite à confronter deux formes d'art. Ne décrit-il pas, avec son texte, un monde imaginaire d'objets fabriqués, d'objets parlants, d'objets signifiants, à la fois en tant que présages et en tant qu'œuvres d'art? Quant à la méthode utilisée ici pour décrire les objets, je veux dire les épisèmes, elle ne prétend à aucune originalité particulière. Il s'agit simplement d'appliquer la vieille règle scolastique et de définir chaque objet *per genus proximum et differentiam specificam.*

Partons du commencement : le premier bouclier, celui de Tydée, porte un ὑπέρφρον σῆμα, un « blason d'orgueil » (387) :

388 φλέγονθ' ὑπ' ἄστροις οὐρανὸν τετυγμένον·
λαμπρὰ δὲ πανσέληνος ἐν μέσῳ σάκει,
πρέσβιστον ἄστρων, νυκτὸς ὀφθαλμός, πρέπει.

(« Un ciel forgé, brillant sous les astres, et, au milieu de l'écu, éclatante, la lune en son plein, le plus ancien des astres, œil de la nuit, se voit. ») La riposte d'Étéocle consiste à refuser le sens symbolique des blasons, en général :

398 οὐδ' ἑλκοποιὰ γίγνεται τὰ σήματα·

(« Ils ne font pas de blessure, les blasons. ») Mais ce n'est là qu'un premier temps, puisque Étéocle, jouant sur deux sens possibles du mot *nuit,* le sens « physique » et celui, « métaphorique » [46], de la mort, annonce que le symbole se retournera contre son possesseur :

403 εἰ γὰρ θανόντι νὺξ ἐπ' ὀφθαλμοῖς πέσοι

(« S'il est vrai que la nuit tombe sur ses yeux de mourant. ») Au point de départ de la série, en tout cas, nous sommes dans le cosmos, mais un cosmos nocturne, un cosmos où la lune est centrale, fonctionnant comme un anti-soleil [47], « un affreux

46. Cf. S. BENARDETE, *loc. cit., supra,* n. 16, p. 5.

47. On se référera, en général, à l'étude de Claire PRÉAUX, *La Lune dans la pensée grecque,* Bruxelles, 1973, *passim.*

soleil noir d'où rayonne la nuit », pour emprunter une image à Victor Hugo.

Avec le bouclier de Capanée, nous quittons le domaine du cosmos pour entrer dans celui de la guerre et des guerriers :

> 432 Ἔχει δὲ σῆμα γυμνὸν ἄνδρα πυρφόρον,
> φλέγει δὲ λαμπὰς διὰ χεροῖν ὡπλισμένη·
> χρυσοῖς δὲ φωνεῖ γράμμασιν· Πρήσω πόλιν.

(« Pour blason il a un homme *nu* portant le feu ; une torche flambante arme ses bras et il proclame en lettres d'or : " Je prendrai la ville. " ») Du cosmos on est, effectivement, passé au monde des hommes, des hommes qui parlent et qui *écrivent*. Le bouclier ne signifie plus seulement par l'image mais par le texte, menteur lui aussi. Le guerrier est *gumnos*. Le mot a ici un sens technique classique. Le guerrier « nu » est le guerrier sans armure [48]. C'est le guerrier armé à la légère, spécialiste des combats nocturnes, utilisateur des techniques de la chasse et de l'embuscade, un des deux types de soldats que connaissait la Grèce classique [49], et le texte souligne cette valeur par l'emploi du verbe *hoplizô* : c'est la torche qui est l'arme de ce guerrier de la nuit [50]. A ce type de guerrier s'oppose l'*hoplite* lourdement armé, et il n'y a pas à le chercher bien loin puisqu'il figure précisément sur le blason du guerrier suivant, Etéoclos :

> 465 Ἐσχημάτισται δ' ἀσπὶς οὐ σμικρὸν τρόπον,
> ἀνὴρ δ' ὁπλίτης κλίμακος προσαμβάσεις
> στείχει πρὸς ἐχθρῶν πύργον ἐκπέρσαι θέλων·
> βοᾷ δὲ χοὖτος γραμμάτων ἐν ξυλλαβαῖς
> ὡς οὐδ' ἂν Ἄρης σφ' ἐκβάλοι πυργωμάτων.

---

48. *Armourless*, traduit H. Weir Smyth dans la traduction de la *Loeb Classical Library*.

49. Voir mes articles, « Le Chasseur noir [2] et l'origine de l'éphébie athénienne », et « Le cru, l'enfant grec et le cuit », in *Le Chasseur noir* [2], Paris, 1983, pp. 151-175 et 177-207 ; F.I. ZEITLIN a montré dans le détail, *loc. cit.*, *supra*, n. 16, pp. 160-162, comment ces oppositions fonctionnaient dans l'*Orestie* et aident à définir le personnage d'Oreste.

50. Est-il besoin de rappeler que, dans la littérature grecque, l'incendie d'une ville a lieu la nuit ?

(« Son bouclier est revêtu d'un insigne non médiocre; un hoplite foule les degrés d'une échelle appuyée au mur de la forteresse ennemie et il veut la détruire. Il crie lui aussi en lettres assemblées qu'Arès lui-même ne le jetterait pas au bas de ce rempart. ») Étrange hoplite, en vérité, qui combat en solitaire, non, comme il est de règle, en ligne avec d'autres hoplites. Outre le passage du guerrier « nu » au guerrier lourdement armé, notons deux autres glissements ou, si l'on veut, deux autres progrès par rapport au bouclier précédent. La cité était simplement nommée sur le bouclier de Capanée : Πρήσω πόλιν (« je prendrai la ville »); elle est cette fois représentée par son symbole le plus parlant : le rempart. Le défi du guerrier « nu » s'adressait à la cité, celui de l'hoplite s'adresse au dieu de la guerre sauvage : Arès.

Ce dernier changement de plan facilite, si je puis dire, la mutation qu'apporte le bouclier du quatrième chef, Hippomédon, du monde des hommes, à celui, primordial, des dieux et du combat qu'ils ont dû assumer pour imposer leur souveraineté :

> 491 ὁ σηματουργὸς δ' οὔ τις εὐτελὴς ἄρ' ἦν
> ὅστις τόδ' ἔργον ὤπασεν πρὸς ἀσπίδι,
> Τυφῶν' ἱέντα πυρπνόον διὰ στόμα
> λιγνὺν μέλαιναν, αἰόλην πυρὸς κάσιν·

(« Certes le blasonnier n'était pas un artisan ordinaire qui ajouta cette œuvre au bouclier : un Typhon qui, de sa bouche en feu, émet une vapeur noirâtre, sœur bigarrée du feu. ») Le texte écrit disparaît, il ne reparaîtra qu'avec le dernier bouclier à figuration humaine [51]. Que l'on soit au-dessus des hommes avec les forces cosmiques, avec Zeus et son adversaire Typhon, ou dans le monde monstrueux de l'infra-humain avec la Sphinge, il n'est pas besoin de signe écrit. Écrire est décidément le propre de l'homme. Avec Typhon (Typhée), le texte d'Eschyle opère ce qu'on pourrait appeler un retour à Hésiode. Typhée n'existe pas en lui-même, il n'existe que dans et par son combat contre Zeus, évoqué dans la *Théogo-*

---

51. Je ne compte pas pour un homme le Cadméen qui figure sous la Sphinge au vers 543. Du moins n'est-il pas le personnage central de la scène. Il ne peut ni parler ni écrire, et pour cause.

nie [52]. Représenté sur un bouclier, Typhon appelle quasi automatiquement la venue de Zeus. Mais Zeus ne peut pas figurer sur un bouclier argien : ce serait là prévoir la victoire de l'ennemi. Zeus, *au moins dans un premier temps,* doit figurer dans le camp thébain, celui qui, militairement, est destiné à l'emporter :

519 Ὑπερβίῳ τε πρὸς λόγον τοῦ σήματος
σωτὴρ γένοιτ' ἂν Ζεὺς ἐπ' ἀσπίδος τυχών.

(« Puisse Zeus figurant sur le bouclier être pour Hyperbios sauveur, selon le langage du blason. ») [53] Hyperbios sera donc le seul Thébain dont le bouclier sera décrit et devra figurer dans notre ensemble [54].

Ouvrons ici une double parenthèse, d'abord pour dire que l'affrontement entre Zeus et Typhon est cela même qui a imposé pour nous le modèle du fronton. S'il est une forme classique du décor tympanal dans le fronton archaïque et classique, c'est bien le « groupement antithétique [55] » et, plus précisément, l'affrontement entre les divinités de l'ordre et de la souveraineté cosmique et celles du désordre primitif : monstres ou géants. Mais, de plus, on le sent bien, Zeus n'est pas, ne peut pas être un épisème comme un autre. Et ce n'est pas le fait d'être provisoirement dans le camp d'Étéocle qui suffit à lui donner son originalité. Sa venue est préparée tout au long de la scène. Capanée affirme que « le défi de Zeus même s'abattant devant lui ne l'arrêterait pas », ce que relève

---

52. HÉSIODE, *Théogonie,* 820 et suiv. : texte sur lequel on verra M. DETIENNE et J.-P. VERNANT, *Les Ruses de l'intelligence, la Mètis des Grecs* [2], Paris, 1978, pp. 115-119. Sur Typhon dans Eschyle, voir A. MOREAU, *Eschyle : la violence et le chaos,* Paris, 1985, pp. 147-150.

53. C'est tout à fait à tort que les vers 515-520 ont été athétisés par Dindorf et, à sa suite, par Mazon.

54. A. VERRALL avait jadis tenté de montrer, tout à fait en vain, dans des notes de son édition des *Sept* (Londres, 1887), aux vers 473 et 622, que Mégareus, dont la force des bras est exaltée (473), avait sur son bouclier un bras et que Lasthénès portait un écu orné d'une jambe. Je pense aussi que Helen BACON n'a aucun argument à faire valoir à l'appui de sa propre hypothèse (*loc. cit.,* n. 16, p. 35) : Étéocle porterait sur son bouclier le symbole de l'Érinys.

55. Je me contente de renvoyer à E. LAPALUS, *Le Fronton sculpté en Grèce,* Paris, 1947, pp. 284 et suiv.

aussitôt Étéocle (443). C'est la foudre, arme de Zeus, qui abattra l'agresseur, c'est elle, non la torche de son épisème, qui sera en réalité *purphoros* (444). Zeus précède et Zeus suit.

Le cinquième chef, Parthénopée, affirme lui aussi qu'il ravagera la cité, « en faisant violence à Zeus », βίᾳ Διός (531-532), et la question se pose de savoir, au vers 662, si Dikè, fille de Zeus, est bien dans le camp de Polynice. Présent d'un bout à l'autre de la scène, Zeus domine à bon droit notre fronton.

Nous pouvons maintenant en aborder la partie droite avec l'épisème du bouclier de Parthénopée [56] :

> 539 τὸ γὰρ πόλεως ὄνειδος ἐν χαλκηλάτῳ
> σάκει, κυκλωτῷ σώματος προβλήματι,
> Σφίγγ' ὠμόσιτον προσμεμηχανημένην
> γόμφοις ἐνώμα, λαμπρὸν ἔκκρουστον δέμας·
> φέρει δ' ὑφ' αὑτῇ φῶτα Καδμείων ἕνα,
> ὡς πλεῖστ' ἐπ' ἀνδρὶ τῷδ' ἰάπτεσθαι βέλη.

(« Car sur l'écu d'airain, rempart [57] arrondi de son corps, il allait brandissant l'outrage infligé à la cité, la Sphinge, mangeuse de chair crue, dont l'image, fixée par des clous, se détache, éclatante, en relief, et qui maintient sous elle un d'entre les Cadméens, afin d'attirer sur le guerrier le plus de traits qu'il se pourra. ») Je n'ai ici que très peu modifié la traduction de Paul Mazon. Toutefois, celui-ci avait parlé de « Thèbes », quand le texte parle de la cité. Mais il reste vrai que d'une cité en général on est passé, au niveau des emblèmes, à la cité dont le destin se joue dans la pièce. C'est un « Cadméen » que tient sous elle la Sphinge [58]. Quant à la présence du monstre, elle nous réintroduit, pour la première fois, dans les légendes mêlées de Thèbes et de la famille des Labdacides.

---

56. Dans le texte des manuscrits, le nom du porteur du bouclier est donné au vers 547 après la description du personnage et de son bouclier, et il faut, je crois, garder cet ordre.

57. Je ne crois pas, avec H. Bacon et A. Hecht, qu'il faille traduire *problêmati* par *riddle* et y voir une allusion à l'énigme de la Sphinge, mais un jeu sur le mot n'est pas totalement impossible.

58. S. BENARDETE, *loc. cit.*, p. 12, écrit non sans user de la litote : « Parthénopée porte une image qui, bien qu'inamicale à l'égard des Thébains, ne leur est pas étrangère comme Typhon. »

« L'outrage infligé à la cité », c'est aussi la gloire et le malheur d'Œdipe, roi de Thèbes et époux de Jocaste.

Le septième bouclier, celui du devin Amphiaraos, personnage qui, nous le verrons, donne d'une certaine façon la clef de l'ensemble [59], ne nous retiendra ici que par le jeu d'oppositions qu'il introduit :

> 591 σῆμα δ' οὐκ ἐπῆν κύκλῳ·
> οὐ γὰρ δοκεῖν ἄριστος, ἀλλ' εἶναι θέλει,

(« Mais aucun blason ne s'y voyait sur l'orbe. Car il ne veut pas paraître un héros mais l'être. ») Du coup, l'ensemble des autres boucliers est renvoyé de l'être au paraître et placé dans le royaume des signes ambigus.

L'ultime épisème figure sur le bouclier de Polynice, et de tous il est le plus complexe. Comme les boucliers n° 2 et n° 3, il porte une devise écrite ; comme ces mêmes boucliers il porte un personnage humain, un « guerrier en or ciselé », non un simple hoplite, donc, comme sur le bouclier d'Étéoclos, mais à côté de l'homme figure une femme qui *se dit* divine :

> 642 Ἔχει δὲ καινοπηγὲς εὔκυκλον σάκος
> διπλοῦν τε σῆμα προσμεμηχανημένον·
> χρυσήλατον γὰρ ἄνδρα τευχηστὴν ἰδεῖν
> ἄγει γυνή τις σωφρόνως ἡγουμένη·
> Δίκη δ' ἄρ' εἶναί φησιν, ὡς τὰ γράμματα
> λέγει· Κατάξω δ' ἄνδρα τόνδε καὶ πόλιν
> ἕξει πατρῴων δωμάτων τ' ἐπιστρόφας.

(« Et il porte un écu parfaitement rond et récemment forgé : un double blason y figure par artifice. Un guerrier en or ciselé s'y voit conduit par une femme qui le guide avec mesure. Et elle dit qu'elle est Dikè comme l'affirment les lettres inscrites : " Je ramènerai cet homme et il recouvrera sa cité et obtiendra son retour aux foyers de ses pères. " ») Avec Polynice, comme déjà avec Parthénopée, on est, en fait, passé de la guerre étrangère, de l'agression barbare contre une cité où l'on parle le grec, comme il est dit aux vers 72-73, au conflit qui déchire

---

59. Comme l'a dit avec raison A. MOREAU, *loc. cit.*, *supra*, n. 40, Amphiaraos est « le porte-parole de l'écrivain » (p. 164). C'est le rôle normal du devin dans une tragédie ; cf. *supra*, pp. 103-105.

Thèbes. Le Thébain que la Sphinge tient sous sa domination est la cible des défenseurs thébains. C'est la *dikè* privée, par définition, de Polynice, qui doit le conduire à l'intérieur de sa cité, à l'intérieur de son *oikos.*

Restons encore un moment au seul niveau des emblèmes. Comment s'organise l'ensemble? Est-il possible de tirer de cet examen des conclusions provisoires? On a tenté de montrer, au fil de l'analyse, les glissements qui s'opéraient d'un épisème à l'autre, comme dans une gamme chromatique [60], mais on peut maintenant aller au-delà. De part et d'autre de l'affrontement entre Zeus et Typhon, dont le vainqueur est donné d'avance, et qui marque une indiscutable coupure, le côté « gauche » est le côté du cosmos, le côté de la guerre étrangère et des deux formes fondamentales de l'activité guerrière. Le seul élément féminin est l'astre lunaire; encore faut-il souligner que cette dimension féminine n'est pas vraiment notée par le poète. Les hommes, eux, sont des mâles, des guerriers dans toute leur violence. Le côté « droit » est celui de la légende d'Œdipe qui fait son apparition sur le bouclier de Parthénopée. C'est le côté où domine le monde féminin. C'est bien le cas, ici, de parler de gynécocratie. La Sphinge, personnage à la fois féminin et infra-humain – elle mange cru –, domine, sur le bouclier de Parthénopée, un citoyen de Thèbes. C'est une femme qui guide le guerrier du bouclier de Polynice. Le côté gauche est le côté de la *polis* aux prises avec l'ennemi, l'agresseur barbare qui veut détruire la cité, il résume la première partie de la pièce. Le côté droit nous rappelle les épouvantables problèmes de la lignée des Labdacides. Et s'il faut revenir au personnage « divisé » d'Étéocle, dont je suis parti, je dirai que le côté gauche concerne Étéocle guerrier et citoyen, le côté droit Étéocle fils d'Œdipe et de Jocaste, frère de Polynice. Le moins qu'on puisse dire est que la « coupure » du vers 653 est soigneusement préparée. Il existe bien, comme il est dit au vers 519, un langage du blason.

---

60. Sur ce point, cf. S. BENARDETE, *loc. cit.*, pp. 16-17.

Si maintenant mon analyse n'est pas complètement fausse, elle devrait trouver dans le contexte, je veux dire d'abord chez les porteurs de ces boucliers et chez les compagnons d'Étéocle, quelque confirmation. Et c'est bien ce qui se produit.

Glisser des épisèmes aux porteurs des boucliers est d'autant plus légitime que c'est proprement ce que fait Eschyle. Ainsi Étéocle, quand il « retourne » l'épisème d'Étéoclos, parle, au duel, « des *deux* guerriers et de la ville qui figure sur le bouclier » : καὶ δύ' ἄνδρε καὶ πόλισμ' ἐπ' ἀσπίδος (478)[61]. L'un des guerriers est Étéoclos, l'autre est l'hoplite qui figure sur son bouclier. Au vers 544, ἐπ' ἀνδρί désigne le Cadméen tenu par la Sphinge, et ses blessures symboliques ont valeur de blessures réelles. Et quand Étéocle proclame, au vers 398, que les blasons ne font pas de blessure, il ne faut pas oublier que c'est là le propos d'un héros tragique dominé par l'Atè. Les blasons ne feront pas les blessures qu'ils annoncent, mais, à travers eux, c'est bien l'Érinys qui est à l'œuvre. Que ce travail se fasse sous le masque, par la ruse, la *mètis* – constamment présente ici, ne serait-ce que par la représentation de l'habileté trompeuse des artisans –, c'est une des lois du genre.

Mais revenons, dans l'ordre de notre fronton, aux personnages représentés eux-mêmes. Le côté gauche, qu'on peut étendre jusqu'à Hippomédon, est bien celui de l'*hybris* masculine, de la sauvagerie masculine. Ainsi Tydée :

392 βοᾷ παρ' ὄχθαις ποταμίαις, μάχης ἐρῶν,

(« Il crie sur la berge du fleuve dans le désir de la bataille. ») Capanée va au-delà de l'orgueil humain, οὐ κατ' ἄνθρωπον φρονεῖ (425), mais il est marqué, comme le voit Étéocle, τῶν τοι ματαίων ἀνδράσιν φρονημάτων (438), « par ce qui est, pour les hommes mâles, folle pensée ». Eteoclos, dont le bouclier défie Arès, a un équipement animal et barbare, βάρβαρον τρόπον (463). Le porteur de Typhon, Hippomédon, est moins un homme qu'un géant (488)[62]. Rien de semblable, bien au

61. S. BENARDETE parle avec raison de l'« absorption d'Étéoclos par son image », *loc. cit.*, p. 8.

62. Il en est déjà de même de Capanée, qui est proprement un *gigas* (424).

contraire, à droite. Parthénopée est un ἀνδρόπαις ἀνήρ (533), un homme-enfant-homme, ce qui redouble ce que dit déjà son nom, sur lequel joue le messager (536). Il est un métèque et non un citoyen, un marginal par rapport à la cité d'Argos (548). Son nom, qui fait contraste avec sa sauvagerie, est d'autant plus marqué du côté féminin que Parthénopée n'est pas défini, conformément à la règle grecque, par le nom de son père, mais par l'évocation de sa mère : il est μητρὸς ἐξ ὀρεσκόου (532), « issu d'une mère montagnarde », en l'espèce Atalante qui n'est pas nommée [63]. Mais comment Eschyle aurait-il pu mieux associer ce thème « matrilinéaire » qu'en le couplant avec le motif « gynécocratique » du bouclier?

Le cas d'Amphiaraos est, bien sûr, entièrement différent. Privé, par volonté d'« être », d'épisème, devin, il est le donneur de sens de tout l'épisode. Marquons deux points. Amphiaraos, c'est-à-dire, selon un type de jeu verbal familier à Eschyle, « l'homme à la double imprécation [64] », maudit effectivement deux personnages, Tydée et Polynice, le premier et le dernier, ce qui est un moyen de rendre signifiant tout l'épisode. De Tydée il dit qu'il est 'Ερινύος κλητήρ (574), le héraut, presque l'huissier de l'Érinys [65]. Qualifier ainsi Tydée est pour Eschyle une façon de nous éclairer, à l'aide de la parole véridique du devin, sur ce qui est en question dans la scène. Ce qui *introduit* Tydée, dans le discours d'Amphiaraos, est achevé par Polynice. Celui-ci, certes, est maudit *politique-*

63. SOPHOCLE glosera ainsi Eschyle : ἐπώνυμος τῆς πρόσθεν ἀδμήτης χρόνῳ / μητρὸς λοχευθείς, πιστὸς 'Αταλάντης γόνος (« Il doit son nom à sa mère, qui demeura si longtemps vierge avant de lui donner le jour, Parthénopée loyal fils d'Atalante », *Œdipe à Colone*, 1321-1322, trad. Mazon).

64. Comme l'a bien vu D. Pralon. Je laisse de côté ici, faute de pouvoir prouver qu'Eschyle l'avait effectivement présent à l'esprit, ce qui, dans la légende d'Amphiaraos et de sa femme Ériphyle, pourrait aisément justifier la place de devin dans la moitié « gynécocratique » du tableau. Et pourtant, comment ne pas songer au vers d'Homère : ἀλλ' ὄλετ' ἐν Θήβῃσι γυναίων εἵνεκα δώρων (« Mais il périt à Thèbes en raison de présents féminins », *Odyssée*, XV, 247)? Sur ce point, voir A. MOREAU, *loc. cit., supra*. n. 40, p. 169. Amphiaraos lui-même joue au vers 578 sur le nom de Polynice, *l'homme aux mille querelles*.

65. Κλητήρ est proche de l'homérique καλήτωρ, du mycénien *ko – re – te* qui désigne un fonctionnaire; sur ces derniers mots, cf. J. TAILLARDAT, « Notules mycéniennes, I », *REG*, LXXIII, 1960, pp. 1-5.

ment, comme attaquant la cité de ses pères, πόλιν πατρῴαν (582), la terre de sa patrie (585) [66]. Il ne s'agit pas seulement d'une guerre étrangère. Polynice est un Thébain. Mais Amphiaraos dit aussi :

584 Μητρός τε πηγὴν τίς κατασβέσει δίκη;

(« Quelle revendication peut éteindre la source d'une mère? ») P. Mazon traduit : « Est-il donc un grief permettant de tarir la source maternelle? » Mais de quelle source s'agit-il? De Dirkè, symbole de Thèbes [67]? Peut-être, en un premier temps. Mais il est difficile de ne pas penser aussi, en faisant de μητρός un génitif d'origine, à ce « sillon maternel sacré », ματρὸς ἁγνὰν ἄρουραν du chant choral (752-753), qu'Œdipe le parricide a osé ensemencer [68]. Polynice accomplira le chemin inverse : tuant son propre frère, mourant lui-même, il asséchera effectivement la source maternelle. S'il en est bien ainsi, ne s'agit-il pas d'une apparition de Jocaste?

Au terme de la série, Polynice, vu non plus par le devin mais par le messager. Il est moins un pur guerrier que le frère d'Étéocle utilisant contre sa cité les voies d'une vengeance judiciaire. D'où le vocabulaire juridico-politique inextricablement mêlé qui est le sien. Comme le personnage du bouclier d'Étéoclos, il veut escalader la muraille de la cité (πύργοις ἐπεμβάς, 634). Mais c'est par le héraut, le *kêrux,* qu'il veut être proclamé maître du pays, κἀπικηρυχθεὶς χθόνι (634). Étéocle est pour lui l'*atimastêr* (637), celui qui l'a privé de sa *timê.* Il veut être, pour son frère, celui qui le fait prisonnier (*andrêlatês,* 637), qui échangera avec Étéocle ou la mort ou l'exil (636-638). Chez Polynice, la guerre extérieure et le droit privé forment un tout, mais Amphiaraos, par l'imprécation qu'il a lancée contre lui, a déjà démontré que sa *dikê* n'est pas, comme le proclame le bouclier, Dikè en personne.

66. Très exactement : la terre-patrie.

67. La source est nommée par le chœur au vers 307.

68. Le rapprochement est fait par Ch. DAWSON, *Introduction* à sa traduction citée, n. 19, p. 21.

Il faut maintenant aller plus loin et observer certains phénomènes très étranges. Ce vers quoi se dirige la pièce – et il ne faut plus faire semblant de l'ignorer –, c'est le duel de deux frères conduits à la catastrophe par l'Érinys paternelle, par ces malédictions dont Étéocle constate, au vers 655, qu'elles sont désormais accomplies, *telesphoroi.* De Tydée l'introducteur à Polynice, celui qui réalise, c'est bien à *cela* que nous avons assisté. Tout a préparé la « surprise » de la septième porte.

Mais relisons à frais nouveaux l'épisode. Tout pourrait se résumer, si l'on veut, par ces vers :

404 τῷ τοι φέροντι σῆμ' ὑπέρκομπον τόδε
γένοιτ' ἂν ὀρθῶς ἐνδίκως τ' ἐπώνυμον.

(« Lui-même contre lui-même, en portant ce blason d'orgueil, doit, justement, correctement, être l'éponyme de son destin. ») Il s'agit, bien sûr, de Tydée qui mourra, dévorant le crâne de son adversaire Mélanippe [69]. Mais c'est son propre destin qu'Étéocle, à un autre niveau, ne cesse d'annoncer. Contre Tydée, le chef thébain installe à la porte Proïtide, la première, le Sparte Mélanippe et ajoute :

414 Ἔργον δ'ἐν κύβοις Ἄρης κρινεῖ·
Δίκη δ' Ὁμαίμων κάρτα νιν προστέλλεται
εἴργειν τεκούσῃ μητρὶ πολέμιον δόρυ.

Paul Mazon traduit : « Du combat, les dés d'Arès décideront; mais c'est vraiment le Droit du sang qui l'envoie en son nom écarter de la terre à qui il doit le jour [disons plus simplement : de la mère qui l'a enfanté] les lances ennemies. » Soit, mais qu'est-ce que cette *Dikê Homaimôn* [70]? Par-delà la parenté d'un

---

69. APOLLODORE, III, 6, 8.

70. Les traductions de l'expression sont très variées; ainsi en anglais, « *Dike, his blood sister* » (H. BACON et A. HECHT); « *Justice his true kin in blood* » (H. WEIR SMYTH); « *Justice Goddess of Kindred's duty* » (Ph. VELLACOTT, dans la collection Penguin); « *True Duty to his Kin* » (Ch. DAWSON). Une interprétation originale est celle de K. WILKENS, « ΔΙΚΗ ΟΜΑΙΜΩΝ? Zu Aischylos *Sieben* 415 », *Hermes,* 1969, pp. 117-121. Elle fait d'ὁμαιμῶν un génitif pluriel dépendant du *pros* de *prostelletai.* Dikè place Mélanippe en avant de ses frères de sang. Mais cette interprétation a contre elle l'existence chez Eschyle d'un Zeus *Homaimôn* (*Suppliantes,* 402) et la scholie de M : τὸ τῆς συγγενείας δίκαιον, « le droit de la parenté ».

homme et de la Terre, mère des Spartes, il y a bien deux personnages qui sont de même sang dans la pièce et que Dikè fait s'affronter. Leur mort est dite au vers 681, ἀνδροῖν δ' ὁμαίμοιν θάνατος, « la mort de deux hommes de même sang ».

Dans le troisième discours d'Étéocle, le roi espère, et j'ai déjà cité ce vers, que tant le porteur du troisième bouclier, Étéoclos, que l'hoplite qui lui sert d'épisème et la ville qui figure sur le bouclier périront sous les coups du Sparte Mégareus :

478 ἢ καὶ δυ' ἄνδρε καὶ πόλισμ' ἐπ' ἀσπίδος.

Cela appelle deux observations. La première, qui n'est pas neuve, est que, par son nom même, Étéo*clos* apparaît comme un doublet d'Étéo*clès*. Étéoclos – a-t-on pu dire – est « Étéocle au-delà de la muraille [71] ». La cité défendue par Étéocle est ainsi attaquée par un autre Étéocle, et celui-ci est à la fois au-dedans et au-dehors de la cité. Étéoclos n'a-t-il pas, seul parmi les Sept, sur son bouclier un *anêr hoplitês* (466), ce qui est la définition même qu'Étéocle donne de lui-même (717)? Mais Étéocle a, au-delà des murs, un double beaucoup plus marqué que ce presque homonyme : son frère. Quand il annonce, en usant du duel, la mort de deux hommes, c'est encore de sa mort et de celle de Polynice qu'il nous parle. Victime de l'Atè, il associe la cité au destin des deux guerriers, alors que le *dénouement* tragique dissocie précisément ce que l'*action* tragique associe. Aux vers 71-72 Étéocle avait, plus lucidement, prévu son destin : μή μοι πόλιν γέ... ἐκθαμνίσητε : « A tout le moins... ne déracinez pas ma cité [72]. »

---

71. *« Eteokles beyond the walls »* (H. BACON et A. HECHT, préface à la trad., *cit.*, n. 18, p. 11). Même remarque, formulée indépendamment par D. Pralon. Le personnage est inconnu avant Eschyle et ne figure dans les listes postérieures des auteurs tragiques (par exemple SOPHOCLE, *Œdipe à Colone*, 1316) que lorsque Adraste n'apparaît pas. Sa statue figurait cependant à Delphes sur le monument des Sept (PAUSANIAS X, 10, 3); quelle que soit l'importance que j'attache au personnage d'Étéoclos, je ne puis suivre A. MOREAU lorsqu'il écrit : « Le moment où Étéocle indique le nom de l'adversaire d'Étéoclos est le moment où l'on comprend qu'il est tombé dans les pièges d'Atè » (*loc. cit.*, *supra* n. 40, p. 181, n. 1).

72. La valeur de γέ ne peut être ici réduite, cf. R. DAWE, *loc. cit.*, *supra* n. 8, p. 27.

Mais le vers 478 n'est pas la dernière allusion, avant sa mise en évidence, au thème des deux frères. Face à l'ennemi argien, en l'occurrence Hippomédon et Parthénopée, Étéocle associe deux frères, Hyperbios et Aktor (555). Et quand le messager en arrivera enfin au seul frère qui compte, Polynice, on constatera que son blason est double : διπλοῦν τε σῆμα (643). Et peut-être ce dédoublement est-il la loi dissimulée de tout l'épisode. H. Bacon a très bien vu cela : « *Each brother is subject to the law he invokes against the other. This is the inescapable knowledge which the shields express*[73] », et l'Étéocle d'Eschyle l'a compris à sa façon :

674 ἄρχοντι τ' ἄρχων καὶ κασιγνήτῳ κάσις,
ἐχθρὸς σὺν ἐχθρῷ στήσομαι.

(« Souverain contre souverain, frère contre frère, ennemi contre ennemi, c'est ainsi que je ferai face. ») Jusqu'au conflit politique de l'épilogue, ce sont désormais les mêmes mots qui qualifieront Étéocle et Polynice. Il y a fusion entre la guerre étrangère et la guerre civile, entre les deux côtés du fronton. Thèbes est sauvée, mais ses deux généraux, δισσὼ στρατηγώ (816), sont morts[74]. Tous deux sont des « chercheurs de querelles », des Polynices :

830 καὶ πολυνεικεῖς
ὤλοντ' ἀσεβεῖ διανοίᾳ;

(« Et chercheurs de querelles, n'ont-ils pas péri dans une pensée sacrilège? ») Décidément, contrairement à ce que dit Étéocle (508), ce n'est pas Hermès, c'est Zeus qui a apparié les couples pour aboutir à ce couple-là.

Mais, en deçà ou au-delà de ce dédoublement, il y a un mythe – H. D. Cameron l'a très bien compris[75] – qui court tout au long de cette scène et de la pièce tout entière : ce mythe est celui des Spartes, des guerriers semés et récoltés

---

73. *Loc. cit., supra*, n. 16, p. 35.

74. Cf. aussi βασιλέες ὁμόσποροι, « les rois de même souche » (804), expression répétée au vers 820.

75. *Op. cit., supra*, n. 40, p. 89 : « The story of Thebes has come full circle, as the two brothers recapitulate the tale of the Sown men. »

par Cadmos avec les dents du dragon [76]. Ces guerriers sont des autochtones, et l'autochtonie est une procédure mythique qui élimine le rôle des femmes dans les origines humaines et permet aux hommes de se constituer en fraternités guerrières. Il n'y a pas d'autochtonie pour les femmes [77]. Mais, dans le cas particulier de la légende thébaine évoquée par Eschyle, les guerriers autochtones s'entre-tuent : seuls cinq d'entre eux survivent, à qui Cadmos confère le titre de citoyens [78].

Regardons une dernière fois notre tableau, en le complétant quelque peu, par exception, avec les données, recueillies ailleurs, de la tradition. Les Spartes apparaissent explicitement face à Tydée avec Mélanippe (413), face à Étéoclos avec Mégareus (474). F. Vian a noté que Polyphonte, l'adversaire de Capanée, est probablement lui aussi un Sparte, puisqu'il est fils d'Autophonos, un nom effectivement typique pour un Sparte [79]. Il est le « tueur de beaucoup », fils du « tueur de soi-même ». Je ne vois pas de raisons très sérieuses de tenir pour des Spartes les autres guerriers thébains [80].

Il semble qu'on puisse dire ceci : « à gauche » de notre schéma, que l'on voit à l'intérieur ou à l'extérieur des murailles, nous sommes dans un monde exclusivement masculin, je veux dire un monde où les mères n'existent pas. La seule mère est la terre, celle qu'invoque Étéocle au vers 16 quand il appelle les citoyens à voler au secours de la cité : Γῇ τε μητρί, φιλτάτῃ τροφῷ (17), « La terre mère, la plus proche des nourrices » [81], celle qui a nourri le Sparte Mégareus (474). La maternité proprement dite, au sens biologique, non métaphorique du terme, apparaît d'abord à propos de Parthénopée, défini comme fils « d'une mère montagnarde » (532), puis à propos

76. Cf. en général F. VIAN, *Les Origines de Thèbes. Cadmos et les Spartes*, Paris, 1963.

77. Cf. l'étude, *citée supra*, n. 24, de Nicole LORAUX.

78. Phérécyde, *FGrHist*, 3, F 22 ab; cf. F. VIAN, *op. cit.*, p. 23. *Autoktonôs*, s'étant eux-mêmes entre-tués, tel est l'adverbe qui caractérise Étéocle et Polynice (734).

79. F. VIAN, *op. cit.*, pp. 169 et 185; cf. *Iliade*, IV, 395 et suiv.

80. F. VIAN, *op. cit.*, p. 169, pense qu'Hyperbios et son frère Aktor sont peut-être des Spartes : « Le nom du premier est porté par un Géant et rappelle celui du Sparte Hyperénor. »

81. Cf. encore le vers 69.

du crime que s'apprête à commettre Polynice (584) – si j'ai bien interprété ce texte [82]. Or, dans le vers même qui suit (585), la terre change de sexe, elle est *patris* au lieu de *mêtêr*.

Sur le bouclier de Polynice, c'est une femme qui conduit le héros à la demeure de son père, par une sorte d'inversion du rite du mariage : Κατάξω δ' ἄνδρα τόνδε (647); et Étéocle franchit un nouveau cap en évoquant l'enfance de son frère, le moment où il était φυγών μητρόθεν σκότον (664), « fuyant l'obscurité du sein maternel [83] ». Avec la maternité, c'est la souillure qui reparaît. Étéocle et Polynice ne peuvent plus être des Spartes ou, si l'on veut, ils sont les derniers des Spartes.

Un mot encore avant de laisser Eschyle. Au Vᵉ siècle, il y a eu au moins un homme pour lire avec soin Eschyle, et ce fut Euripide [84]. Dans les *Phéniciennes*, Euripide raille la longue description d'Eschyle :

751 Ὄνομα δ' ἑκάστου διατριβὴν πολλὴν ἔχει

(« Donner le nom de chacun est perdre son temps. ») Son Étéocle, loin d'être surpris, souhaite rencontrer Polynice devant les murailles (754-760). Après quoi, bien entendu, quand la première partie du combat est terminée, le messager décrit les combattants. L'ordre est différent de celui d'Eschyle, Polynice n'est plus le septième. Les épisèmes sont également différents, à l'exception de celui, muet, d'Amphiaraos (1110-1112) [85]. Parthénopée, le premier nommé, n'a pas de Sphinx, mais le seul emblème familial : Atalante chassant le sanglier de Calydon (1108-1109). Hippomédon a sur

---

82. Cf. *supra*, p. 141.

83. N. Loraux rapproche à bon droit *Euménides*, 665, où Athéna est dite : οὐδ' ἐν σκότοισι νηδύος τεθραμμένη, « n'ayant pas été nourrie dans l'ombre d'une matrice ». C'est ce qui permet à Athéna de présider aux naissances autochtones. Dire de Polynice qu'il s'est échappé des ténèbres maternelles, c'est réduire à néant toute prétention de sa part – et par contrecoup de celle de son frère – à l'autochtonie.

84. Je ne fais ici qu'amorcer très brièvement un thème de recherche. Celle-ci exigerait, pour être menée à bien, une étude systématique des *Phéniciennes* et des *Suppliantes* d'Euripide, sans parler des vers 1309-1330 de *l'Œdipe à Colone* de Sophocle.

85. Amphiaraos est, dans l'ordre d'Euripide, le second.

son écu Argos Panoptos (1115). Tydée protège le sien d'une peau de lion et tient dans sa droite [86] « le Titan Prométhée portant une torche comme pour incendier la ville » (1122), référence évidente au bouclier de Capanée. Polynice jouit d'un disposif cinématographique : les cavales de Potniai, mangeuses de chair humaine, qu'un système à pivot permet d'animer (1123-1129). Capanée a un géant qui déracine une cité (1129-1133), autre exemple de référence à Eschyle. Adraste a des serpents emportant dans leurs mâchoires les fils de Cadmos (1138), ce qui est évidemment repris du bouclier de Parthénopée. Construire cet ensemble est un exercice que je n'ai pas fait. Y a-t-il là un autre *sens* que celui d'une déconstruction systématique? Tout porte à croire en tous les cas que la scène des *Sept* formait un ensemble suffisamment cohérent pour qu'Euripide s'acharnât à le détruire.

86. Le texte est très obscur et je ne me risque pas ici à l'interpréter.

7

Œdipe à Athènes *

I. Le poète et la cité

« Heureux Sophocle! Il est mort après une longue vie, homme de chance et de talent; il a fait des tragédies nombreuses et belles et il a connu une belle fin, sans jamais avoir subi aucun mal. » Ainsi le poète comique Phrynichos saluait-il, en 405 av. J.-C., dans sa comédie les *Muses* la mort récente (406) de Sophocle, âgé d'environ quatre-vingt-dix ans. L'allusion est claire au début des *Trachiniennes* (1-3) : « C'est une vérité admise depuis bien longtemps chez les hommes, qu'on ne peut savoir, pour aucun mortel avant qu'il ne soit mort, si la vie lui fut ou douce ou cruelle », et à la fin d'*Œdipe-Roi :* « Gardons-nous d'appeler jamais un homme heureux, avant qu'il ait franchi le terme de sa vie sans avoir subi un chagrin » (1529-1530). La vie de Sophocle fut donc tout le contraire d'une tragédie. Elle fut aussi une vie hautement publique et politique, en quoi Sophocle diffère aussi bien d'Eschyle, ce simple citoyen, combattant de Marathon mais n'ayant jamais occupé aucune charge, que d'Euripide, cet homme privé qui

* Préface à Sophocle, *Tragédies*, trad. Paul Mazon, Paris, 1973, Gallimard, coll. Folio, pp. 9-37.

mourut, peu avant son aîné Sophocle, à la cour du roi de Macédoine. La vie de Sophocle accompagne la grandeur athénienne et elle s'éteint deux ans avant l'effondrement de 404. Il naît en 496 ou 495 – une douzaine d'années après les réformes de Clisthène (508) qui donnent leur cadre à la future démocratie athénienne – fils d'un riche Athénien, Sophilos, propriétaire d'esclaves forgerons et charpentiers. Son dème est Colone à la limite de la ville et de la campagne, et il le dépeindra dans sa dernière œuvre. Auteur tragique, il renonce à jouer ses œuvres à cause de la faiblesse de sa voix. Époux d'une Athénienne et amant d'une Sicyonienne, il a connu certaines difficultés familiales, son fils légitime, Iophon, lui-même auteur tragique, lui reprochant de favoriser son petit-fils illégitime, le poète Sophocle le Jeune, mais il est douteux qu'il ait été accusé par ses enfants de sénilité comme le veut un biographe anonyme. Son succès aux concours tragiques fut sans précédent. Il aurait été couronné vingt-quatre fois et ne fut jamais troisième. Eschyle ne le fut que treize fois, et Euripide ne connut que cinq victoires dont une posthume. Il est hellénotame en 443, c'est-à-dire administrateur du trésor athénien versé par les « alliés » d'Athènes, stratège en 440 aux côtés de son ami Périclès, auprès duquel il participe à l'expédition de Samos, puis de nouveau quelques années plus tard auprès du « modéré » Nicias. Après le désastre de Sicile (413), il est un des dix « commissaires du conseil » *(probouloi),* à la suite d'une sorte de coup d'État qui devait aboutir à l'éphémère régime oligarchique de 411. Cette longue carrière politique favorisée probablement par ses succès d'auteur tragique, l'occupation de ces fonctions électives et non tirées au sort, ne firent pas de Sophocle un technicien de la chose politique. En ce domaine, déclare son contemporain Ion de Chios, « il n'était ni habile ni doué d'initiative, il était un honnête homme d'Athènes [1] ». Honnête homme, traduisons riche et ajoutons conformiste. Homme pieux, membre d'un groupe rendant un culte au héros-médecin, Amynos (le Secourable), il donne asile en 421 à la statue d'Asclépios que les Athéniens avaient fait venir d'Épidaure. Mort, il connut l'hon-

1. *Apud* ATHÉNÉE, XIII, 604 d.

neur suprême de l'héroïsation. Il fut *Dexios*, l'Accueillant. On raconte que les rangs des assiégeants d'Athènes s'ouvrirent pour laisser passer son convoi mortuaire.

L'*Orestie* d'Eschyle (458) peut être considérée comme un témoignage sur les réformes démocratiques d'Éphialte dont Périclès fut l'adjoint puis le successeur. Il est à peine besoin de rappeler que les *Perses* (472) sont notre « source » la plus directe sur la victoire navale de Salamine (480). A travers l'œuvre d'Euripide (dont dix-sept pièces sont parvenues jusqu'à nous), c'est toute l'histoire d'Athènes au Vᵉ siècle qu'il est possible et légitime de reconstituer [2]. Il est paradoxal mais vrai de dire que l'œuvre du seul des trois grands tragiques qui ait été mêlé, au plus haut niveau, à la vie politique athénienne ne se laisse pas interpréter au fil de l'événement. Les allusions à l'« actualité » sont rares et d'interprétation difficile et discutée. Elles n'éclairent ni les œuvres ni l'actualité elle-même. Que Sophocle ait été patriote et ait aimé son bourg de Colone ne nous apprend que peu de chose. Dans l'*Ajax*, Tecmesse plaint le sort des bâtards. Faut-il y voir une allusion à la loi de 451 définissant comme citoyens ceux-là seuls qui étaient de père et mère athéniens [3]? Sophocle avait vécu les conséquences de cette loi dans sa propre famille, mais Périclès aussi, qui était l'auteur de la loi. L'*Ajax* ne se trouve ni éclairé, ni daté par ce rapprochement. L'épidémie, la « peste » qui est décrite au début de l'*Œdipe-Roi* peut renvoyer à la peste d'Athènes de 430, mais elle peut aussi s'inspirer du chant I de l'*Iliade*. De toute l'aventure athénienne du Vᵉ siècle, les guerres médiques, la domination impériale, la guerre du Péloponnèse, rien ou presque rien ne se reflète directement dans l'œuvre. Le lien entre tragédie sophocléenne et politique athénienne existe pourtant, mais il se situe à un tout autre niveau. Il est non moins inutile de chercher à séparer la pensée de l'homme Sophocle de son œuvre. Il n'existe pas de « journal » de l'*Œdipe-Roi*. On peut certes rapprocher tel ou tel moment d'une tragédie de fragments d'Héraclite ou de Protagoras, mais Sophocle n'a pas, comme Euripide semble avoir

---

2. Voir R. GOOSSENS, *Euripide et Athènes*, Bruxelles, 1960.
3. C'est la thèse soutenue par F. ROBERT, « Sophocle, Périclès, Hérodote et la date d'*Ajax* », *R Ph*, XXXVIII, 1964, pp. 213-227.

parfois, de porte-parole, il n'a pas d'autre politique et pas d'autre philosophie que celle de la tragédie elle-même, et c'est déjà beaucoup.

De cette œuvre qui fut immense – cent vingt-trois pièces selon un lexicographe byzantin – il nous reste sept tragédies, résultat d'un choix dû à quelque universitaire du Haut Empire romain. Les papyrus trouvés en Égypte montrent que ces sept pièces étaient effectivement les plus lues. La même source nous a ainsi restitué de longs fragments d'un « drame satyrique »[4], les *Limiers.* D'autres fragments sont connus soit par des citations d'auteurs anciens, soit par des papyrus. Il n'est pas totalement invraisemblable qu'une pièce entière soit un jour découverte en Égypte. Mais Sophocle était moins populaire à l'époque hellénistico-romaine que Ménandre ou même qu'Euripide. De ces pièces, deux seulement sont datées avec précision : l'*Œdipe à Colone,* qui est son œuvre ultime et fut représentée après sa mort (406) en 401 par les soins de son petit-fils Sophocle le Jeune, et le *Philoctète* qui est de 409. De l'*Antigone* nous savons qu'elle fut représentée avant l'élection de Sophocle comme stratège (441). On date généralement – au moyen de critères discutables – les *Trachiniennes* et *Ajax* des années 450-440, *Œdipe-Roi* et *Électre* des environs de 430-420. Autant dire que nous ne savons rien des débuts de Sophocle dont la première victoire se situe en 468. Qu'il ait eu, selon son propre témoignage rapporté par Plutarque[5], trois « manières » différentes, comme Beethoven, ne peut être vérifié.

II. Le mythe, le héros, la cité

La tragédie prend naissance, suivant le mot frappant de Walter Nestle, quand on commence à regarder le mythe avec l'œil du citoyen. Le poète tragique puise en effet dans l'im-

---

4. Les tragédies étaient représentées par groupe de trois (trilogies) auxquelles venaient s'ajouter un drame satyrique, dont le chœur était formé par des acteurs déguisés en satyres. Aucune trilogie de Sophocle n'a été conservée. Une trilogie et un drame satyrique forment une tétralogie.
5. Plutarque, *Moralia (Du progrès dans la vertu),* 79 b.

mense répertoire des légendes héroïques qu'Homère et les auteurs des autres cycles épiques avaient mises en forme et que les peintres imagiers d'Athènes ont représentées sur les vases. Les héros tragiques sont tous empruntés à ce répertoire, et l'on peut dire que lorsque Agathon, jeune contemporain d'Euripide, qui incarne la Tragédie dans le *Banquet* de Platon, écrivit pour la première fois une tragédie dont les personnages étaient de son cru, la tragédie classique est morte, ce qui ne l'empêche pas de subsister en tant que forme littéraire. Il n'y a pas d'autre origine de la tragédie que la tragédie elle-même. Que le protagoniste sorte du chœur qui chante un « dithyrambe » en l'honneur de Dionysos, qu'un deuxième (avec Eschyle) puis un troisième acteur (avec Sophocle) viennent s'ajouter à lui dans l'affrontement du héros et du chœur, ne peut s'expliquer en termes d'« origines ». Et on n'expliquera rien de plus en disant que le mot « tragédie » signifie peut-être : chant déclamé à l'occasion du sacrifice du bouc *(tragos)*. Ce ne sont pas des boucs qui meurent dans la tragédie mais des hommes et, si sacrifice il y a, c'est un sacrifice détourné de son sens.

Une anecdote rapportée par Hérodote est pourtant éclairante (V, 67). Au VIe siècle le tyran Clisthène de Sicyone, grand-père du révolutionnaire athénien, aurait aboli le culte du héros argien Adraste et transféré les chœurs tragiques célébrés en son honneur au culte populaire de Dionysos. Adraste était un héros de la légende des *Sept contre Thèbes* dont Eschyle fit une tragédie. Le héros, en tant que catégorie religieuse, est une création de la cité qui ne semble pas remonter beaucoup plus haut que le VIIIe siècle. Qu'une tombe royale s'entoure de tombes plus modestes et devienne un lieu de culte, comme l'archéologie nous le fait constater à la fin du VIIIe siècle et au début du VIIe siècle à Érétrie en Eubée, et le héros est né. Les héros sont recrutés, si l'on peut dire, un peu partout, de bric et de broc, dieux déchus ou rois promus. L'important est de signaler que leur culte est lié à leur tombe, et que celle-ci s'inscrit sur le sol en des lieux que la cité tient pour symboliques : l'agora, les portes de la ville, les frontières par exemple. Le héros « chthonien » (lié à la terre) s'oppose ainsi au dieu « ouranien » (céleste); mais une deuxième distance se crée, dont rend compte l'historiette narrée par Hérodote, avec la cité en voie de démocratisation du VIe siècle et la cité démocratique du Ve siècle. Le héros et la légende se rattachent à cet univers de ces familles nobles qui, à tous les points de vue, pratiques sociales, formes de religiosité, comportement politique, représente cela même que la cité nouvelle a rejeté au cours de cette mutation historique profonde qui commence à Athènes avec Dracon et Solon (fin du VIIe et début du VIe siècle) pour se poursuivre avec Clisthène, Éphialte et Périclès. Entre le mythe héroïque et la cité, la distance s'est creusée, pas assez cependant pour que le héros ne demeure présent et même menaçant. L'abolition de la tyrannie à Athènes ne date que de 510 et Œdipe n'est pas le seul personnage tragique à être un *tyrannos.* Le droit (la *dikè*) conteste la tradition nobiliaire et tyrannique, mais il s'agit d'un droit qui n'est pas encore fixé. La tragédie oppose constamment une *dikè* à une autre, et l'on voit le droit se déplacer et se transformer en son contraire, ainsi dans les dialogues entre Antigone et Créon, entre Créon et Hémon, ainsi dans l'*Œdipe-Roi* où le héros est à la fois l'enquêteur agissant par délégation de la cité et l'objet même de l'enquête.

Le mythe héroïque en lui-même n'est pas tragique, c'est le poète tragique qui le rend tel. Les mythes comportent certes, en aussi grand nombre qu'on le voudra, ces *transgressions* dont se nourrirent les tragédies : l'inceste, le parricide, la matricide, l'acte de dévorer ses enfants, mais ils ne comportent en eux-mêmes aucune instance qui *juge* de tels actes comme celles qu'a créées la cité, comme celles qu'exprime à sa façon le chœur. Partout où l'on a la chance de connaître la tradition où s'est exprimé le mythe, on constate que c'est le poète tragique qui boucle le cercle qu'est la tragédie. Il en est ainsi chez Sophocle. L'Œdipe d'Homère meurt sur le trône de Thèbes [6], ce sont Eschyle et Sophocle qui en ont fait un aveugle volontaire et un exilé. Dans les *Trachiniennes,* le poison qui fait mourir Héraclès n'est pas le sperme du centaure Nessos mais le sang de l'hydre de Lerne. En introduisant cette modification, Sophocle ne cherche pas à « atténuer la brutalité de la version primitive » (Paul Mazon), il lie l'action par laquelle

---

6. *Od.*, XI, 275-276.

Déjanire tue « involontairement », mais poussée par l'amour, son époux Héraclès, au plus utile, au plus incontestable des exploits de celui-ci : la liquidation d'un monstre. C'est encore Sophocle qui crée l'opposition Antigone-Créon et l'opposition Antigone-Ismène. Auparavant, Antigone et Ismène étaient châtiées non par le tyran Créon mais par Laodamas, fils et héritier légitime d'Étéocle. La légende de Philoctète, celle d'un guerrier exilé à la suite d'une blessure, puis rappelé à Troie et guéri parce que son arc est indispensable à la prise de la ville, n'imposait nullement l'affrontement tragique, autour du thème de la ruse et du combat loyal, entre le vieillard exclu de la cité et le jeune homme qui n'y est pas encore entré. L'Ajax de la légende se tuait, semble-t-il, après sa crise de fureur, c'est Sophocle qui lui fait retrouver sa lucidité avant la mort. Le jugement qui a attribué à Ulysse les armes d'Achille n'est plus prononcé par les Troyennes mais par le vote des pairs du héros [7]. De même qu'Antigone s'oppose à Ismène, Électre s'oppose à Chrysothémis, personnage inconnu d'Eschyle lui-même et peut ainsi devenir l'intransigeante gardienne du foyer d'Agamemnon. Et pour revenir encore une fois à l'*Œdipe-Roi*, qu'est-ce que la légende d'Œdipe avant les Tragiques? Celle d'un enfant trouvé et conquérant pour qui tuer son père et coucher avec sa mère n'a peut-être pas d'autre signification que celle d'un mythe d'avènement royal dont il est bien d'autres exemples.

Le héros se sépare donc de la cité qui le juge, et, en dernière instance, les juges seront ceux-là mêmes qui attribuent le prix au vainqueur du concours tragique, le peuple assemblé au théâtre. Là même où, par un retournement génial, Sophocle a dépeint non la séparation mais le retour, dans le *Philoctète* et dans l'*Œdipe à Colone*, tragédie de l'héroïsation à Athènes du vieillard exilé de Thèbes, il faut que la séparation ait eu lieu. « C'est donc quand je ne suis plus rien que je deviens vraiment un homme » (393).

---

7. Ce vote est représenté sur des vases à figure rouge du Ve siècle, dès avant Sophocle. Il est absent des vases de l'époque archaïque.

Hérodote est un contemporain de Sophocle dont il fut même l'ami. Il est un des créateurs du discours historique au même titre qu'Eschyle et Sophocle ont été les créateurs du discours tragique. On rencontre dans l'œuvre d'Hérodote non certes des tragédies proprement dites, car la tragédie ne peut être séparée de la *représentation* tragique, de ce double dédoublement qu'est, d'une part, l'opposition entre le héros et le chœur, et, de l'autre, du rapport qui s'établit entre le chœur et les acteurs et la cité présente sur les gradins, mais des schémas tragiques. Ainsi l'histoire de Crésus, celle des Achéménides, Cyrus, Cambyse, Xerxès se déroulent selon un ordre familier aux lecteurs de tragédie : oracles ambigus et compris de travers, choix invariablement mauvais engendrant en série les catastrophes personnelles et politiques. Faute d'avoir correctement interprété des oracles qui ne sont clairs que pour nous, Crésus perd à la fois son fils et son empire. Mais qui sont ces héros quasi tragiques, atteints de démesure *(hybris)* et précipités par la vengeance divine *(atê)*? Dans la quasi-totalité des cas, ces héros sont des despotes orientaux ou des tyrans grecs (ainsi Polycrate de Samos et quelques autres), c'est-à-dire des hommes qui ont confisqué la cité à leur profit. La cité, avec ses organes de délibération et d'exécution, fonctionne chez Hérodote comme une machine anti-tragique; et cela qu'elle soit « archaïque » comme Sparte ou nouvellement démocratique comme Athènes. Léonidas, roi de Sparte, est tué aux Thermopyles en 480 avec ses trois cents guerriers. Les Spartiates ont consulté l'oracle de Delphes [8] avant d'entrer en guerre. L'oracle n'offre aucunement ce caractère d'ambiguïté qui caractérise l'oracle tragique et tant d'oracles épars dans l'œuvre d'Hérodote. Il se présente en termes de choix politique fort simple : ou bien Sparte subsistera mais un de ses rois mourra, ou bien Sparte sera vaincue, mais son roi survivra. Le choix de Léonidas est un choix politique, sa mort n'est pas une mort tragique.

---

8. HÉRODOTE, VII, 220.

Miltiade d'Athènes apparaît chez Hérodote sous deux aspects différents et même opposés. Il est à Marathon (490) un des dix stratèges élus d'Athènes, parfaitement intégré par conséquent à la cité démocratique. Mais il est aussi l'ancien tyran de Chersonèse, où il fut le vassal du roi des Perses, et, à Athènes même, après Marathon, son rôle est moins celui d'un citoyen que d'un candidat à la tyrannie; il entraîne les Athéniens, sous des prétextes mensongers, à une expédition contre Paros. A la veille de Marathon, la situation est celle, politique entre toutes, d'un partage des voix. Sur dix stratèges, cinq sont partisans d'attaquer, cinq d'attendre. L'arbitre est le chef nominal de l'armée, le « polémarque » Callimaque. Miltiade va le trouver et lui dit : « Nous pouvons, *si les dieux restent impartiaux*, triompher dans cette rencontre. Il dépend de toi qu'Athènes soit libre... » (VI, 109). Si les dieux sont impartiaux... les dieux de la tragédie ne sont jamais impartiaux même si ce sont les hommes qui accomplissent tous les gestes décisifs. La décision prise à Marathon est une décision politique prise librement par une majorité. Mais le même Miltiade, quelques semaines après, demande aux Athéniens de lui fournir soixante-dix vaisseaux, des hommes et de l'argent « sans rien dire du pays qu'il comptait attaquer ». L'expédition échoue : Miltiade, guidé par une prêtresse de Paros, pénètre dans le sanctuaire réservé aux femmes, de Déméter Thesmophore, ce qui est un acte de démesure. Pris de panique, il recule et subit une blessure dont il mourra. La Pythie consultée par les Pariens fit savoir que la prêtresse avait été l'instrument de la vengeance divine : « Miltiade devait mal finir, et Timô [la prêtresse] lui était apparue pour l'engager dans son malheur » (VI, 132-136). L'oracle intervient après, et non avant l'action, mais Miltiade n'en a pas moins été dupé par un signe divin trompeur : il s'est conduit en tyran, il meurt à la façon d'une victime tragique.

III. Le héros et le chœur

Au centre de l'*orchestra* circulaire, la *thymelê* est l'autel rond de Dionysos. C'est vers cet autel que se dirigent, sur un rythme de marche, les choreutes, lors de l'entrée ou *parodos* du chœur, moment solennel de la tragédie. C'est par rapport à la *thymelê* qu'évoluent les choreutes tournant tantôt dans un sens, tantôt dans l'autre, et tantôt se tenant immobiles. Tangente à l'orchestra est la *skênê* (d'où notre scène), baraque où se préparent les acteurs. C'est Sophocle qui le premier la fit peindre, ce qui ne signifie aucunement l'introduction d'un décor mais probablement d'un simple effet de perspective. Au centre : une porte qui peut symboliser à volonté la porte d'un palais, d'un temple, ou l'entrée d'une caverne, comme dans le *Philoctète*. Aux deux extrémités : deux issues permettent entrées et sorties côté ville et côté campagne. On a discuté et on discutera longtemps encore du lieu exact où se tiennent les acteurs. L'archéologie ne permet guère de répondre car les théâtres du Vᵉ siècle étaient en bois et nos théâtres, remaniés aux époques hellénistiques et romaines, datent au mieux, comme celui d'Épidaure, du IVᵉ siècle. Il n'est cependant guère douteux, d'après le témoignage des textes eux-mêmes et celui des vases, qu'une étroite plate-forme séparait les acteurs du chœur, devant la *skênê*. Des marches permettaient du reste la rencontre et le dialogue. Ainsi, au début de l'*Œdipe à Colone*, le chœur invite Œdipe à se tenir sur le « degré » que forme le roc. Le mot grec est *bêma* qui désigne à la fois la *marche* de l'escalier, mais aussi la *tribune* depuis laquelle l'orateur s'adresse aux citoyens assemblés. Au-dessus de la *skênê*, une machine simple permet les apparitions divines, comme celle d'Héraclès à la fin du *Philoctète*; à travers la porte centrale peut se glisser une plate-forme mobile qui permet, par exemple, l'exposition du corps de Clytemnestre à la fin de l'*Électre*.

La dualité fondamentale est celle qui oppose et confronte les trois acteurs qui jouent tous les rôles héroïques – tous sont des hommes, et c'est le même acteur qui joue, dans les *Trachiniennes*, les rôles successifs de Déjanire et d'Héraclès – et les quinze choreutes. Le chœur est collectif et les héros, qu'ils soient Créon ou Antigone, sont individuels. Et le chœur et les héros sont costumés et masqués, mais les choreutes portent, comme les hoplites de la cité, un uniforme : le chef du chœur lui-même (le coryphée), intermédiaire obligatoire entre les héros et les choreutes, ne se distingue pas par son costume. Au contraire, les masques et costumes des acteurs sont individualisés. Le chœur exprime donc à sa façon, face au héros atteint de démesure, la vérité collective, la vérité moyenne, la vérité de la cité. Le héros meurt ou subit, comme Philoctète ou Créon, une mutation décisive, le chœur subsiste. Il n'a pas le premier mot, il a toujours, par la bouche du coryphée, le dernier, ainsi dans *Œdipe à Colone :* « L'histoire ici se clôt définitivement. »

Mais tout ce qui vient d'être dit peut maintenant être retourné, et notons d'abord ce détail technique mais significatif : dans l'entreprise publique qu'est le concours tragique au même titre que la construction des vaisseaux de guerre, la cité, qui est responsable du gros œuvre des trières, fournit les acteurs, et de même que le triérarque finance à titre de liturgie les agrès du navire et la solde de l'équipage, c'est un riche Athénien, peut-être même un métèque, qui, sous le contrôle de l'archonte, recrutera et dirigera ou fera diriger le chœur, l'ensemble était jugé par les citoyens. C'est le chœur; expression de la cité qui honore par ses évolutions l'autel de Dionysos, c'est-à-dire du dieu qui, entre tous les dieux de l'Olympe, est celui qui est le plus étranger à la cité. Entre le langage tenu par les héros et celui tenu par le chœur, il y a bien des échanges, ne serait-ce que lorsque l'un et l'autre dialoguent, ou modulent leurs chants, mais il reste que, d'une façon générale, le chœur, quand il s'exprime collectivement, utilise une langue et une métrique extraordinairement complexes, tandis que les héros parlent une langue simple, parfois presque prosaïque (qu'on lise ainsi, dans l'*Antigone,* le dialogue entre Créon et le garde). Mieux, si le chœur est l'organe de l'expression collective et civique, il est tout à fait exceptionnel qu'il soit composé de ceux qui étaient les citoyens moyens, c'est-à-dire les adultes mâles en âge de combattre. Sur les trente-deux tragédies qui nous sont parvenues sous le nom d'Eschyle, de Sophocle et d'Euripide (l'une, le *Rhésos* d'Euripide, est probablement une œuvre du IVᵉ siècle), trois seulement (l'*Ajax,* le *Philoctète* et le *Rhésos*) ont un chœur composé de guerriers (ou de marins) adultes. Dans neuf (dont l'*Électre* et les *Trachiniennes*), le chœur est composé de femmes et parfois de femmes esclaves; dans vingt autres cas (dont l'*Antigone,* l'*Œdipe-Roi* et l'*Œdipe à Colone*), il est composé de vieillards. L'exception de l'*Ajax* et du *Philoctète* en est à peine une, car guerriers de la première pièce et marins de la seconde, sont sous la dépendance étroite de leurs maîtres héroïques Ajax et Néoptolème. Les femmes, esclaves ou libres, ne sont pas, dans les cités grecques, des citoyennes; elles se situent en deçà de la cité. Des vieillards, on est tenté de dire au contraire qu'ils sont des super-citoyens, puisqu'ils sont privilégiés à l'assemblée (où ils ont les premiers le droit à la parole) ou au conseil (dont on ne peut faire partie sans avoir franchi une limite d'âge qui est, à Athènes, de trente ans). Mais infra- ou super-citoyens, qu'il s'agisse des femmes de Trachis ou des démotes de Colone, la marginalité n'en est pas moins réelle. A Athènes, le conseil propose et l'assemblée décide, dans les tragédies le chœur ne décide jamais, ou ses décisions sont frappées de dérision; en règle générale, c'est le héros – ou la force qui le meut – qui prend les résolutions irrévocables qui sont au fond de toute tragédie.

IV. L'*OIKOS* ET LA CITÉ

La cité est faite de foyers qui doivent subsister et se perpétuer pour entretenir le culte familial dont le siège est précisément l'âtre *(hestia)* domestique; sur l'*agora*, le prytanée où la cité traite les hôtes qu'elle veut honorer est le foyer commun de la *polis* grecque, un des lieux qui la symbolisent le mieux. La cité est faite de ces foyers. Pour être stratège à Athènes il faut être propriétaire d'un bien en Attique et père d'enfants légitimes et avoir ainsi un héritage à défendre. Mais la cité n'est pas faite que de ces foyers, elle les englobe et elle les nie, parfois brutalement comme à Sparte où l'antagonisme cité-famille apparaît à l'état pur, parfois plus subtilement comme à Athènes. Au Ve siècle, les grandes familles, les *genê*, continuent certes à jouer un rôle essentiel, c'est dans leur sein que se recrutent nombre de dirigeants. Périclès est un « Bouzyge » et il est rattaché par sa mère au *genos* des « Alcméonides » qui a joué à la fin du VIe siècle un rôle déterminant dans l'élimination des tyrans. Mais la cité démocratique s'est faite aussi contre ces grandes familles et l'art funéraire du Ve siècle exprime à merveille la répression à laquelle est soumise l'expression des sentiments familiaux, fût-ce au moment de la mort. Le mot *oikos* que nous traduisons parfois par famille est lui-même difficilement traduisible. Il désigne parfois la famille au sens étroit du terme, tantôt la maison et tous ceux qui gravitent autour du foyer, parents, enfants et esclaves.

La tragédie exprime cette tension entre l'*oikos* et la cité. Dans l'île déserte où se situe le *Philoctète,* le choix qui est offert aux deux héros, choix authentiquement tragique, est entre l'armée qui combat devant Troie, c'est-à-dire la cité, et le retour au foyer, c'est-à-dire la désertion. C'est ce dernier parti qu'ils prendraient s'ils n'en étaient empêchés par Héraclès. Déjanire veut intégrer à son foyer Iole, la captive silencieuse, en tant qu'esclave, elle ne peut, face au héros panhellénique Héraclès, diviser son *oikos* en admettant la présence d'une seconde épouse. Dans l'*Électre,* la tragédie oppose jusqu'au meurtre la femme qui est passée du côté des hommes, Clytemnestre, et sa fille qui entend perpétuer le foyer paternel mais dont le destin « normal » serait pourtant de le quitter. Toutes deux par un jeu de mots caractéristique sont *« alektroi »,* c'est-à-dire hors du lit conjugal.

L'*Antigone* est l'exemple le plus célèbre de cette tension, c'est aussi celui qui a été le plus souvent mal compris, malgré les quelques lignes lumineuses que lui avait consacrées Hegel dans l'*Esthétique.* Conflit entre la « jeune fille sauvage » incarnée par Antigone et la froide raison d'État représentée par Créon? Ce n'est pas Sophocle, c'est Jean Anouilh qui a représenté ce drame. C'est dans son *Antigone* que Créon (ou Pierre Laval?) réunit le conseil des ministres après la mort de tous les siens. Le Créon de Sophocle est, lui, brisé par la catastrophe, comme Antigone elle-même; il est « un cadavre qui marche ». La *philia,* l'amour d'Antigone, qui s'exprime dès les premiers vers : « Tu es mon sang, ma sœur, Ismène... » est un sentiment qui s'adresse à son *oikos,* à sa famille qu'elle se refuse à diviser entre le frère loyal à la cité et celui qui est mort (tué par son frère et le tuant) en lui donnant l'assaut, mais l'*oikos* dont elle est le défenseur démesuré est celui incestueux et monstrueux d'Œdipe et des Labdacides.

« Ils remontent loin, chante le chœur, les maux que je vois, sous le toit *(oikos)* des Labdacides, toujours après les morts, s'abattre sur les vivants, sans qu'aucune génération jamais libère la suivante» (594-596). Le mariage civique se situe entre deux extrêmes, l'extrême proche qui est l'inceste, lorsque « l'oiseau mange chair d'oiseau » pour reprendre une image d'Eschyle, et l'extrême lointain qui est le mariage à l'étranger. Œdipe a commis l'inceste et Polynice a épousé une princesse argienne : « Ah! fatal hymen d'une mère! Incestueuse étreinte qui aux bras de mon père ont uni ma mère infortunée. De quels coupables suis-je issue, misérable! Et ce sont ceux qu'aujourd'hui, maudits, sans hymen, je m'en vais rejoindre à mon tour. Ah! le malheureux hymen que tu as donc rencontré, frère, puisque, même mort, tu as pu perdre encore la sœur qui t'avait survécu » (862-871). Et le chœur peut répliquer à Antigone : « Ta passion n'avait pris conseil que d'elle-même, et ainsi elle t'a perdue » (875). Mais Créon n'est pas, de son côté, le magistrat légitime d'une cité. Sans doute est-il défini, dès le vers 8, comme le « stratège » (le « chef » dans la traduction de Paul Mazon) de Thèbes, et Ismène entend obéir « aux pouvoirs établis » (très exactement « à ceux qui sont en charge », expression technique qui désigne les magistrats – le pluriel est caractéristique – en fonction dans la cité). Créon lui-même fait tout pour affirmer sa légitimité. Mais cette légitimité est précisément contestée radicalement par ceux-là mêmes qui sont, selon les règles de la cité, les moins bien placés pour le faire, la jeune fille Antigone qui proclame : « Les Thébains pensent comme moi, mais ils tiennent leur langue », et le propre fils de Créon, Hémon, fils affrontant son père, jeune homme s'opposant à un adulte, mais citoyen s'opposant au tyran. Créon peut invoquer « ce citoyen docile qui... saura commander quelque jour, tout comme il se laisse aujourd'hui commander » (668-669), ce qui est la définition même de la démocratie antique. Or Hémon répond, dans le grand discours qui réplique à celui de Créon : « Ton visage intimide le simple citoyen » (690). Et quand s'engage entre le père et le fils le dialogue, vers à vers, le spectateur athénien entendait ceci – Créon : Thèbes aurait donc à me dicter mes ordres? – Hémon : Tu le vois, tu réponds tout à fait en enfant. – Ce serait alors pour un autre que je devrais gouverner ce pays? – Il n'est point de cité qui soit le bien d'un seul. – Une cité n'est plus alors la chose de son chef? – Ah! tu serais bien fait pour commander tout seul dans une cité vide! – Il me semble que ce garçon se fait le champion de la femme. – Si tu es femme, oui, car c'est toi seul qui m'intéresses (734-741).

Le chef légitime, l'homme, l'adulte est un tyran, une femme, un enfant. Au-dessus de la cité *(hupsipolis)*, il est hors de la cité *(apolis)*. Entre ceux qui s'affrontent, le chœur n'a pu, dans l'immédiat, trancher : « On a fort bien parlé ici dans les deux sens » (725), la logique tragique, cette logique de l'ambigu, tranche en conduisant jusqu'à leur terme ces deux droits qui sont aussi deux démesures.

V. Temps des dieux et temps des hommes

Les réflexions sur l'instabilité des droits humains sont aussi nombreuses et aussi banales chez les tragiques qu'elles le sont chez leur contemporain Hérodote ou chez leurs prédécesseurs, les lyriques. Ainsi Ulysse dans l'*Ajax :* « Je vois bien que nous ne sommes, nous tous qui vivons ici, rien de plus que des fantômes ou que des ombres légères » (125-126), et Athéna de répondre : « Un jour suffit pour faire monter ou descendre toutes les infortunes humaines » (131-132). Mais quand Œdipe s'est vu révéler son malheur, le chœur chante : « Le temps qui voit tout, malgré toi t'a découvert ! » (1213). Ainsi s'opposent le temps instable des gestes humains et le temps souverain des dieux, celui qui met chacun à la place qu'il doit occuper dans le plan divin. Temps des dieux et temps des hommes se rejoignent quand la vérité se fait jour. Œdipe peut dire après s'être aveuglé : « Apollon, mes amis ! oui, c'est Apollon qui m'inflige à cette heure ces atroces, ces atroces disgrâces qui sont mon lot, mon lot désormais. Mais aucune autre main n'a frappé que la mienne, malheureux » (1329-1333). L'opposition de ces deux catégories temporelles est, en soi, beaucoup plus ancienne que les Tragiques, mais la scène tragique est précisément le lieu où les deux temps, d'abord disjoints, se rejoignent.

Entre les dieux et les hommes un des modes normaux de communication, dans la société grecque, est la divination oraculaire. La souveraineté de l'oracle est, dans les tragédies, cela même que le chœur ne contestera jamais. Jocaste propose pourtant, parce qu'elle a désormais compris la vérité, le seul moyen possible de contester la vérité oraculaire : « Vivre au hasard, comme on le peut, c'est de beaucoup le mieux encore... » (979). Vivre au hasard, c'est cela même que ne fait pas le héros tragique. Mais entre les oracles réels, ceux qui nous sont connus par les inscriptions de Delphes ou de Dodone, et l'oracle tragique, les différences sont éclatantes. Les questions posées par les consultants, individuels ou collectifs, sont ambivalentes : Me marierai-je ou ne me marierai-je pas? Devons-nous faire la guerre ou ne le devons-nous pas? La réponse, elle, est affirmative ou négative. La situation se renverse dans le cas de l'oracle tragique. C'est la question qui est simple. Elle peut se résumer dans l'interrogation que posent dans la tragédie la plupart des héros : Que ferai-je? Œdipe a été averti par Delphes qu'il tuerait son père et épouserait sa mère, mais l'oracle ne lui a pas dit que le roi et la reine de Corinthe n'étaient pas ses parents. Créon revint de Delphes ayant appris qu'un homme souillait le sol de Thèbes, mais l'oracle n'a pas dit qui incarnait cette souillure. La technique tragique permet toutes les solutions imaginables autour de cette ambiguïté fondamentale. Ainsi dans le *Philoctète,* la prophétie du devin troyen Hélénos n'est révélée que de façon fractionnée. Est-ce Néoptolème qui prendra Troie? Néoptolème et l'arc de Philoctète? Néoptolème, Philoctète et son arc? Nous ne l'apprendrons que progressivement et, sans ce progrès dans la révélation, on ne comprendrait pas le rapt de l'arc du héros exilé, ordonné par Ulysse, accompli par Néoptolème. A la limite, gestes humains et plan divin suivent un ordre inverse. De même que l'*Orestie* d'Eschyle, l'*Électre* de Sophocle commence à l'aube et se termine par la nuit. L'aube met en scène Oreste et le désespoir d'Électre, la nuit tombe sur le meurtre, dans l'obscurité du palais d'Égisthe. Entre-temps une fausse temporalité, une fausse tragédie dans la vraie, a été introduite par le récit de la prétendue mort d'Oreste à la course de chars de Delphes.

Mais c'est évidemment dans l'*Œdipe-Roi* que se montre avec le plus extraordinaire éclat cette inclusion du temps humain dans le temps divin. Quand débute la pièce, tout est déjà accompli mais personne ne le sait encore. Œdipe a successivement interrogé l'oracle, quitté ses « parents » de Corinthe, tué un voyageur qui lui barrait la route, libéré Thèbes de la

Sphinge, épousé la reine de la cité, occupé le trône royal, sans voir dans cette succession autre chose qu'une succession. L'enquête judiciaire à laquelle il procède devant l'énigme que pose la peste, avec les moyens classiques de la procédure athénienne : consultation de l'oracle, du devin, des témoins, le révèle à lui-même : « Tout est désormais devenu clair. » L'énigme posée par la Sphinge avait une réponse qui était « l'homme ». L'énigme posée par Œdipe a une réponse et qui est lui-même. Comme le notait Aristote (*Poétique,* 52 a 29 et suiv.), ces deux éléments essentiels qui sont dans la tragédie grecque la *péripétie,* c'est-à-dire le renversement de la situation du personnage, et la *reconnaissance,* c'est-à-dire la découverte de l'identité, sont dans l'*Œdipe* réunis. Avant la découverte finale, une hypothèse ultime est cependant formulée. Œdipe n'est pas le fils de Polybe et Mérope de Corinthe. Ne serait-il pas le fils de la fortune *(tuchê)* et même un homme sauvage? « Je me tiens, moi, pour fils de la Fortune, Fortune la Généreuse, et n'en éprouve point de honte. C'est Fortune qui fut ma mère, et les années qui ont accompagné ma vie m'ont fait tour à tour et petit et grand » (1080-1083), et le chœur de définir le Cithéron, la frontière sauvage qui sépare Thèbes d'Athènes, comme le « compatriote d'Œdipe ». Mais, en dernier ressort, il n'y a pas dans la tragédie grecque de Fortune ni d'homme sauvage. Œdipe, le « tyran », c'est-à-dire le roi de hasard, est au début de la pièce vénéré presque comme un dieu par le peuple de Thèbes assemblé, jeunes et vieux confondus, en présence d'un autel dont on peut croire qu'il lui est consacré. C'est au moment où il se découvre citoyen et même roi légitime de Thèbes qu'il est chassé de sa cité. Tous les actes accomplis au hasard ont désormais un sens et ce sens l'aveugle.

VI. Discours double

Un sophiste du Vᵉ siècle avait rédigé des *dissoi logoi,* des « discours doubles », pour démontrer que la thèse et l'antithèse pouvaient être successivement plaidées. La logique de la contradiction faisait avec éclat son entrée dans la Grèce du Vᵉ siècle. Les Tragiques – et Sophocle en particulier – n'ignoraient ni le mot ni la chose, mais le *dissos logos* n'est pas chez eux le double discours, celui qui sépare le pour et le contre, mais le discours double, le discours ambigu. L'ambiguïté est présente partout, au niveau de ce que nous appellerions le jeu de mots, ainsi l'*Antigone* joue sur le nom d'Hémon (en grec *Haimon*), fils de Créon, que le poète rapproche du mot qui signifie le sang *(haima)*. Le célèbre discours ambigu d'Ajax (646-692) est compris par le chœur comme marquant la résignation du héros devant l'ordre des dieux et le commandement des Atrides. « J'ai enfin trouvé le salut », mais le spectateur comprend, lui, qu'Ajax a décidé de se tuer. Ce sont enfin les structures mêmes des pièces qui sont ambiguës et énigmatiques. On l'a déjà noté ici à propos de *l'Œdipe-Roi* ou de l'*Électre*. Il faut essayer de comprendre pourquoi.

La pratique politique, sociale, religieuse de la cité est une pratique de séparation visant à installer chacun dans son domaine, les hommes par rapport aux hommes, les hommes par rapport aux dieux. Ainsi le territoire de la cité oppose le monde des champs cultivés dont vivent les citoyens et celui, sauvage, de la frontière réservé à Dionysos et aux chasseurs. Le sacrifice qui met en communication les hommes et les dieux, mais qui les fixe dans leurs statuts différenciés (aux hommes la viande, aux dieux la fumée) est foncièrement lié au monde des champs cultivés sur lesquels règne Démèter. L'animal sacrificiel est un animal domestique, le compagnon de l'homme dans le labeur. Monde sauvage et terre arable, chasse et sacrifice ne doivent pas interférer.

Dans cette pratique sociale qu'est la guerre une polarité du même ordre apparaît. La guerre est une activité collective qui relève de l'ensemble des hoplites, compagnons de rang et interchangeables. Le lieu normal où elle s'exerce est la plaine cultivée propre à l'affrontement des phalanges, face à face, et qui est aussi cela même que la cité doit défendre. Toute autre activité guerrière, l'embuscade, le combat nocturne, l'escarmouche aux frontières, relève du monde sauvage et est confiée à la part sauvage de la cité, c'est-à-dire à la jeunesse.

Par le spectacle tragique la cité se met en question elle-même. Et les héros et le chœur incarnent successivement valeurs civiques et valeurs anticiviques. Aussi la tragédie fait-elle interférer ce que la cité sépare et cette interférence est une des formes fondamentales de la transgression tragique. L'Héraclès divin du *Philoctète* représente les vertus hoplitiques et c'est lui qui enverra les deux héros de la pièce combattre côte à côte devant Troie. L'Héraclès strictement humain des *Trachiniennes* est lui tout différent. Face au fleuve à « l'aspect de taureau » (509) Achélôos, il est décrit comme venant « du pays de Bacchos, de Thèbes. Il brandit à la fois l'arc que l'on ploie dans la bataille [littéralement : l'arc à courbure inverse des Scythes], des javelines, une massue » (510-512), les armes de la ruse, celles du combat classique, celles de la brutalité. Quand, dans l'*Électre,* Oreste entre en scène, il a été averti par l'oracle qu'il devait « seul, sans bouclier, sans armes, par la ruse, en dissimulant, pourvoir au juste sacrifice qui est réservé à son bras ». Avant d'être tué par Oreste, Égisthe peut poser la question : « Pourquoi, si l'acte est beau, a-t-il besoin de l'ombre? » (1493-1494) et il déclare au fils d'Agamemnon : « Ce n'est pourtant pas de ton père que tu tiens l'art dont tu te vantes là » (1500). Par une ambiguïté suprême, le héros de l'*Œdipe-Roi* est chasseur, mais le gibier qu'il traque n'est autre que lui-même. Il est laboureur, mais le sol qu'il a ensemencé n'est autre que le champ maternel. Ajax a cru chasser et sacrifier des hommes, des guerriers, il a accompli en réalité une boucherie sur des moutons. Son geste final, accompli non devant l'armée mais devant la mer, à la limite du monde sauvage, est un sacrifice humain, celui de lui-même. « Le couteau du sacrifice est donc là, dressé, de manière à trancher au mieux... » (815-816). Son ultime adieu s'adresse précisément au sol de sa cité, à la plaine où combat l'armée : « Sol sacré de ma terre natale, Salamine, qui sers d'assise au foyer de mes aïeux... Et vous, sources et fleuves que j'ai là sous les yeux, plaine de Troade tous ensemble, je vous salue ici : adieu, vous qui m'avez nourri! » (859-863).

VII. Savoir, art, pouvoir

Athènes avait voulu affirmer sa supériorité sur Sparte par la possession d'un art, d'un métier, d'une *technè* étrangère au combat traditionnel du Grec, la *technè* navale. « Ce qui touche au monde de la flotte est affaire de métier », dit Périclès dans Thucydide (I, 142). C'est aussi un art, un métier que prétendaient enseigner les Sophistes quand ils se proposaient comme éducateurs de la démocratie. Un chœur célèbre de l'*Antigone* exalte les aspects prométhéens de l'homme et ce n'est pas un hasard s'il met au premier rang des conquêtes humaines la maîtrise de la mer : « Il est bien des merveilles en ce monde, il n'en est pas de plus grande que l'homme. Il est l'être qui sait traverser la mer grise, à l'heure où soufflent le vent du Sud et ses orages, et qui va son chemin au milieu des abîmes que lui ouvrent les flots soulevés » (332-337). La maîtrise de la terre et de l'agriculture ne vient qu'après. Dans l'éloge d'Athènes que prononce le chœur de l'*Œdipe à Colone* l'Ordre est renversé, du monde sauvage « que fréquente Dionysos le Bacchant », le poète passe à la terre et à l'olivier, aux chevaux de Poséidon, et enfin seulement à la mer. En réalité, l'ambiguïté figurait déjà dans le chœur de l'*Antigone* et le mot que traduit le français « merveilles » *(deina)* signifie en grec à la fois « merveilleux » et « terrible ». L'œuvre de Sophocle présente toute une gamme de personnages incarnant le rationalisme humaniste appuyé sur la *technê* qui est un aspect, mais un aspect seulement, de la Grèce du Vᵉ siècle. Ainsi, au niveau le plus simple, Jocaste. « Jamais, dit-elle, créature humaine ne posséda l'art de prédire » (708-709, le mot est encore *technê*). L'oracle rendu à Apollon émanait non du dieu « mais de ses serviteurs ». « Ne redoute pas, dit-elle encore, l'hymen d'une mère, bien des mortels ont déjà dans leurs rêves partagé le lit maternel » (980-982); et de fait, au témoignage d'Hérodote, la divination pouvait donner de l'union avec la mère une interprétation optimiste. La Déjanire des *Trachiniennes* emploie pour reconquérir l'amour d'Héraclès un art différent; elle prépare le baume magique (en réalité un poison) dont le Centaure Nessos lui avait indiqué la recette.

Œdipe se situe, lui, à un tout autre niveau. Par un jeu fréquent sur son nom *(Oidipous)* et sur le verbe signifiant « je sais » *(oida)*, Sophocle fait d'Œdipe celui qui sait. C'est par le savoir et par l'art qu'il a délivré Thèbes de la redoutable musicienne, la Sphinge. C'est au savoir d'Œdipe que fait appel le prêtre, porte-parole du peuple au début de la pièce : « Que la voix d'un dieu te l'enseigne ou qu'un mortel t'en instruise, n'importe » (42-43). Quand Tirésias parlant à son tour par énigme affirme que « vit en lui la force du vrai », Œdipe qui met l'art du devin sur un plan inférieur à son savoir réplique : « Et qui t'aurait appris le vrai? Ce n'est certes pas ton art » (357).

Face à Créon de retour de Delphes, Œdipe raisonne en technicien de la chose politique. Il croit découvrir entre le devin et son beau-frère un complot destiné à le chasser du pouvoir. Car pour Œdipe, savoir et pouvoir vont de pair.

Seul est pourtant un savoir infaillible : celui que procure la mantique, et Œdipe en est bien conscient qui s'affirme lui-même, face à Tirésias, comme possédant l'art du devin, mais les devins véritables sont aussi clairvoyants qu'impuissants.

Au siècle qui suivra celui de la tragédie, Platon opposera à la formule de Protagoras : « L'homme est la mesure de toutes choses » sa formule à lui qui fait de Dieu la mesure de toutes choses. Et il est vrai que la divinité, chez les Tragiques, est elle aussi mesure, mais elle est mesure au *terme* de la tragédie. C'est alors et alors seulement que le monde, ou le plan des dieux, devient « intelligible ». Platon oppose moins monde sensible et monde intelligible qu'il n'explique le premier, simple reflet, par le second que le philosophe a la possibilité de découvrir. Mais le monde tragique ne comporte pas de philosophes aptes à classer les êtres dans leur hiérarchie véritable, et c'est du reste pourquoi Platon rejette la tragédie. Dans le *Banquet,* le poète tragique Agathon doit s'incliner, tout comme Aristophane, devant Socrate. Le monde tragique exclut la hiérarchie des savoirs et l'union du savoir et du pouvoir que le philosophe entendra réaliser. Pouvoirs et savoirs s'affrontent dans cet opaque qui sépare le monde des dieux de celui des hommes et au sens duquel il faut à tout moment choisir. Le chœur de l'*Antigone* à la gloire de l'homme le dit encore : « Maître d'un savoir dont les ingénieuses ressources dépassent toute espérance, il peut prendre ensuite la route du mal *tout comme du bien* » (364-366). L'*Œdipe à Colone* qui montre le héros thébain entrer dans l'éternité à l'appel des dieux et sous la conduite du fondateur mythique de la démocratie athénienne Thésée montre que cette dernière hypothèse n'est pas inconcevable.

VIII. Le drame et le lecteur

La trilogie dont faisait partie l'*Œdipe-Roi* n'avait pas remporté le premier prix au concours des Grandes Dionysies. Celui-ci était allé au neveu d'Eschyle, Philoclès, dont l'œuvre ne nous est pas parvenue (mais qui avait peut-être présenté une œuvre de son oncle). Le risque de perdre était un des éléments du concours tragique. Écrites en 406, au moment de la mort de Sophocle, les *Grenouilles* d'Aristophane montrent pourtant que dès cette date, Eschyle, Sophocle et Euripide jouissent d'une primauté que personne ne conteste plus, bien que l'ordre dans lequel il convient de les classer soit encore matière à débat. Au IVe siècle, dans l'Athènes de Lycurgue, ce contemporain d'Aristote, les effigies des trois grands Tragiques sont coulées en bronze et le peuple finance les reprises de leurs pièces. Nous sommes les héritiers de ce premier classicisme, entre-temps émondé par les professeurs romains.

L'histoire moderne du théâtre de Sophocle commence à ces 3 et 5 mars 1585 où *Edipo-Tiranno* fut représenté avec une somptuosité princière dans le « théâtre olympique » de Palladio à Vicence [9]. Mais, de même qu'une église de L. B. Alberti n'est pas un temple grec, le théâtre de Palladio n'est pas un théâtre antique; il en est même en un sens tout le contraire. Le ciel colorié qui domine la scène n'est pas le plein air du théâtre grec. La séparation de la scène et des gradins exclut l'*orchestra* qui assure la médiation entre les acteurs et le public. Le mécénat de l'*Accademia Olimpica* n'est pas le jugement populaire, et la représentation d'un chef-d'œuvre n'est pas un concours tragique où s'affrontent auteurs, acteurs et chœurs de trois tétralogies.

Nous pouvons, bien entendu, aujourd'hui représenter *Œdipe-Roi* au théâtre d'Épidaure, mais une lecture archéologique reste une lecture moderne et rien ne peut faire qu'il n'en soit pas ainsi, même si chaque génération entend découvrir, par une opération de décapage, le *vrai* Sophocle et le *vrai* Œdipe. La seule supériorité dont puisse se targuer la

---

9. Voir Léo Schrade, *La Représentation d'Edipo-Tiranno au Teatro Olimpico*, Paris, CNRS, 1960, et plus loin pp. 217-225.

nôtre est peut-être d'être consciente de ces accumulations successives de lectures.

Que des grilles contradictoires aient été proposées (l'avant-dernière est la lecture psychanalytique) ne doit donc ni nous étonner ni nous indigner. Quand nous essayons aujourd'hui de comprendre la tragédie grecque par une confrontation systématique des œuvres avec les institutions, le vocabulaire, les formes de décision qui caractérisaient l'Athènes du Vᵉ siècle, nous ne prétendons pas au savoir absolu (il n'y a pas de secret de l'*Œdipe-Roi*, et en cela Freud, fasciné par l'« illustre déchiffreur d'énigmes », s'est trompé) et encore moins retrouver, une fois pour toutes, le sens qu'avait, pour son auteur et pour son public, la tragédie représentée au Vᵉ siècle. Nous ne disposons que des œuvres et il n'existe pas d'absolu du sens.

Du moins ce mot même d'« œuvre » doit-il nous servir de garde-fou, car l'œuvre est précisément ce qu'il ne faut pas briser, ce en dehors de quoi nous n'avons pas à chercher un sens. Il est peut-être vrai que, pour comprendre le mythe d'Œdipe, il faille, comme l'a affirmé non sans paradoxe Claude Lévi-Strauss, réunir toutes les versions du mythe, celles qui sont antérieures à Sophocle, celle du poète tragique, celle de ses successeurs et, parmi eux, l'inventeur du « complexe d'Œdipe »; mais une œuvre n'est pas un mythe et ne se laisse pas décomposer en éléments premiers. Le mythe ne facilitera la lecture d'une œuvre que de façon différentielle, dans la mesure où nous saurons, ce qui n'est pas toujours le cas, ce que le poète ajoute et ce qu'il retranche. Ainsi la Sphinge de l'Œdipe-Roi n'est pas le monstre féminin issu de la terre et violant les jeunes gens que d'autres documents permettent de reconstituer, ni la fille de Laïos qu'elle est selon une tradition rapportée par Pausanias. Elle est l'« horrible chanteuse » qui posait l'énigme et c'est tout.

Cela ne signifie pas qu'il ne faille pas éclairer la tragédie par autre chose qu'elle-même. Spectacle tout à la fois politique et religieux, la tragédie peut utilement être confrontée avec d'autres modèles politiques et religieux. Ainsi a-t-on pu rappeler [10] qu'à l'époque où paraissait au théâtre Œdipe, divin

---

10. Cf. J.-P. VERNANT, « Ambiguïté et renversement. Sur la structure énigmatique d'*Œdipe-Roi* », *Mythe et tragédie*, I, pp. 117-131.

purificateur et sauveur de sa cité, puis souillure abominable que la cité rejette et exile, existaient à Athènes, et ailleurs en Grèce, deux institutions dont la seconde apparaît comme la version politisée de la première. Le *pharmakos* était un « bouc émissaire » (mais recruté parmi les hommes) que la cité expulsait annuellement de la ville, comme symbole des souillures accumulées pendant l'année, au besoin après l'avoir entretenu pendant un an, tel un roi dérisoire, aux frais du trésor public, et « Œdipe porte effectivement le poids de tout le malheur qui accable ses concitoyens » et dont ceux-ci à l'ouverture de la pièce le supplient de les débarrasser. L'ostracisme, procédure qui passe pour avoir été instituée à Athènes par Clisthène et qui fut utilisée entre 487 et 416, vise par des moyens politiques à obtenir un résultat comparable : expulser, provisoirement, de la cité celui des citoyens dont la supériorité risque d'attirer sur elle la vindicte divine sous la forme de la tyrannie. « La démesure, dit le choeur de l'*Œdipe-Roi,* engendre la tyrannie » (873). Celui, dira Aristote [11], qui ne peut vivre en communauté « ne fait en rien partie de la cité et se trouve par conséquent soit une bête brute, soit un dieu ». Tel est bien le destin du personnage de Sophocle.

De même quand on se souvient que dans le mythe, et encore dans une large mesure dans les institutions de l'époque archaïque et classique, le jeune citoyen était avant d'être intégré dans les rangs des hoplites installé aux frontières de la cité, voué militairement aux embuscades, voire, comme à Sparte, à la chasse et à l'exploit rusé et nocturne qui en fait comme l'inverse du citoyen normal, il est difficile de ne pas rapprocher cette série de faits de la situation de Néoptolème, dans le *Philoctète,* fils d'Achille, futur vainqueur de Troie, mais, pour l'heure, adolescent ayant l'âge d'un éphèbe athénien, débarquant dans une île déserte et contraint par son chef Ulysse à accomplir le vol de l'arc de Philoctète, « exploit » contre lequel protestent et le passé de son père et son futur à lui. A l'issue de la tragédie, l'homme ensauvagé qu'était devenu Philoctète et le jeune homme provi-

11. *Politique,* 1, 1253 a.

soirement voué à la traîtrise réintègrent le monde de la cité [12].

Ce sont là des hypothèses et on pourrait en proposer d'autres applicables à d'autres pièces de Sophocle. Disons simplement, pour conclure, qu'elles ne visent en aucun cas à se substituer à la lecture que chacun en définitive fait et fera, pour son propre compte, de l'œuvre du poète grec.

---

12. Voir P. VIDAL-NAQUET, « Le Philoctète de Sophocle et l'Éphébie », in *Mythe et Tragédie,* I, pp. 169-184.

8

Œdipe entre deux cités
Essai sur l'*Œdipe à Colone* *

Œdipe, traité comme un dieu au début de l'*Œdipe-Roi*, apparaît à la fin de la pièce comme la souillure qui pèse sur la cité de Thèbes. Vagabond misérable et aveugle au début de l'*Œdipe à Colone*, suppliant des Euménides et du roi d'Athènes, Thésée, il devient l'hôte et le bienfaiteur de la cité de Sophocle, le guide (*hêgemôn*, 1542) qui se met en marche vers sa tombe de héros, après avoir vaincu successivement Créon qui veut le rendre à Thèbes et Polynice qui le supplie, donc après avoir brisé les liens qui le rattachaient encore à la *polis* de Thèbes, dont Créon est le tyran, et à l'*oikos* des Labdacides.

Beaucoup a été écrit sur ce renversement exemplaire mais complexe [1], et je ne prétends pas apporter des vues révolu-

---

* A paraître dans *Mètis*, 1, 1986.

1. Les pages que je présente ici remontent à des séminaires qui ont débuté il y a plus de quinze ans. Pierre Ellinger avait été alors un auditeur particulièrement efficace. Elles ont depuis fait l'objet d'exposés à Delphes, le 9 avril 1984, où, grâce à Yangos Andréadis, j'étais l'hôte du Centre européen de Culture, en mai, à Padoue, où, à l'Institut de grec, j'étais l'invité d'O. Longo et de G. Serra. J'ai eu depuis l'occasion de discuter de ces problèmes lors de séminaires tenus à Bruxelles, aux Pays-Bas (dans plusieurs universités), à Naples, Catane, Tel-Aviv et Lille. Que tous mes auditeurs, qu'ils aient été approbateurs ou critiques, soient ici cordialement remerciés

tionnaires, tout au plus quelques précisions nouvelles. Trois questions seront ici soulevées, dont je m'efforcerai naturellement de démontrer qu'elles sont liées. Comment se marque et que signifie l'opposition des deux cités, Thèbes et Athènes, entre lesquelles chemine le vagabond, quittant la première pour trouver dans la seconde et l'asile et la mort? Quel est, d'autre part, le statut religieux, juridique et politique qu'acquiert Œdipe à Athènes, pendant qu'il est encore vivant, et après sa mort?

Enfin, comment se marque dans l'espace scénique du théâtre, et dans l'espace représenté directement ou indirectement, la mutation du héros?

---

et tout particulièrement J. Bollack, J. Bremmer, B. Cohen et P. Judet de La Combe. A ces noms, j'ajoute celui de mon vieil ami B. Bravo qui a soumis mon texte à une critique approfondie. Je ne chercherai pas à donner même une esquisse de l'immense bibliographie de l'*Œdipe à Colone.* J'ai eu la joie de me trouver en terrain familier avec le chapitre que Ch. SEGAL a consacré à cette tragédie dans son livre, *Tragedy and Civilization : An Interpretation of Sophocles,* Cambridge (Mass.), 1981, pp. 362-408. Je dois beaucoup à J. JONES, *On Aristotle and Greek Tragedy,* Londres, 1962, pp. 214-235, à B. KNOX, *The Heroic Temper; Studies in Sophoclean Tragedy,* Cambridge, 1964; « Sophocles and the Polis », *Entretiens de la Fondation Hardt,* Vandœuvres-Genève, 1983, *Sophocle,* pp. 1-32; Introduction à *Œdipe à Colone,* in *Sophocle, the Three Theban Plays,* 1984, pp. 255-277. La consultation, *in extremis,* du commentaire de J. KAMERBEEK, *The Plays of Sophocles,* VII, Leyde, 1984, ne m'a pas apporté grand-chose. Parmi les synthèses récentes sur Sophocle que j'ai consultées, je signalerai surtout R. P. WINNINGTON-INGRAM, *Sophocles; An Interpretation,* Cambridge, 1980, pp. 248-279 et 335-340; A. MACHIN, *Cohérence et continuité dans le théâtre de Sophocle,* Québec, 1981, pp. 105-149 et 405-435; V. DI BENEDETTO, *Sofocle,* Florence, 1983, pp. 217-247, et, *last but not least,* pour quelques formules lumineuses, p. 30, la brochure de R. G. A. BUXTON, *Sophocles,* publiée comme n° 16 des *New Surveys in the Classics* de *Greece and Rome,* Oxford, 1984. Le texte grec est, sauf avertissement, et à quelques détails orthographiques près, celui de R. D. DAWE (Teubner, Leipzig, 1979); la traduction, parfois modifiée, est celle de P. Mazon. Je remercie Denise Fourgous pour l'aide qu'elle m'a apportée dans la mise au point de cette étude, et Maud Sissung pour l'amitié dont elle a, une fois de plus, fait preuve.

Les Grecs, c'est une affaire entendue, ont inventé l'activité politique. Comprenons ces mots dans un sens très précis [2] : le monde humain est normalement conflictuel et l'activité politique consiste à objectiver ces conflits sans espérer les annuler. La *décision* politique, elle, est prise non par un chef souverain parlant au nom d'une divinité, ni même, en règle générale, par un consensus plus ou moins unanime (dont il y a tout de même des exemples), mais par la majorité. Or, fait remarquable, si Athènes a été par excellence, depuis Solon et Clisthène, le lieu d'émergence de l'activité politique, il semble que la littérature attique ait mis presque autant de soin à dissimuler cette réalité que la cité avait mis de génie à la faire naître. Songeons par exemple à ceci : nous sommes renseignés à la fois par des sources historiennes et par des matériaux documentaires – qui, du reste, sont bien loin de se recouper exactement – sur les affrontements individuels entre leaders politiques que l'ostracisme permet de résoudre en rétablissant la paix civique. Nous sommes renseignés aussi sur les grands débats où se heurtent, à l'*Ecclêsia,* des options décisives : tuer ou non les Mytiléniens, aller ou non en Sicile, questions aussi capitales que l'ont été, pour les démocraties modernes, celles de savoir s'il fallait envoyer un homme dans la Lune ou installer les fusées Pershing en Europe. Mais nous ne sommes pas renseignés, hors le cas particulier de l'ostracisme, sur les enjeux des batailles électorales.

Et encore le registre de l'ostracisme, tel que l'ont constitué les fouilles du Céramique, est-il différent de celui qu'on pouvait tirer des historiens de la Cité. Pensons à ces deux hommes, Ménon fils de Ménocleidès et Callixénos fils d'Aristonymos (un Alcméonide, peut-être), abondamment présents dans les tessons découverts par les archéologues américains, inconnus de la tradition historique [3].

Répétons-le : nous ne savons rien des batailles électorales, et ici le contraste est brutal avec Rome. Nous ne savons même pas s'il y eut vraiment des batailles électorales.

---

2. Voir M. I. FINLEY, *Politics in the Ancient World,* Cambridge, 1983; trad. fr. de J. Carlier, *L'Invention de la politique,* Paris, 1985, et C. AMPOLO, *La politica in Grecia,* Bari, 1981.

3. Cf. M. I. FINLEY, *Politics,* pp. 64-65.

Les difficultés rencontrées par Périclès après les premiers échecs de la guerre du Péloponnèse ne constituent qu'une exception apparente. Que dit en effet Thucydide? « Dans l'ordre politique, les Athéniens se laissaient convaincre par ses arguments » (δημοσίᾳ μὲν τοῖς λόγοις ἀνεπείθοντο); mais riches et membres du *dêmos*, pour des raisons différentes et d'ordre économique, se coalisèrent contre lui « et ne mirent un terme à leur commune colère qu'après lui avoir infligé une amende. Un peu plus tard, par un retournement dont les masses sont coutumières, ils le choisirent comme stratège et lui confièrent la direction de toutes les affaires [...]. C'est l'ensemble de la Cité (ἡ ξύμπασα πόλις) [c'est-à-dire la classe des riches et la classe populaire] qui le jugeait le plus digne de cette fonction [4]. »

Elliptique comme à son habitude, Thucydide ne précise pas si la carrière de Périclès comme stratège avait été, ou non, interrompue par le procès qui lui avait été fait et la condamnation qui s'ensuivit. Le peuple, lui, au sens général du terme, n'est pas politiquement divisé. Successivement, il est contre Périclès puis rallié à ses choix politiques et stratégiques. Plutarque, lui [5], croit pouvoir être plus précis, mais il y a là, je le crains, plus une amplification rhétorique qu'une information véritable [6]. Après avoir mentionné l'ultime discours dont Thucydide (II, 60-64) prétend donner la substance, il ajoute : « Les Athéniens, devenus ainsi maîtres de son sort, tournèrent leurs jetons de vote en armes contre lui (τὰς ψήφους λαβόντας ἐπ' αὐτὸν εἰς τὰς χεῖρας), ils lui ôtèrent sa magistrature de stratège et lui infligèrent une amende. Cependant la cité, ayant fait l'expérience de ce que valaient pour la conduite de la guerre les autres stratèges et orateurs, s'aperçut qu'aucun d'entre eux n'était à la hauteur de sa tâche [...]. Aussi regretta-t-elle Périclès. On le rappela à la tribune et au *stratégéion*. [...] Le peuple s'étant excusé, il consentit à reprendre en main les affaires, et, nommé stratège, demanda l'abrogation de la loi

4. THUCYDIDE, II, 65, 2-4; je modifie sur plusieurs points la traduction de J. de Romilly.
5. *Périclès*, 35, 4-6, 37.
6. Je ne pose pas cela en règle générale, mais on notera le scepticisme de FINLEY, *Politics*, pp. 50-51.

sur les bâtards... » Le récit est certes plus détaillé que celui du Thucydide, et il est la seule source sur la perte par Périclès de ses fonctions de stratège. Mais ces excuses du peuple à Périclès sont suspectes et peut-être plus romaines que grecques, et en tout état de cause, il n'y a rien ici qui reflète une campagne électorale.

Nous ne savons pas non plus s'il y eut jamais des listes politiquement homogènes de candidats. Il n'est nullement établi que Sophocle, stratège en même temps que Périclès au moment de l'expédition de Samos (440) – il s'agit même de la seule liste complète de stratèges que nous possédions –, ait été membre du même groupe politique que Périclès, et chacun sait, pour prendre un exemple beaucoup plus tardif, qu'Eschine et Démosthène ont fait partie, auprès de Philippe, de la même ambassade.

Le débat politique, la lutte politique sont, à Athènes, représentés le plus souvent non comme la pratique normale de la cité démocratique mais comme la *stasis*, pour employer ce mot dont le sens se déploie sur un spectre qui va de la simple station debout à la guerre civile en passant par la faction politique [7], avec une très nette dominance des sens péjoratifs. Nicole Loraux a bien compris cela : « La division, devenue menace absolue, s'installe dans la cité malade, déchirée par l'affrontement des citoyens entre eux [...]. De la division des avis à l'affrontement sanglant, il y a loin certes. Et cependant, à faire ce pas, on se contente – telle est du moins l'hypothèse – d'imiter les Grecs [8]. » Tous les Grecs? Non, et Nicole Loraux le sait mieux que personne. Tous les genres littéraires ne sont pas, en la matière, situés sur le même plan, et je dirais volontiers, pour en arriver enfin à mon sujet, que l'histoire reconnaît et cerne, dans certaines limites [9], le conflit politique, que l'oraison funèbre l'annule [10], que la comédie le tourne en

7. « *All levels of intensity were embraced by the splendid Greek portmanteau-word* stasis », écrit FINLEY, *Politics*, p. 105.

8. N. LORAUX, « L'oubli dans la cité », *Le Temps de la réflexion*, 1, 1980, pp. 213-242.

9. Cf. FINLEY, *Politics*, pp. 54-55.

10. Cela est montré d'une façon à mon sens décisive par N. LORAUX, *L'Invention d'Athènes*, Berlin et La Haye-Paris, 1981, not. pp. 268-291.

dérision dans son essence même, et que la tragédie l'expatrie.

Qu'est-ce à dire? Simplement ceci : quand la cité représentée est Athènes ou un équivalent d'Athènes, qu'il s'agisse donc de l'Argos des *Suppliantes* d'Eschyle, de l'Athènes des *Suppliantes* et des *Héraclides* d'Euripide ou enfin de l'*Œdipe à Colone*, le débat est en quelque sorte annulé, la cité est représentée comme Platon voudra qu'elle soit : une.

Qu'il s'agisse là d'un choix, on en a une preuve magnifique dans un passage célèbre des *Suppliantes* d'Eschyle. La décision concernant l'asile donné aux filles de Danaos doit être prise à la majorité et le coryphée demande :

603 Ἔνισπε δ'ἡμῖν, ποῖ κεκύρωται τέλος,
δήμου κρατοῦσα χεὶρ ὅπῃ πληθύνεται;

« Dis-nous à quoi s'arrête la décision prise, où se trouve la majorité des suffrages dans le vote souverain des mains populaires [11]. »

Et la réponse est :

605 Ἔδοξεν Ἀργείοισιν οὐ διχορρόπως,

« Les Argiens ont décidé sans qu'il y ait un seul vote dissident... » Le décret qui fait des Danaïdes des métèques, après usage de la *peithô*, de la Persuasion, par d'« habiles harangues, propres à persuader les masses » (δημηγόρους [...] εὐπιθεῖς στροφάς) (623) [12], a été pris à l'unanimité, *pandêmiai* (607), sans même que le héraut ait à intervenir (*aneu klêtêros*, 622). Ce n'est que pour l'avenir qu'on envisage la possibilité (613-614) qu'un citoyen d'Argos pourrait ne pas porter aide aux victimes.

Il existe, il est vrai, une exception apparente à la règle que je pose ici. A la fin des *Euménides* (752), le vote est partagé.

C. AMPOLO a bien consacré un chapitre dans son livre cité *supra*, note 2, à la négation de la politique (pp. 40-55), mais il faut aller beaucoup plus loin. La négation de la politique ne concerne pas que les seuls philosophes.

11. J'ai suivi pour le vers 603 seulement la traduction de P. Mazon.

12. Cf. R. G. A. BUXTON, *Persuasion in Greek Tragedy. A Study of Peitho*, Cambridge, 1982, notamment p. 79 : « *For the moment, political peitho is supreme.* »

Les figurants muets qui siègent comme juges sur l'Aréopage [13] donnent une voix de majorité aux Ennemies d'Oreste et c'est Athéna qui provoque l'acquittement, exprimant par son vote unique et double l'unanimité civique. Le débat ouvert n'a eu lieu qu'entre divinités, Apollon et les Érinyes.

Mais si Athènes, chez les Tragiques, ne débat pas avec Athènes, la *stasis* a un lieu privilégié qui est Thèbes, dont on pourrait dire qu'elle est une anti-cité [14]. Il en est ainsi chez Eschyle avec les *Sept,* dont le début marque la *stasis* entre Étéocle et les femmes, et dont le final, qu'il soit ou non authentique, marque qu'on est passé, avec la division du chœur entre les partisans d'Antigone et ceux d'Ismène, de la guerre étrangère à la guerre civile. Il en est ainsi chez Euripide avec les *Suppliantes,* les *Phéniciennes, Héraclès,* et naturellement les *Bacchantes :* on pourrait montrer que, dans cette pièce, la *stasis* passe à l'intérieur du personnage central, le roi Penthée, dédoublé entre l'hoplite et la femme. Il en est ainsi chez Sophocle, bien sûr, avec les trois pièces thébaines.

Pour comprendre en quoi Thèbes est exceptionnelle, figée dans le rôle de cité mauvaise, il suffit, par exemple, de regarder le destin tragique d'Argos-Mycènes. Elle est, je l'ai dit, la cité-une dans les *Suppliantes* d'Eschyle, autant que l'est Athènes dans la pièce homonyme d'Euripide. Elle est au contraire, dans l'*Agamemnon* et les *Choéphores,* tout comme dans l'*Électre* de Sophocle et dans celle d'Euripide, la cité mal gouvernée, la cité dont le roi est absent, la cité gouvernée par une femme. Mais au terme du mauvais gouvernement point l'espoir du bon. Le cas de l'*Oreste* d'Euripide est entre tous étonnant. Véritable réplique, à plus d'un demi-siècle de distance, aux *Suppliantes* d'Eschyle [15], cette pièce nous présente un autre

---

13. Pour une discussion sur leur nombre et leur rôle, cf. O. TAPLIN, *The Stagecraft of Æschylus. The Dramatic Use of Exits and Entrances in Greek Tragedy,* Oxford, 1977, pp. 392-395.

14. J'emprunte cette idée à l'enseignement oral de Froma I. ZEITLIN, qui doit publier prochainement un essai sur ce sujet dont j'ai eu connaissance alors que ces pages étaient rédigées ; voir en attendant *Under the Sign of the Shield,* Rome, 1982, p. 199, n. 5.

15. Une assemblée y est décrite, qui se réunit « sur la hauteur où, le premier, Danaos, pour fournir réparation à Ægyptos, réunit, dit-on, le

jugement d'Oreste que celui des *Euménides.* Oreste et sa sœur sont traduits non devant l'Aréopage, dieux et citoyens confondus, mais devant une Assemblée d'Argos qui ressemble trait pour trait à celle d'Athènes, vue par les critiques de la démocratie – nous sommes au printemps de 408 [16].

Les orateurs se succèdent et s'opposent les uns aux autres. Le héraut Talthybios tient un langage double. Diomède plaide pour l'exil, et « les uns applaudissent, criant qu'il avait raison, mais les autres le désapprouvaient » (901-902). Un « Argien sans l'être », un métèque que le scholiaste identifie au « démagogue » Cléophon, propose la lapidation (902-916), tandis qu'un paysan anonyme, un de ces *autourgoi* chers à la pensée politique modérée à la fin du Ve siècle [17], demande au contraire pour Oreste une couronne; et les *chrêstoi,* c'est-à-dire les « dignes », les membres de la classe supérieure, « lui donnaient raison » (917-930). Et la victoire fut pour le démagogue et le parti populaire. Ce n'est pas le *nom* d'Athènes, cependant, à n'en pas douter, c'est Athènes.

Mais, il faut bien le comprendre, le rapport de Thèbes à Athènes n'est pas celui-là. Thèbes n'est pas un simple registre sur lequel on puisse transcrire aussi bien l'idéalisation d'Athènes que sa caricature sauvage. Est-ce la longue hostilité de voisinage qui sépare les deux cités, avec, notamment, une constitution de la ligue béotienne qui apparaît comme une réplique aux institutions voulues par Clisthène [18]? Toujours est-il que la Thèbes tragique fonctionne comme paradigme de la cité divisée. Il s'agit d'une essence, non d'une existence [19].

---

peuple en assemblée » (871-873), autrement dit sur le lieu d'origine de la démocratie.

16. « Dans un moment de profond scepticisme pour la vie démocratique et la fonction de l'*ekklêsia* à Athènes », fait valoir V. DI BENEDETTO dans son édition de la pièce, Florence, 1965, p. 171.

17. Cf. R. GOOSSENS, *Euripide et Athènes,* Bruxelles, 1962, pp. 556-559, et Cl. MOSSÉ, *La Fin de la démocratie athénienne,* Paris, 1962, pp. 251-253.

18. Voir P. LÉVÊQUE et P. VIDAL-NAQUET, *Clisthène l'Athénien,* Besançon et Paris, 1964, pp. 112-113.

19. Et c'est pourquoi je ne pense pas, comme B. KNOX dans son livre célèbre *Œdipus at Thebes,* New Haven, 1957, qu'Œdipe (dans l'*Œdipe-Roi*) soit une figuration de l'audace impériale d'Athènes, en tout cas une figuration consciente, et je m'oppose à J. DALFON, « Philoktet und Œdipus auf Kolo-

Voyons donc comment s'applique ce principe à l'*Œdipe à Colone*. Et posons-nous d'abord cette simple question : qui gouverne à Thèbes au moment où Œdipe arrive à Athènes? Le problème est formulé par Ismène en termes de narration historique. Au début, pris d'une saine *eris*, ses frères rivalisent d'ardeur pour « laisser le trône à Créon [...] et épargner ainsi une souillure à Thèbes » (367-369). Puis c'est l'*eris kakê* (372) [20], la rivalité perverse, inséparable depuis Hésiode, de la première, qui triomphe et qui les oppose, en bloc, à Créon, puis entre eux, puisque le cadet, Étéocle, entend triompher de l'aîné, Polynice – ce dernier détail est une invention de Sophocle [21] –, qui est chassé, banni, et se réfugie à Argos d'où il mène la guerre contre sa propre cité (375-380). Lui aussi est entre deux cités, deux cités qui se font la guerre : seulement, si l'une est bien Thèbes, l'autre est Argos. Mais est-ce Étéocle qui est roi de Thèbes? Œdipe met en cause ses deux fils, l'un et l'autre accusés d'avoir préféré à leur père les trônes, les sceptres, l'exercice de la tyrannie et du pouvoir (448-451, 1354-1357), la *polis* contre l'*oikos*, en somme. Mais Polynice dit à Œdipe qu'Étéocle est « tyran dans notre maison » [22], Ὁ δ'ἐν δόμοις τύραννος – le tyran domestique, en quelque sorte, le maître de l'*oikos*. La tyrannie *politique*, au contraire, est exercée par Créon, qui proclame lui-même sa souveraineté en

nos », *Festschrift E. Grassi*, Munich, 1973, pp. 43-62, qui voit (pp. 56-57) dans le conflit des deux frères, à Thèbes, une transposition de la *stasis* athénienne.

20. La présence de l'*eris kakê* au vers 372 implique qu'il faut maintenir au vers 367 le mot *eris* que Tyrwhitt, suivi par Jebb, avait corrigé en *erôs*. JEBB estimait que l'influence du texte d'HÉSIODE (*Travaux*, 11 et suiv.) s'était fait sentir, mais dans le sens d'une altération du texte; voir sa note dans son édition commentée (Cambridge, 1899, reprint Hakkert, Amsterdam, 1965), pp. 65-66.

21. Voir la note de JEBB, *loc. cit.*, p. 67. Dans les *Phéniciennes* d'Euripide (71), Étéocle rappelle son droit d'aînesse. Polynice invoque le sien dans l'*Œdipe à Colone*, aux vers 1294 et 1422. Mazon note, à propos du vers 1354 de l'*Œdipe à Colone :* « En fait, Polynice n'a jamais régné sur Thèbes. » Mais qu'est-ce que le « fait » dans le passé d'une action tragique? Dans le nouveau fragment de Lille (*P. Lille*, 73), les deux frères sont placés par leur mère sur un pied d'égalité, sans qu'il soit fait mention de droit d'aînesse, le pouvoir politique devant aller à Étéocle, la richesse à Polynice.

22. Tyran et non pas roi, comme Mazon traduit au vers 1338; il faut condamner une fois de plus la détestable habitude des traducteurs français : traduire *tyrannos* par « roi ».

même temps qu'il feint de dépendre de la cité : καὶ τύραννος ὤν, « tout tyran que je suis » (851). Sans parler d'Œdipe à qui reste le pouvoir d'assurer, en mourant à Thèbes, le salut de sa cité natale, il y a trois prétendants à la souveraineté sur Thèbes : Créon, Étéocle et Polynice, qui est à la tête d'une armée argienne et tenu pour argien par Thésée (1167) en même temps que parent *(engenês)* d'Œdipe.

« Ni anarchie ni despotisme », c'est le mot d'ordre, dans les *Euménides* (525-526 et 696), des Érinyes, mot d'ordre repris à son compte par Athéna. Thèbes est à la fois privée, on vient de le voir, de commandement, et soumise à une tyrannie. Cette cité tyrannique est aussi une cité injuste. Elle est accusée, en bloc, par Œdipe de l'avoir uni à Jocaste, et d'être ainsi responsable de ses malheurs (525-526). C'est elle, collectivement, qui l'a chassé du territoire thébain :

> 440 πόλις βίᾳ
> ἤλαυνέ μ' ἐκ γῆς χρόνιον

« Thèbes m'a chassé, par force, de son territoire – si longtemps après. » C'est elle encore qui, selon Créon, aurait décidé le retour d'Œdipe (736) [23].

Mais cette cité responsable est aussi, par la bouche de Créon, une cité menteuse, usant d'une fausse *peithô* [24], d'un mode de « persuasion » que l'on rapprocherait volontiers du moderne discours idéologique. Le discours de Créon (728-760) parle de Thèbes comme si Thèbes incarnait les valeurs d'Athènes, comme si les deux cités étaient sur le même plan. Il vient à Athènes non comme un roi, mais comme un vieillard (733), au nom du principe d'ancienneté. « Je ne viens pas au nom d'un homme, c'est par l'ensemble de mes concitoyens (ἀλλ' ἀστῶν ὑπὸ πάντων κελευσθείς) que je suis mandé » (737-738) [25]. Il invite Œdipe au nom de la *peithô* (756) à rentrer dans sa ville, dans la maison de ses ancêtres, dans la cité qui l'a nourri.

---

23. Voir aussi les vers 540-541 où Œdipe parle du « prix de ses services » que lui a accordé sa cité.

24. Cf. BUXTON, *Persuasion*, pp. 140-141.

25. J'ai retenu, avec Jebb et Dawe, la leçon *astôn* que donne un groupe de manuscrits, tandis que d'autres (dont le Laurentianus) ont *andrôn*, qui paraît né de l'*andra* du vers 735.

Mais, il en a été averti par Ismène (399-405) : il n'est pas question qu'il franchisse la frontière; il sera à l'extérieur, en bordure, *paraulos* (785), c'est-à-dire, comme le formule le scholiaste, *en agrois*, dans l'espace du dehors. Cependant, il ne s'agit pas seulement du passé et du futur : c'est sous les yeux des spectateurs que le représentant de Thèbes, Créon, commet des illégalités, violant la loi d'Athènes en enlevant Antigone et Ismène, menaçant d'enlever Œdipe et d'augmenter ainsi le butin *(rhusion)* de sa cité. Il ne s'agit pas, sauf au niveau du vocabulaire, de représailles, appliquées en vertu d'un droit qui existe, mais de la violence pure et simple [26].

Ce réquisitoire est-il compensé? Thèbes peut-elle être distinguée de ses dirigeants réels (Étéocle, Créon) ou potentiels (Polynice)? Œdipe l'annonce à Polynice, il ne prendra pas Thèbes (1372). L'expédition des Sept se terminera par un échec. Le mythe, ici, pouvait difficilement être ignoré. Plus étonnant est le discours de Thésée à Créon :

> 919 Καίτοι σε Θῆβαι γ'οὐκ ἐπαίδευσαν κακόν
> οὐ γὰρ φιλοῦσιν ἄνδρας ἐκδίκους τρέφειν.

« Et pourtant Thèbes ne t'a pas élevé pour faire le mal : elle n'a pas coutume de nourrir des hommes injustes. » Ce petit passage a suscité de violentes polémiques. Wilamowitz y a vu une allusion au parti d'Isménias à Thèbes, hostile à la ligne anti-athénienne de la cité [27]. Tant qu'à aller dans cette direction, mieux vaudrait, avec M. Pohlenz [28], supposer une allusion à ces Thébains qui, après la révolution des Trente tyrans, avaient donné asile aux démocrates athéniens réfugiés en

---

26. Voir B. BRAVO, « *Sulân.* Représailles et justice privée contre des étrangers dans les cités grecques », *ASNP*, sér. III, 10, 1980, pp. 675-987; pour l'interprétation du vers 858 de l'*Œdipe à Colone* et du mot *rhusion*, je ne crois pas, comme Bravo, pp. 775-777, que l'emploi du mot *rhusion* soit innocent. Créon l'emploie, spécifiquement, dans le sens de représailles, le spectateur athénien le comprend comme violence pure.

27. *Apud* Tycho von WILAMOWITZ-MÖLLENDORF, « Die dramatische Technik des Sophokles » Berlin, 1917, pp. 368-369. Cette interprétation a suscité la fureur de K. REINHARDT, *Sophocle* (1933), trad. E. Martineau, Paris, 1971, p. 274.

28. *Die Grieschische Tragödie*, Leipzig, 1939, II, p. 245, note *ad* I, p. 368, cité par Karl REINHARDT, *op. cit.*, p. 274, n. 18.

Béotie [29]. Les vers litigieux auraient été rajoutés entre la mort de Sophocle (406) et la représentation de la pièce (401), période troublée et donc propice aux remaniements.

Mais on n'est pas forcé d'en venir à ces extrémités. Que Thésée, le souverain modèle de la cité modèle, sépare – ce que ne fait pas Œdipe – la *cité* de Thèbes de ses dirigeants, c'est, en somme, conforme à la logique du personnage plus encore qu'à celle de la tragédie tout entière.

Pour faire, en effet, en face de l'anti-cité, la cité de la violence pure et de la *stasis*, le portrait d'Athènes comme cité modèle [30], il suffit, somme toute, de retourner le portrait de Thèbes. C'est toute la pièce qu'il faudrait alors citer, et pas seulement l'illustre chœur (668-719) qui, partant de la blanche Colone, exalte l'Athènes de l'olivier, des chevaux et des marins. Je me bornerai à quelques remarques. Athènes est une cité dont le chef n'est jamais appelé *turannos.* Thésée est le *basileus,* le roi (67), il est le guide, *hêgemôn* (289), il est le souverain, l'*anax* (1130, 1499, 1759), il est même, d'un mot d'origine indo-européenne, le *koiranos* [31] (1287), le chef de guerre, il est même simplement cet homme (*anêr,* 1486), ou, de façon un peu plus métaphorique, le responsable *(krainôn)* de ce pays (862, 926), il n'est jamais un tyran. Et c'est tout naturellement que Créon lui-même signale la présence, aux côtés du roi, du sage Conseil de l'Aréopage (947). Athènes est, cela va sans dire, une cité d'hommes libres et non d'esclaves (917), une cité où le droit de parler (1287) est respecté : Polynice lui-même en bénéficie [32].

Athènes est enfin – et on verra que la remarque a ici son importance – une cité où compte l'élément local, le dème, en l'occurrence celui de Colone qui fournit le chœur, commu-

---

29. XÉNOPHON, *Hell.*, III, 5, 8; DIODORE, XII, 6, 3.

30. Cf. SEGAL, *op. cit., supra,* n. 1, p. 362 : « *The contrast between the two cities and the two images of society that they embody is essential to an understanding of the play.* »

31. Une étymologie grecque avec valeur militaire est défendue par A. HEUBECK, « κοίρανος, κόρραγος und Verwandtes », *Würzburger Jahrbücher für die Altertumswissenschaft,* N F 4, 1970, pp. 91-98.

32. Sur les débats autour de la liberté du citoyen à Athènes à la fin du Ve siècle, voir maintenant K. A. RAAFLAUB, « Democracy, Oligarchy, and the Concept of the *Free Citizen* in late fifth-century Athens », *Political Theory,* 11, 4 (nov. 1983), pp. 517-544.

nauté fière d'elle-même et qui était celle de Sophocle [33]. Le Coloniate qui rencontre Œdipe s'interdit à lui-même de l'expulser de la cité « sans l'aveu de la cité », *poleôs dicha* (47-48). Le dème est une réduction d'Athènes et c'est son *agora* qui est représentée sur l'*orchestra,* le chœur fonctionnant comme une fraction d'assemblée politique, mais précisément, il n'est qu'une fraction, et Thésée, ce roi-Ecclêsia, cette incarnation de la souveraineté populaire, marque la distinction [34]. Athènes est donc la cité idéale, capable de mobiliser tous ses citoyens, hoplites et cavaliers au service d'une juste cause (898); elle est la cité qui ne décide rien sans l'aveu de la loi, ἄνευ νόμου κραίνουσα οὐδέν (913). Faut-il – peut-on? – dire plus?

Entre ces deux cités, quel est le statut d'Œdipe? S'agissant des Tragiques il est dangereux de vouloir transcrire purement et simplement le statut héroïque en termes juridiques. Cela est vrai, en fin de compte, de tous les Tragiques. Non seulement parce que, comme l'avait senti Gernet, la tragédie exprime un droit qui est en train de se faire, qui n'est pas encore figé [35], mais parce que la tragédie explore les situations extrêmes, et passe à la limite, ce que ne fait évidemment pas le droit.

Prenons le cas des *Suppliantes* d'Eschyle, première « tragédie des étrangers [36] ». Les Danaïdes, débarquant à Argos, se prétendant argiennes, et réclamant à ce titre le droit de cité, malgré leur allure égyptienne, se sont assises dans le sanctuaire, dans la posture des « suppliantes ». Le roi d'Argos définit leur statut ou, plutôt, leur absence de statut. N'ont-elles pas osé venir à Argos :

---

33. Cf. les vers 58-61 : « Les champs voisins se flattent d'avoir pour créateur le cavalier que tu vois là, Colone, et tous portent ensemble le nom qu'ils lui ont emprunté. » Eschyle, du dème d'Éleusis, avait appelé les *Éleusiniens* une tragédie aujourd'hui perdue. Un de mes auditeurs d'Utrecht, H. Teitler, me fait remarquer que Colone fut aussi le lieu de la réunion extraordinaire de l'assemblée populaire qui est à l'origine de la constitution de 411 (THUCYDIDE, VIII, 67, 3).

34. Voir les vers 638-640 ; Thésée laisse le choix à Œdipe : rester à Colone ou venir avec lui au centre.

35. Voir J.-P. VERNANT, « La Tragédie grecque selon Louis Gernet », *Hommage à Louis Gernet,* Paris, 1966, pp. 31-35.

36. Ph. GAUTHIER, *Symbola. Les étrangers et la Justice dans les Cités grecques,* Nancy, 1972, p. 53.

238 οὔτε κηρύκων ὕπο
ἀπρόξενοί τε, νόσφιν ἡγητῶν

sans les hérauts *étrangers* qui devraient normalement les précéder, sans les guides *(locaux?)* qui devraient les accompagner, sans les proxènes *argiens* [37] qui seraient censés les accueillir? Un proxène, dans le sens classique de ce mot, serait ici un citoyen d'Argos qui prendrait en charge les intérêts de la cité d'où proviennent les Danaïdes, ce qui se heurte à une double difficulté : ces jeunes filles se présentent comme d'origine argienne (16, 274) et elles ne viennent pas d'une cité qui pourrait avoir avec Argos des rapports normaux. Quant au héraut, il existe bien, mais parlera au nom des fils d'Aegyptos, cousins germains des Danaïdes. Faute de proxènes, celles-ci demandent au roi de jouer ce rôle :

418 Φρόντισον καὶ γενοῦ πανδίκως
εὐσεβὴς πρόξενος

« Réfléchis et deviens, en toute justice, un pieux proxène. » C'est ce que deviendra effectivement Pelasgos, qualifié plus loin (491) d'*aidoios proxenos,* de « proxène respectueux » de ses hôtes, et fournisseur, précisément, de guides, recrutés localement (491-492). Pelasgos protège donc les filles de Danaos et leur donne un premier statut, l'*asphaleia,* la sécurité. Le second leur est conféré dans des conditions plus juridiques, au moyen d'un décret voté par l'assemblée populaire (605-624). L'*Ecclêsia,* par ce décret, fait des Danaïdes des métèques que l'on ne peut saisir [38] :

610 ἡμᾶς μετοικεῖν τῆσδε γῆς ἐλευθέρους
Κἀρρυσιάστους ξύν τ'ἀσυλίᾳ βροτῶν.

« Nous pouvons résider sur cette terre en individus libres et insaisissables, avec droit d'asile reconnu. » Elles ont désormais comme tout métèque un garant, un répondant, un *prostatês.* Mais ici encore, le poète tragique passe à la limite en faisant dire au roi :

---

37. Qu'il s'agisse bien de la proxénie traditionnelle est soutenu par GAUTHIER, *op. cit.*, p. 53-54, qui cite (p. 54, n. 126) l'opinion différente de Wilamovitz.

38. Pour une étude précise du droit de saisie, voir B. BRAVO, *op. cit.*, *supra*, note 26.

963 Προστάτης δ' ἐγώ
ἀστοί τε πάντες, ὧνπερ ἥδε κραίνεται ψῆφος,

« Pour garants vous avez moi-même et tous mes concitoyens dont s'exécute le vote. » On admettra aussi que toute cité ne possédait pas des « logis nombreux » *dômata* [...] *polla* (957) destinés à recevoir les hôtes publics, mais après tout le dépassement du réel est ici modèle.

Les *Suppliantes* ont été représentées en 465. Les *Héraclides* d'Euripide (qui datent de *circa* 430-427), autre tragédie des étrangers, présentent un cas doublement intéressant.

Iolaos et les enfants d'Héraclès sont des *alômenoi* (15), des errants, qui « franchissent une frontière après l'autre », ἄλλην ἀπ' ἄλλης ἐξορίζοντες πόλιν (16). Ce sont celles d'Athènes qu'ils viennent de franchir (37) au moment où débute la pièce, Athènes où règnent deux rois, comme à Sparte, mais tirés au sort (36), comme le sont les archontes athéniens, parmi les enfants de Pandion. Comme les Danaïdes, les Héraclides sont des suppliants qui s'adressent à la fois à leurs interlocuteurs et à la cité que ceux-ci représentent. Le roi d'Argos, Eurysthée, et son héraut cherchent à les saisir au nom d'un arrêt argien qui les a condamnés à mort, attitude parallèle à celle de Créon saisissant les filles d'Œdipe parce que thébaines. Iolaos répond que les Héraclides ne sont plus des Argiens. Entre le représentant d'Eurysthée et eux, rien n'est plus en commun, *en mesôi* (184). Les Héraclides sont légalement, à la suite d'un vote (186) de l'Assemblée d'Argos, des étrangers par rapport à leur cité d'origine. Comme les Danaïdes à Argos, les Héraclides invoquent un cousinage. Aethra, mère de Thésée et grand-mère de Démophon, est, comme Alcmène mère d'Héraclès, petite-fille de Pélops. Cette parenté ne leur donne aucun droit à Athènes, mais de cité à cité l'argument de la parenté, de la *sungeneia*, a sa valeur, qui est diplomatique [39]. Démophon d'Athènes procède comme Pelasgos d'Argos. Il traite d'abord les Héraclides comme des hôtes étrangers, *xenoi*, qu'on conduit de l'autel devant lequel ils supplient à la maison

39. Voir l'étude classique de D. MUSTI, « Sull'idea di συγγένεια in iscrizioni greche », *ASNP* 32, 1963, pp. 225-239.

(340-343), quitte à convoquer les citoyens en assemblée politique et militaire (335) [40].

Les Héraclides n'auront pas à séjourner à Athènes comme métèques. On annonce au contraire leur départ, et Euripide fait parler ses personnages comme si le départ et le retour dans le Péloponnèse suivaient immédiatement la défaite et la mort d'Eurysthée. Il y aura cependant, séjournant à Athènes, un métèque inattendu, un métèque mort, un métèque héros, un métèque sauveur, comme le seront, mais vivants, les métèques qui aideront Athènes à chasser les Tyrans : ce métèque, c'est Eurysthée, dont la tombe, à Pallène, protégera les Athéniens contre les descendants des Héraclides, comme la tombe d'Œdipe protégera ces mêmes Athéniens contre les Thébains [41] :

> 1032 Καί σοί μὲν εὔνους καὶ πόλει σωτήριος
> μέτοικος αἰεὶ κείσομαι κατὰ χθονός,
> τοῖς τῶνδε δ'ἐκγόνοισι πολεμιώτατος.

« Et, sous terre où je reposerai, métèque, je serai pour toi et ta cité un sauveur, mais pour les descendants de ceux-ci, l'ennemi le plus déclaré. » Un roi ennemi, vaincu et exécuté, devenu, mort, un métèque et un héros protecteur. C'est en cumulant ces possibilités qu'Euripide à son tour passe à la limite.

Et l'Œdipe de Sophocle? Obtient-il plus que ce qu'ont obtenu les Danaïdes vivantes et Eurysthée mort? Devient-il un citoyen d'Athènes? Qu'il ne soit plus un Thébain ne fait évidemment aucun doute. Sommé par le chœur de dire quelle est sa patrie (206-206), Œdipe répond qu'il est « hors-patrie », *apoptolis* (208), et il accusera Polynice d'avoir fait de lui un sans-patrie, un *apolis* (1357). B. Knox a résolu en ces termes le problème que je me pose. Opposant le destin d'Œdipe à celui de Philoctète, il écrit : « Mais dans cette pièce aucun dieu n'apparaît pour provoquer la réintégration d'Œdipe dans la *polis*. Il

---

40. Je laisse ici de côté la question annexe du sacrifice humain imposé par l'oracle pour le salut des Héraclides.

41. Cf. A.-J. FESTUGIÈRE, « Tragédie et tombes sacrées », *RHR*, 1973, pp. 3-24, repris dans *Études d'histoire et de philologie*, Paris, 1975, pp. 47-68, et part. pp. 67-68.

devient effectivement un citoyen (*empolis*, 637), mais un citoyen d'Athènes, non de Thèbes, et sa citoyenneté commence et s'achève avec sa mort mystérieuse [42]. » Nous sommes donc en présence d'une variation sur un schéma sophocléen bien connu, celui de la réintégration du héros : Ajax mort, Philoctète vivant sont réintégrés dans l'armée qui représente la *polis*. Œdipe est bien réintégré, non dans sa cité, mais dans Athènes, dans et par sa mort.

Cela demande à être examiné de près. Les vers décisifs, tels que les comprend Knox, sont évidemment les vers 636-637 :

636 Ἁγὼ σεβισθεὶς οὔποτ' ἐκβαλῶ χάριν
τὴν τοῦδε, χώρᾳ δ' ἔμπολιν κατοικιῶ.

« M'étant incliné devant ces faits, je ne repousserai pas la faveur qu'il veut nous faire [en faisant à Athènes don de son corps], je l'installerai dans ce pays comme citoyen [43]. »

Cette interprétation n'est pas en soi nouvelle, mais elle a le mérite d'expliciter ce que d'autres savants, très nombreux, ont admis comme allant de soi, à partir d'un texte qui, lui, ne va pas de soi.

Car les manuscrits n'ont pas ἔμπολιν mais ἔμπαλιν; ἔμπολιν est une correction posthume de S. Musgrave, publiée en 1800 et acceptée par nombre d'éditeurs, non par tous [44]. Il ne s'agit pas chez Musgrave et chez ceux qui l'ont suivi, sauf Knox, d'une correction « positive », introduite par le souci de comprendre ce qu'est le destin juridique d'Œdipe à Athènes. Ce qui fait problème pour nombre d'interprètes, c'est le sens

42. « Sophocles and the *polis* » (*supra*, note 1), p. 21.

43. Je traduis ici *empolis* par citoyen, comme le fait Knox, mais provisoirement. La majorité des interprètes comprennent exactement comme lui.

44. Elle est acceptée en dernier lieu par Dawe, mais non par Dain (1960), ni par M. Gigante dans sa traduction (Syracuse, 1976), ni par Colonna (1983), ni même par Kamerbeek qui, dans son commentaire, p. 101, hésite à trancher, tout en admettant qu'ἔμπαλιν n'est pas impossible. Pour les remarques qui suivent, je dois beaucoup à B. Bravo, à J. Bollack et à M. Casevitz qui m'ont tous trois adressé des observations très détaillées dont j'ai fait mon profit, au point de modifier radicalement mon hypothèse de départ.

d'ἔμπαλιν [45]. Il va sans dire que, pour parodier un principe juridique aussi célèbre que peu appliqué, tout manuscrit doit être tenu pour innocent jusqu'à ce que la preuve d'une erreur ait été apportée. En l'occurrence, ἔμπαλιν donne un sens qui a été perçu par le scholiaste qui interprète ainsi : ἐκ τοῦ ἐναντίου, « au contraire ». On comprendra alors littéralement ainsi : « M'étant incliné, je n'expulserai [46] jamais la faveur de celui-ci, mais au contraire je l'installerai [cette faveur] dans le pays. » Par métonymie, la grâce, la *charis* que veut faire Œdipe à Athènes, c'est-à-dire le don de son propre corps, est assimilée à Œdipe lui-même, en fait, à son cadavre, puisque Sophocle, sinon Thésée, sait très exactement que le séjour d'Œdipe vivant à Athènes est sur le point de s'achever. En toute rigueur, je pourrais m'en tenir là et déclarer le problème posé par B. Knox résolu, faute d'un texte pour appuyer son raisonnement. Mais nous ne sommes pas dans le domaine des sciences exactes, et même s'il est fort peu probable que la correction de Musgrave renvoie au manuscrit de Sophocle, il n'est pas inutile de se demander à quel sens nous aboutirions avec ce texte. *Empolis* est ce que les grammairiens appellent « un composé par hypostase d'un tour prépositionnel ». Autrement dit, *ho empolis* est l'équivalent de *ho en polei,* celui qui est dans la cité. De même on a, à partir d'Eschyle, *amphiptolis,* celui ou celle qui est autour de la cité, *anchiptolis,* celui ou celle qui est voisin(e) de la cité [47]. Le sens premier de *empolis* est sans doute local, plus que juridique. Il est possible que le premier exemple du mot se rencontre chez le comique Eupolis [48]. Selon le grammairien alexandrin Pollux, Eupolis aurait en effet employé ce mot au sens d'*astos,* autrement dit d'homme du pays, *enchôrios,* et Pollux ajoute : « On aurait pu, je crois, dire aussi *entopios.* » Autrement dit, le mot est compris dans son rapport au lieu : la ville, le pays, l'endroit. La dimension juridique de la *polis* n'est pas indiquée, mais il n'est que juste

45. On attendrait plutôt τοὔμπαλιν comme dans EURIPIDE, *Hippolyte,* 390, mais cf. *Trachiniennes,* 358.

46. C'est le sens précis du verbe *ekballô.*

47. *Choéphores,* 76 ; *Sept,* 501.

48. Fr. 137 Kock, cité par POLLUX, *Onomasticon* IX, 27 (éd. Bethe, II, p. 153).

de noter que, chez Sophocle lui-même, il y a équivalence entre *asty* et *polis* [49]. La *Diade* d'Eupolis est datée de 412. Le premier emploi du mot avec son contexte, le seul à ma connaissance, se trouve précisément dans l'*Œdipe à Colone* (156), détail qui a évidemment tenté Musgrave. Thésée parle à Œdipe de Polynice et insiste sur son rapport paradoxal à Œdipe :

1156 ἄνδρα σοὶ μὲν ἔμπολιν
οὐκ ὄντα, συγγενῆ δέ,

... « un homme qui n'est pas de la même cité que toi, mais qui est ton parent [50] ». En effet Polynice, candidat au trône de Thèbes, est à la tête d'une armée argienne, et son appartenance à Argos était probablement soulignée par quelque détail de la mise en scène. Que le mot puisse évoluer vers le sens de *politès* est évident. C'est la définition que donnera Hésychius : ὁ πατρίδα ἔχων, « celui qui a une patrie », mais ce que nous savons du mot ne nous oblige pas, même en adoptant la correction de Musgrave, à comprendre qu'Œdipe devient citoyen au sens juridique du terme. Au reste, une autre façon de réfléchir sur le sens de ce mot consiste à examiner les significations du verbe dérivé *empoliteuô* dont on a quelques exemples en situation et dans les textes littéraires et dans les inscriptions [51].

Remarquablement, ce verbe fait son apparition, pour nous, dans le récit que Thucydide donne de la prise d'Amphipolis par Brasidas (424), récit à peu près contemporain de la *Diade* d'Eupolis et probablement antérieur à l'*Œdipe à Colone* [52]. Amphipolis, cité de l'empire athénien fondée en 437, avait une population mêlée. Dans son entreprise, Brasidas compte sur l'appui des gens d'Argilos, cité voisine et colonie d'Andros. Parmi les habitants, *oikêtores* (IV, 103, 3), d'Amphipolis, il y a des Argiliens. Les Argiliens d'Argilos comptent sur les

---

49. *Œdipe à Colone*, 1372 et la note de Mazon, p. 134.

50. Mazon traduit « qui ne serait pas ton concitoyen ». Je traduis de façon plus neutre. Le scholiaste interprète ainsi : ἐν τῇ αὐτῇ πόλει οἰκοῦντα « résidant dans la même cité ».

51. M. Casevitz me confirme de la façon la plus catégorique cette dérivation : *empoliteuô* est un dérivé de *empolis*, non d'un absurde *empolitês*.

52. Voir les indications données par J. DE ROMILLY, pp. XX-XXI de son édition des livres IV et V (Belles-Lettres, 1967).

Argiliens d'Amphipolis pour secouer le joug d'Athènes et rejoindre l'alliance spartiate. Les Argiliens d'Amphipolis sont définis comme des *empoliteuontes* (IV, 103, 4), des résidents.

Un peu plus loin, il s'agit (IV, 106, 1) de la population athénienne, peu nombreuse, installée à Amphipolis (βραχὺ μὲν 'Αθηναίων ἐμπολιτεῦον). Ces Athéniens n'ont évidemment pas renoncé à leur citoyenneté, mais ils ne peuvent guère être métèques à Amphipolis. Il faut supposer qu'ils avaient, et d'autres avec eux, une double citoyenneté mais nous ne savons pas ou guère ce qu'était la citoyenneté à Amphipolis [53]. Très curieusement, c'est encore à propos d'Amphipolis que ce verbe réapparaît, chez Isocrate (*Philippe,* 5). Conseillant une fois de plus aux Athéniens de ne pas répéter l'aventure impériale du siècle passé, il les adjure d'éviter les entreprises coloniales *(apoikiai)* qui, quatre ou cinq fois déjà, ont abouti à la perte de ceux qui s'étaient installés là-bas *(tous empoliteuthentas).* Il est tentant d'imaginer, avec M. Casevitz, que le mot *empolis* et le verbe dérivé sont apparus à Athènes en liaison avec le statut particulier d'Amphipolis – ou d'autres établissements –, colonie athénienne à population mélangée dont les composantes devaient garder leur citoyenneté à l'extérieur tout en faisant partie de la cité sujette.

A ce minuscule dossier classique on ajoutera un maigre ensemble hellénistique. Polybe (V, 9, 9) nous apprend qu'Antigone Dôson, roi de Macédoine, en guerre contre Cléomène de Sparte et vainqueur à Sellasie (222), se trouve maître de la cité et des *empoliteuomenoi.* Il s'agit non pas des seuls *homoioi* mais de tous ceux qui, à des titres divers, sont *dans la cité,* y compris tous ceux qui ont été introduits dans le corps civique

53. Le problème aurait dû être posé par F. GSCHNITZER, *Abhängige Orte im Griechischen Altertum,* Munich, 1958, pp. 91-92, mais il ne l'a pas été; pour une étude approfondie, voir D. ASHERI, « Studio sulla storia della colonizzazione di Anfipoli sino alla conquista macedone », *RFIC,* 3ᵉ série, 95, 1967, pp. 5-30; il conclut que tous les groupes d'*empoliteuontes* étaient citoyens; A. J. GRAHAM, *Colony and Mother-City in Ancient Greece,* Manchester, 1964, pp. 245-249, a le mérite de poser clairement la question de la double citoyenneté. S'il rejette l'idée que les Athéniens d'Amphipolis soient restés citoyens d'Athènes il n'en conclut pas moins que leur citoyenneté ancienne leur sera éventuellement rendue automatiquement, ce qui montre bien le caractère fragile de la citoyenneté à Amphipolis.

par Cléomène [54]. Le mot apparaît enfin dans deux inscriptions du Péloponnèse [55], probablement du IIIe siècle. La première, d'Antigoneia (Mantinée), est un décret de proxénie louant un Argien pour la bienveillance qu'il a toujours montrée tant envers les citoyens d'Antigoneia qu'envers τῶν ἐμπολιτεύοντων ἐν 'Αντιγονείᾳ, « ceux qui résident à Antigoneia ». La seconde, de Tégée, en Arcadie également, loue un citoyen de Mégalèpolis qui a séjourné *(enpoliteusas)* pendant un nombre donné d'années dans la cité, avant de rentrer dans sa cité proprement dite *(idias)*, c'est-à-dire à Mégalèpolis. Dans un cas comme dans l'autre, il peut, à l'extrême rigueur, s'agir de personnes admises à bénéficier du droit de cité soit à titre définitif, à Antigoneia, soit à titre temporaire, et dans le cadre d'un accord de sympolitie, à Tégée [56].

Mais je ne crois pas à cette interprétation. Il me paraît s'agir tout simplement de résidents étrangers, autrement dit, sans doute à quelques nuances près, de métèques [57]. L'opposition me paraît en effet claire, dans l'un et l'autre document, entre les citoyens proprement dits et ceux qui sont *dans* la *polis*, sans être pour autant *de* la *polis*.

Cet excursus était, je crois, nécessaire, mais il ne résout pas le problème du statut d'Œdipe à Athènes. Que celui-ci pénètre dans la *polis* athénienne ne fait aucun doute. Le fait-il en tant que citoyen? C'est une tout autre affaire et cela quel que soit le texte qui sera en définitive adopté. La citoyenneté d'Œdipe, dit-il, « commence et s'achève avec sa mort mystérieuse ». Cela veut-il dire, que, pour lui, c'est en mourant qu'Œdipe devient citoyen athénien, incorporé au sol d'Athènes comme le sont

---

54. Sur les faits, voir Ed. WILL, *Histoire politique du monde hellénistique*, I², Nancy, 1978, pp. 374-398.

55. *IG* V, 2, 263, et *IG* V, 2, 19. Le premier texte est signalé par E. BIKERMAN, *RPh*, 53, 1927, p. 365 et n. 2; le rapprochement avec le second et l'interprétation sont dus à Ivana SAVALLI, *Recherches sur les procédures relatives à l'octroi du droit de cité dans la Grèce antique d'après les inscriptions*, thèse de 3e cycle, Paris I, 1983, 2 vol., I, pp. 112-113.

56. C'est l'interprétation de Bikerman pour le décret d'Antigoneia.

57. Il n'y avait pas d'Athènes près d'Athènes au Ve siècle, et donc pas ou peu d'échanges avec les cités voisines en ce qui concerne les hommes, sauf le cas de crise majeure. La situation n'est pas la même entre deux cités d'Arcadie comme Tégée et Mégalèpolis.

les héros? Non, car visiblement, pour Knox, c'est pendant l'action tragique que se produit cette mutation. Elle est accomplie au moment de l'enlèvement des jeunes filles par Créon : « Œdipe est maintenant un citoyen d'Athènes, et quand, en proie aux violences de Créon, il appelle à l'aide *(Iô polis,* 833) [58], c'est Athènes qu'il appelle au secours contre Thèbes [59]. » Admettons très provisoirement ce raisonnement. Faudra-t-il le compléter en suggérant, par exemple, que Thésée offre à Œdipe le choix de son dème? Il peut, en effet, soit rester à Colone, soit suivre Thésée à Athènes (638-639). Toute entrée dans la cité supposait évidemment l'intégration dans un dème ou dans une tribu.

Mais à peine a-t-on fait cette suggestion dans la ligne de l'hypothèse de Knox que les arguments se pressent en foule pour la détruire. Dans la tirade même où Thésée proclame son intention d'accueillir Œdipe, il explique (632-633) que celui-ci est son hôte à titre militaire, par compagnonnage guerrier comme il peut en naître entre deux étrangers [60]. Après comme avant son « entrée dans la cité », Œdipe ne cesse d'être traité en étranger, et la terre qui l'accueille, en terre étrangère [61]. Et Thésée propose (633) de l'accueillir à la *koinê hestia,* c'est-à-dire à la fois au foyer qui *leur* est commun et au *prytanée,* foyer commun de la cité, lieu où elle accueille ses hôtes de marque aussi bien que les citoyens qu'elle veut ou doit honorer [62].

58. Mazon traduit simplement : « Ô Athènes!... »

59. B. KNOX, « Sophocles and the *polis* », p. 24.

60. Le mot grec que je traduis ainsi est *doruxenos,* littéralement l'hôte par la lance; voir à ce sujet, dans les *Questions grecques* de PLUTARQUE, le nº 17 avec le commentaire de HALLIDAY (Oxford, 1928), p. 98. Le mot a semble-t-il oscillé entre un seul *interne* à la cité et un seul *externe,* ce qui est ici le cas. On disposera bientôt pour l'étude de ces questions d'une version imprimée de la thèse de G. HERMAN, *Ritualised Friendship and the Greek City,* Cambridge, 1985.

61. Voir par exemple les vers 1637, 1705, 1713-1714, que je choisis volontairement à la fin de la pièce.

62. Il s'agit, selon le sens immédiat, d'un foyer commun à Thésée et Œdipe, mais il est difficile de ne pas faire le rapprochement avec le prytanée, sur lequel on verra l'étude classique de L. GERNET, « Sur le symbolisme politique : le foyer commun », *Anthropologie de la Grèce antique,* Paris, 1968, pp. 382-402.

Je donnerai deux exemples précis qui obligent à réfléchir. Alors qu'on attend des nouvelles d'Antigone et Ismène enlevées, le chœur des Coloniates invoque les dieux, Zeus, Athéna, puis Apollon chasseur et sa sœur Artémis :

1094 Στέργω διπλᾶς ἀρωγὰς
μολεῖν γᾷ τᾷδε καὶ πολίταις,

« [A ces dieux], je dis mon désir de les voir porter leur double secours à ce pays et à ses citoyens. » Or, à peine a-t-il parlé des citoyens que le chœur se tourne vers Œdipe et lui dit (1096) : *Ô xein' alêta,* « Ô étranger errant... » Et quand Œdipe est mort, mort comme étranger, le messager s'adresse aux habitants de Colone et débute son récit en les appelant, eux, citoyens : *Andres politai* (1579). Si Sophocle avait voulu dire qu'Œdipe est désormais un Athénien, il l'aurait dit.

Ce point étant acquis, reste qu'il n'est pas facile de dire ce que devient Œdipe à Athènes. On ne le répétera jamais assez, le jeu, ambigu, sur les catégories juridiques, l'exploration de l'impossible sont une des lois de la tragédie grecque [63]. Ainsi l'Œdipe de l'*Œdipe-Roi.* Il se croyait, à Corinthe, un autochtone, et c'est cette cité qu'il fuit, après que son destin lui a été révélé par l'Oracle, Corinthe où il avait « le premier rang parmi les citoyens » (776, 794-795). Tirésias lui a dès avant expliqué sa situation réelle. « Cet homme [l'assassin de Laïos] est ici même. On le croit un étranger fixé dans le pays, *xenos metoikos,* il se révélera un Thébain authentique » (451-453). Mais peut-on imaginer, à Athènes, ce monstre juridique qu'est un métèque régnant? Détail étonnant, dans l'*Œdipe à Colone* Thésée menace, si les jeunes filles enlevées ne sont pas rendues, d'arrêter Créon, et de faire de lui, « par force et malgré lui », un métèque, un résident de ce pays (μέτοικος τῆςδε τῆς χώρας, 934). Il va sans dire qu'il s'agit d'une impossibilité juridique. Il n'y a pas à Athènes de métèques forcés, et Sophocle joue sur le mot et le droit.

---

63. Je le répète ici, sans espoir de le convaincre, à l'intention de V. Di Benedetto pour qui l'ambiguïté tragique n'est que l'expression du mal du siècle des intellectuels déboussolés d'aujourd'hui ; voir son article « La tragedia greca di Jean-Pierre Vernant », *Belfagor,* 32, 4, 1977, et *Filologia e marxismo. Contro le mistificazioni,* Naples, 1981, pp. 107-114.

En vérité, pour comprendre ce qui est en jeu, il faut changer de méthode. Je ne crois pas qu'on puisse se tirer ici d'affaire en se contentant de gloser sur l'opposition, fondamentale en effet pour l'ordinaire de la cité, entre le citoyen et l'étranger. Impossible d'enfermer un personnage tragique dans *un seul* réseau de significations. Si l'impasse à laquelle nous aboutissons pour le moment a un sens, c'est de nous rappeler cette simple vérité.

Quand Jean-Pierre Vernant a voulu situer le personnage d'Œdipe dans l'*Œdipe-Roi* [64], il a montré qu'il fallait jouer sur deux registres au moins. Sur le plan religieux, Œdipe oscille entre la condition de roi divin et celle du *pharmakos,* du bouc émissaire que l'on expulse à Athènes, le 6 de Thargélion, pour purifier la cité. Sur le plan politique, Œdipe est un homme politique puissant, un candidat à la tyrannie, menace à laquelle la cité du Ve siècle fait face par l'institution très laïcisée de l'ostracisme. Que les deux plans puissent se confondre est l'évidence même. C'est le discours de Lysias contre Andocide qui est une de nos principales sources sur le rituel du *pharmakos,* et Lysias demande que l'on purifie la cité de cette souillure qu'est Andocide [65]. Mais précisément, dans la tragédie, il y a interférence [66] des plans, et non confusion banale qui relève de la rhétorique politique. Et il est vrai qu'on peut discuter le détail : dans l'*Œdipe-Roi,* le personnage principal n'est pas (encore) expulsé de Thèbes. Lui-même s'est condamné, la cité attend le verdict de l'Oracle [67], mais cet incident d'ordre narratif n'empêche pas les pôles définis par J.-P. Vernant d'encadrer effectivement le personnage d'Œdipe. Et, bien entendu, Œdipe révélé n'est ni un *pharmakos* ni un ostracisé, il est entre les deux, et c'est en cela qu'il est un héros tragique.

On pourrait reprendre en l'inversant l'analyse de J.-P. Vernant, en l'appliquant à l'*Œdipe à Colone.* Tout s'y retourne. Le

---

64. « Ambiguïté et renversement. Sur la structure énigmatique d'*Œdipe-Roi* », *Mélanges Cl. Lévi-Strauss,* 1970, et J.-P. VERNANT et P. VIDAL-NAQUET, *Mythe et tragédie,* I, pp. 99-131.

65. LYSIAS, *Contre Andocide,* 108.

66. Cf. N. LORAUX, « L'interférence tragique », *Critique,* 317, 1973, pp. 908-925.

67. Voir *Œdipe-Roi,* v. 1436-1439, 1450-1454 et 1516-1521.

pharmakos candidat à l'expulsion devient le héros qui guide lui-même Thésée vers un lieu central, le tombeau qui sera le signe caché de sa présence salutaire à Athènes. Œdipe est un errant qui va acquérir un domicile fixe. Il est un suppliant – et nous savons, notamment par une étude récente de J. Gould [68], que la supplication est, au même titre, par exemple, que l'hospitalité, une institution, voire un fait social total, comme Mauss définissait le don et le contre-don –, un suppliant qui va devenir un héros et un sauveur.

Qu'Œdipe devienne effectivement un héros, voilà qui est incontestable, qui a été étudié, peut-être même à l'excès [69]. Il est clair pourtant que, en dépit des critiques, il faut maintenir l'idée d'une mutation héroïque, à condition de débarrasser celle-ci des relents chrétiens de l'immortalité personnelle et de la réhabilitation morale [70]. Ce vers quoi nous conduit

---

68. J. GOULD, « Hiketeia », *JHS*, 93, 1973, pp. 74-103 ; sur le thème suppliant et sauveur, voir P. BURIAN, « Suppliant and Saviour : Œdipus at Colonos », *Phoenix*, 28, 1974, pp. 408-429 ; sur la supplication grecque, D. PRALON a écrit une étude originale qu'il n'a malheureusement pas publiée.

69. Les deux études classiques sur le sujet sont sans doute celle, déjà citée *supra*, note 40, de A.-J. FESTUGIÈRE, et le chapitre VIII, pp. 307-355 du livre de C. M. BOWRA, *Sophoclean Tragedy*, Oxford, 1944 ; on pourra remonter plus haut dans l'historiographie de cette discussion grâce à D. A. HESTER, « To Help one's Friends and Harm one's Enemies. A Study in the *Œdipus at Colonus* », *Antichthon*, 11, 1977, pp. 22-41, qui conteste ce qu'il appelle la vision « orthodoxe » de la pièce, celle qui y voit le triomphe d'un humanisme héroïque et insiste sur la réhabilitation morale d'Œdipe.

70. Le moins qu'on puisse dire est que l'étude des cultes héroïques a souvent cédé à la tentation ; cf. le titre même de l'ouvrage de L. R. FARNELL, *Greek Hero Cults and Ideas of Immortality*, Oxford, 1921 ; d'une façon caractéristique, V. DI BENEDETTO appelle « La buona morte » le chapitre sur l'*Œdipe à Colone* de son *Sofocle* (*supra*, note 1), pp. 217-247, où il prend pourtant ses distances par rapport à l'interprétation « orthodoxe » ; contre celle-ci, on trouvera les antidotes nécessaires dans l'article (cité à la note précédente) de D. A. HESTER, dans la brochure (*supra*, note 1) de R. G. A. BUXTON, p. 30, et, mieux encore, dans la note de H. DIETZ, « Sophokles, *Oed. Col.* 1583 f. », *Gymnasium*, 79, 1972, pp. 239-242 ; il y est démontré que l'immortalité personnelle d'Œdipe repose, plus encore que sa citoyenneté à Athènes, sur une correction de Z. Mudge, en 1769, au texte des manuscrits. Là où ceux-ci ont, en 1583-1584 : ὡς λελοιπότα / κεῖνον τὸν αἰεὶ βίοτον ἐξεπίστασο, « sache qu'il a abandonné cette sorte de vie qui a été continûment la sienne », on a restitué λελογχότα et traduit, par exemple, avec Mazon : « Sache qu'il a conquis une vie qui ne finit pas. »

en réalité l'idée même de héros est le plan politique, car le héros n'existe pas pour lui-même, il existe comme un élément de l'espace civique [71], comme existe justement à Colone le héros cavalier qui est l'éponyme du dème : « Les champs voisins se flattent d'avoir pour créateur le cavalier que tu vois là, Colone, et tous ici portent ensemble le nom qu'ils lui ont emprunté » (58-61). Œdipe ne peut pas être un *pharmakos* qui retrouverait soudainement, par miracle, l'état d'avant la souillure. Il n'est pas non plus un ostracisé qui refranchit la frontière, comme l'ont fait à Athènes Cimon et Aristide, puisque, précisément, il ne revient pas à Thèbes, et que ce non-retour est justement l'enjeu de la tragédie. Qu'est-il donc à Athènes?

Il faut maintenant revenir sur cette question abandonnée. Dire qu'il est un héros, c'est-à-dire plus qu'un citoyen, et qu'il partage cette qualité avec des personnages qui ont parfois été annexés à Athènes, comme Ajax, ne suffit pourtant pas. Il est nécessaire et possible de mieux intégrer Œdipe dans les institutions et les pratiques du temps de Sophocle.

On a beaucoup travaillé ces vingt dernières années sur les étrangers et la cité grecque, dans la cité et hors de la cité; on a particulièrement travaillé sur les honneurs accordés aux étrangers à Athènes et dans d'autres cités, et enfin sur l'octroi de la citoyenneté aux étrangers – ce qu'on appelle parfois à tort la « naturalisation », à Athènes et ailleurs [72].

---

71. Voir dans l'ouvrage édité par G. GNOLI et J.-P. VERNANT, *La Mort, les morts dans les sociétés anciennes*, Cambridge, et Paris, Maison des sciences de l'homme, 1982, notamment l'introduction de J.-P. VERNANT, pp. 5-15, et les études de N. LORAUX, pp. 27-43; Cl. BÉRARD, pp. 89-105, et A. SNODGRASS, pp. 107-119; pour l'*Œdipe à Colone*, quelques aperçus complémentaires *in* N. D. WALLACE, « *Œdipus at Colonus :* The Hero in his Collective Context », *QUCC*, 32, 1979, pp. 39-52.

72. Je citerai, par ordre chronologique, J. PEČIRKA, *The Formula for the Grant of Enktesis in Attic Inscriptions*, Acta Universitatis Carolina, Prague, 1969; Ph. GAUTHIER, *Symbola* (*supra*, note 35); B. BRAVO, « Sulân », *supra*, note 26, avec le compte rendu critique de Ph. GAUTHIER, *RD*, 60, 1982, pp. 553-576; M. J. OSBORNE, *Naturalization in Athens*, 2 vol. parus, *Verhand. Konink. Aacad. Letteren*, Bruxelles, nos 98, 1981, et 101, 1982; I. SAVALLI, *Recherches sur... l'octroi du droit de cité* (*supra*, note 55); M.-F. BASLEZ, *L'étranger dans la Grèce antique*, Paris, 1984.

Il faut naturellement toujours revenir à l'étude célèbre d'A. WILHELM, « Proxenie und Evergesie », Attische Urkunden, V, *SAWW*, 220, 1942,

Je ferai deux remarques préalables. La première, reprise de M. J. Osborne, consiste à insister sur ce qu'il appelle « *the dual aspect of a grant of citizenship* [73] ». L'octroi de la citoyenneté est à la fois une marque d'honneur et un privilège hautement pratique, qui donne des droits très concrets à celui qui en bénéficie. Autrement dit, la citoyenneté peut être potentielle ou réelle. Elle est réelle quand il s'agit d'individus ou de groupes (les Platéens qui s'installent définitivement dans la cité). Elle est potentielle quand il s'agit d'honorer de très grands personnages, des rois par exemple, qui n'ont aucunement l'intention de s'installer à Athènes, mais à qui on fait savoir que s'ils viennent à Athènes ils seront traités en citoyens, avec des honneurs supplémentaires.

Pour prendre deux exemples contrastés : le roi Évagoras de Chypre, bienfaiteur d'Athènes, reçoit pour lui et ses fils, probablement au début de 407, le droit de cité accompagné vraisemblablement d'une couronne, et des étrangers, probablement tous métèques, qui avaient combattu avec les démocrates athéniens lors de la guerre civile, reçoivent en 401-400 le droit de cité, y compris le droit au mariage, ce dont ils feront évidemment un usage très concret [74]. Il était possible, à l'inverse, mais non, il est vrai, à Athènes à l'époque classique, de recevoir à la fois la proxénie et la citoyenneté. Or, il est évident qu'on ne pouvait être proxène d'une cité, donc étranger à cette cité, et citoyen au sens pratique du terme. Mais il faut aussitôt ajouter qu'à Athènes même on pouvait recevoir les mêmes honneurs qu'un « citoyen » comme Évagoras, à commencer par le titre d'évergète, les mêmes privilèges, y compris le droit d'habiter Athènes *(oikêsis)* et le

---

pp. 11-86. A propos d'un cas particulier, à Thasos (?), J. POUILLOUX et F. SALVIAT, « Lichos, Lacédémonien, archonte à Thasos et le livre VIII de Thucydide », *CRAI*, avril-juin 1983, pp. 376-403, ont réfléchi, eux aussi, sur l'intégration des étrangers. Ph. GAUTIER vient de publier *Les Cités grecques et leurs bienfaiteurs*, Athènes et Paris, 1985. I. SAVALLI a résumé son travail dans un mémoire publié in *Historia*, XXXIV (1985), pp. 387-431.

73. M. J. OSBORNE, *Naturalization*, I, p. 5.

74. Les documents épigraphiques portent les nos 3 et 6, dans le recueil d'OSBORNE (*Naturalization*, I, pp. 31-33 et 37-41, et pour le commentaire, II, pp. 21-24 et 26-43).

droit de posséder la terre à Athènes *(enktêsis)*, sans recevoir aussi le titre de citoyen.

Ainsi existait-il une zone commune d'honneurs entre l'étranger qu'on honore et qui reste étranger, quitte à être assuré qu'il jouira éventuellement à Athènes des droits d'un quasi-citoyen [75], l'étranger qu'on honore et qui reçoit la citoyenneté potentielle, l'étranger qu'on honore et qui reçoit la citoyenneté réelle. Tous sont considérés comme des bienfaiteurs, des évergètes d'Athènes [76].

Si on détaille maintenant la procédure, qui est pratiquement commune, on constate qu'elle commence par une *aitêsis*, une demande, « requête accompagnée par un mémoire circonstancié sur les titres du candidat et présentée par l'intéressé lui-même ou par un tiers [77] ». Le demandeur invoquait naturellement les bienfaits, présents ou à venir, qu'il avait dispensés, ou dispenserait, à Athènes [78], et ces bienfaits sont énumérés dans les attendus des décrets. *Aitêsis* est un mot qui peut paraître neutre, mais il pouvait être associé à l'*hiketeia*, la « supplication », institution éminemment religieuse, au moins dans son origine [79]. Normalement, quand il s'agit d'un nou-

---

75. On sait que WILAMOWITZ, dans une étude célèbre, « Demotika der attischen Metoeken », *Hermes*, XXII, 1887, pp. 107-128 et 211-259, reprise dans *Kleine Schriften*, V, 1, Berlin, 1937, pp. 272-342, appelait, non sans excès, les métèques des *« Quasi-bürger »*; l'expression est reprise, à propos du proxène, par M.-F. BASLEZ, *op. cit.*, p. 120.

L'expression ne vaut pas pour les métèques ordinaires, mais elle est utile pour caractériser le sort fait à des personnages distingués comme ceux, par exemple, que mentionnent J. POUILLOUX et F. SALVIAT, *op. cit., supra*, note 67, pp. 385-386.

76. Il est facile de mettre en évidence cette zone commune en confrontant les documents rassemblés par Osborne et les tableaux publiés par PEČIRKA, *The Formula*, pp. 152-159.

77. I. SAVALLI, *Recherches... sur l'octroi du droit de cité*, I, p. 19.

78. ARISTOTE, *Rhétorique I*, 1361a, note que les honneurs vont « à ceux qui ont fait du bien, mais aussi à celui qui a la capacité d'en faire »; c'est I. Savalli qui a attiré mon attention sur ce texte.

79. I. SAVALLI, *op. cit.*, II, pp. 17-18, donne deux exemples certains, du IVe siècle, de liaison entre la « supplication » et la « demande » : IG II², 218 et IG II², 337 (= Tod, *Greek Hist. inscr.* II, n° 189). Le premier texte est particulièrement intéressant ici : il octroie à deux Abdéritains la protection du Conseil et des stratèges, et, par voie d'amendement, le droit de résidence à Athènes jusqu'au moment du retour dans leur patrie.

veau citoyen, le texte signale que le bénéficiaire doit s'inscrire dans une tribu ou dans un dème, mais les métèques sont eux aussi concernés par les dèmes, dans lesquels ils résident [80], et, à l'époque de Sophocle, quand on honore un métèque sans lui donner le droit de cité, on l'inscrit également dans une tribu [81].

Il me paraît évident qu'on retrouve l'essentiel de cette procédure dans l'*Œdipe à Colone.* La demande d'abord. Œdipe se présente, dès le vers 5, comme un homme qui « demande peu », σμικρὸν μὲν ἐξαιτοῦντα [82]. Mais il précise bientôt que, suppliant, il est un bienfaiteur :

> 287 ἥκω γὰρ ἱερὸς εὐσεβής τε καὶ φέρων
> ὄνησιν ἀστοῖς τοῖσδε.

« J'arrive ici, mortel consacré et pieux, apportant un bienfait à tous ces citoyens. » Il demande à Thésée de le rejoindre pour le bien de sa cité aussi bien que pour l'intérêt du bienfaiteur (308-309). Œdipe est indiscutablement, même si le mot n'est pas prononcé, un évergète d'Athènes qui lui fait don, en guise de *kerdê,* d'avantages, de son propre corps (576-578). Sa bienveillance, son *eumeneia* (631), pour citer un mot qui appartient au répertoire épigraphique, est patente.

Bien entendu, cet évergète reste, presque jusqu'au bout, marqué par la souillure. Il est un intouchable, et un intouchable n'a pas à avoir de contact physique avec Thésée (1130-1136). Il ne lui touchera la main qu'à l'extrême fin de la pièce, au moment de disparaître (1632). Il sera un bienfaiteur et un bienfait pour Athènes, mais – tranchons maintenant la question – il ne deviendra pas un citoyen. Thésée propose à Œdipe (639-642) de rester à Colone, avec celui qui l'a accueilli et qui est en quelque sorte son garant, son *prostatês,* ou de le suivre à Athènes; il n'en fait pas un démote. Colone, dème de Sophocle, ne deviendra pas le dème d'Œdipe mais sa rési-

80. Voir l'étude de WILAMOWITZ, citée *supra,* note 70, et Ph. GAUTHIER, *Symbola,* p. 112.

81. Cf. OSBORNE, *Naturalization,* II, p. 33, à propos des métèques sauveurs de la démocratie.

82. Thésée parle, au vers 583, de ce qu'Œdipe lui demande : τὰ λοίσθι' αἰτῇ τοῦ βίου, « ta demande porte sur tes derniers moments ».

dence, ἔνθα χρὴ ναίειν, « là où il [lui] faut résider » (812), là où il coexistera (Thésée prononce le mot *xunousia,* 847) avec les démotes. Même à la fin du processus, qui se déroule par étapes, il n'est pas Οἰδίπους Κολωνῆθεν ou ἐκ Κολωνοῦ, Œdipe *de* Colone, mais Οἰδίπους ἐπὶ Κολωνῷ, Œdipe *à* Colone. Ses enfants ne reçoivent pas le droit de cité, droit que concèdent aux descendants des évergètes tant de décrets. S'il faut choisir, je dirai qu'Œdipe devient en quelque sorte un résident, un métèque privilégié, comme le sont, dans la pièce d'Eschyle (1011), les Euménides qu'il rencontre précisément à Colone. Même devenu un héros à Athènes, Œdipe demeure un homme en marge.

Et maintenant situons cet homme des marges dans l'espace, l'espace représenté, l'espace du jeu scénique. J. Jones l'a bien vu et bien dit : « une sorte d'interdépendance de l'homme et du lieu [83] » est caractéristique des dernières pièces de Sophocle. Cela vaut, comme il le dit, pour le *Philoctète* et l'*Œdipe à Colone.* Cela vaut aussi, je crois, pour l'*Électre.*

Un thème fondamental revient, du lointain au proche, celui de la frontière [84]. Frontières de l'œcoumène : dans un chant qui dépeint Œdipe, assailli par la tempête, victime de la vieillesse et de la *stasis,* le chœur évoque les vagues qui viennent des quatre points cardinaux : « couchant, levant, midi rayonnant », et enfin des « monts Rhipées noyés dans la nuit », ἐννυχιᾶν ἀπὸ Ῥιπᾶν (1248). Les Rhipées *(Rhipaia horê)* sont des montagnes mythiques que Sophocle situe évidemment ici à l'extrême nord [85]. Frontière de Thèbes : c'est dans une zone

83. J. JONES, *op. cit., supra,* note 1, p. 219, et depuis, R. P. WINNINGTON-INGRAM, *Sophocles,* pp. 339-340 ; Ch. SEGAL est lui aussi, dans son chapitre sur l'*Œdipe à Colone,* très conscient du problème.

84. Cf. Ch. SEGAL, *Tragedy and Civilization,* p. 369 ; R. G. A. BUXTON, *Sophocles,* p. 30, écrit de son côté ceci : « *It* [l'*Œd. à Col.*] *charts the crossing of a series of boundaries : from sacred grave to lawful ground, from outside a* polis *to inside it, from life to death.* »

85. Le scholiaste du vers 1248 se trompe évidemment en les plaçant à l'extrême Occident ; sur les Rhipées dont la place peut osciller entre le nord et le nord-est, voir J. DESAUTELS, « Les monts Rhipées et les Hyperboréens dans le traité hippocratique *Des Airs, des Eaux et des Lieux* », *REG,* LXXXIV,

frontière que les Thébains veulent installer Œdipe. C'est ce qu'annonce Ismène :

> 404 σε προσθέσθαι πέλας
> χώρας θέλουσι μηδ' ἵν' ἂν σαυτοῦ κρατῇς

« Ils entendent te placer *près* du pays, afin que tu ne puisses pas être ton propre maître. » *Près* du pays et non *dans* le pays. Il en sera de même de la tombe d'Œdipe : il ne sera pas recouvert de « poussière thébaine » (407). Le sang de son père l'interdit [86]. Je l'ai déjà noté, à Thèbes, Œdipe habitera, comme *paraulos,* dans l'espace du dehors (785). Métèque-héros à Athènes, Œdipe serait à Thèbes un citoyen exclu, un Philoctète que sa cité garderait cependant sous la main, dans un *no man's land* frontalier.

Frontières d'Athènes du côté de Thèbes : il ne faut pas qu'Ismène et Antigone, capturées par les hommes de Créon, et quel que soit l'itinéraire emprunté, franchissent la frontière :

> 884 'Ιώ πᾶς λεώς ἰὼ γᾶς πρόμοι,
> μόλετε σὺν τάχεἰ μόλετ' ἐπεὶ πέραν
> περῶσ' οἵδε δή.

« Holà, tous, holà, chefs de ce pays, venez, venez vite : déjà ils [les ravisseurs] passent nos frontières. » Et encore un peu plus loin, avec une allusion à la région d'Oinoé, où se rejoignent les deux routes de Thèbes, celle qui passe par Éleusis et celle qui prend droit au nord : « Il ne faut pas que ces filles atteignent ce carrefour » (902).

Fait beaucoup plus étrange au premier abord, Colone est présentée comme une zone-limite :

> 56 ὅδ'ἐπιστείϐεις τόπον
> χθονὸς καλεῖται τῇσδε χαλκόπους ὀδός,
> ἔρεισμ' 'Αθηνῶν.

1971, pp. 289-296 ; j'ai pu consulter aussi un manuscrit d'A. BALLABRIGA, *Le Soleil et le Tartare. Problèmes de l'image mythique du monde en Grèce archaïque.* Le chapitre III consacre plusieurs pages aux Rhipées.

86. Cf. B. KNOX, dans les *Three Theban Plays,* p. 264 : « *They will bury him just at the frontier, where he can be of no use to any other city.* »

« Le lieu que tu foules est ce que l'on appelle le " seuil de bronze [87] " de ce pays, le boulevard d'Athènes. » C'est en ce lieu que le chemineau Œdipe s'est assis pour la première fois (85, 99). Et l'Oracle a prévenu l'exilé qu'il trouverait un abri et l'hospitalité « à la limite d'un pays », ou « dans un pays extrême », ἐλθόντι χώραν τερμίαν (89).

Comment expliquer cette définition? Naturellement, Colone n'est pas une frontière d'Athènes. Depuis Colone on *parle* de Thèbes, l'anti-cité, mais on *voit* Athènes, la cité par excellence

14 πύργοι μὲν οἳ
πόλιν στέφουσιν, ὡς ἀπ' ὀμμάτων, πρόσω·

« J'aperçois des remparts couronnant une acropole, mais ils sont encore, si j'en crois mes yeux, à bonne distance. »

Le « seuil de bronze » s'explique doublement. Par une raison géographique très simple : Kolonos Hippios, dème rural, dème où chante le rossignol, est aussi un des dèmes « frontières » de la ville d'Athènes dans le système clisthénien. Ce dème de l'Attique est à la limite nord de l'*asty*, la ville, qui est, avec la *paralie* (la côte) et la *mésogée*, une des trois divisions de l'Attique [88].

A cela s'ajoute une raison mythique. Le scholiaste déjà rapprochait le « seuil de bronze » du vers 57, du seuil à pic, καταρράκτης ὀδός, de la fissure du vers 1590, ce seuil dont les « assises de bronze », χαλκοῖς βάθροισι (1591), s'enracinent dans le sol d'Athènes [89]. Colone est à la limite de la Ville et

87. 'Οδός est certainement ici, comme on l'explique habituellement, une variante orthographique, introduite pour des raisons métriques, pour οὐδός, le seuil. Οὐδός figure du reste dans un oracle cité par le scholiaste du vers 57. D'autres explications supposent qu'on lise ὁδός, la route, le chemin, et croient à une allusion au chemin menant chez Hadès. Un jeu de mots n'est certes pas impossible; cf. aussi *infra*, note 89.

88. Cf. pour la localisation exacte de ce dème et le peu qu'on sait de lui, D. M. LEWIS, « The Deme Kolonos », *ABSA*, 1955, pp. 12-17; Lewis écrit, p. 16 : « *We can now say with security that there was only one deme Kolonos, that it was a city-deme of Aigeis, and that it was the deme of Sophocles* »; cf. aussi P. SIEWERT, *Die Trittyen Attikas und die Heeresreform des Kleisthenes*, Munich, 1982, pp. 88-89; sur la forme exacte du démotique, question pendante depuis longtemps, voir en dernier lieu J. FAIRWEATHER in F. CAIRNS (ed.), *Papers of the Liverpool Latin Seminar* IV (Liverpool, 1984), pp. 343-344.

89. Cf. la scholie du vers 1590, avec référence à la descente chez Hadès

de la Mésogée, elle est aussi frontière entre les dieux d'en bas, auxquels jadis Thésée et Pirithous rendirent visite, une visite largement évoquée (1593-1594), et les dieux d'en haut, au point que le messager ne peut dire si la mort est venue à Œdipe du Ciel ou de sous terre (1661-1662) et que Thésée adresse sa prière à la fois à la Terre et à l'Olympe (1654-1655).

Rapprochons-nous encore du devant de la scène et de l'*orchestra* qui lui fait face. Les personnages qui vont et viennent arrivent les uns – Polynice et Ismène – de l'extérieur (Argos, Thèbes), les autres – Thésée, le démote de Colone, ses compagnons qui formeront le chœur – d'Athènes. Colone est, dans la pièce, un résumé, un condensé d'Athènes. C'est de Colone et à partir de Colone que s'élance le fameux chant du chœur (668-719) qui exalte Athènes, dans ses oliviers, ses chevaux, ses rameurs, c'est-à-dire dans sa totalité [90]. Colone, avec ses hommes, ses dieux, son héros, ses sanctuaires des Euménides, de Poséidon, de Déméter, et le patronage d'Athéna, est une petite Athènes. Sophocle a-t-il ajouté à ce qui existait? Il est, par exemple, le seul témoin d'un sanctuaire des Euménides dans son dème d'origine. Le grand sanctuaire de ces déesses se trouvait entre l'Acropole et

---

et au rapt en ce lieu de Korè fille de Déméter. Les modernes ont souvent fait le même raisonnement : cf. A.-J. FESTUGIÈRE, *op. cit., supra,* note 40, p. 55, et R. P. WINNINGTON-INGRAM, *Sophocles,* p. 340. Ni l'un ni l'autre ne citent leur lointain prédécesseur. Festugière rappelle que l'Hadès est normalement de bronze et qualifie à bon droit d'absurde l'explication donnée en note au vers 1590 dans l'édition Dain-Mazon, p. 143 : « Toute la colline s'appelle " seuil d'airain ". C'est le seuil minier de l'Attique. » Cette explication vient elle aussi d'une scholie du vers 57. A tous ces rapprochements, s'ajoute celui que me propose ma collègue norvégienne Vigdis Soleim : on trouve chez HÉSIODE, *Théogonie,* 749-750 et 811, un grand seuil de bronze, *megan oudon chalkeon,* à la base de la porte qui, dans l'Hadès, sépare le jour et la nuit.

90. V. DI BENEDETTO écrit (*Sofocle,* p. 234) qu'« on ne saurait voir dans ce *stasimon* un signe de l'adhésion de Sophocle aux valeurs proprement politiques de l'État athénien. Ce que Sophocle exalte n'est pas la *polis* en tant que centre urbain mais la campagne de l'Attique ». Cette interprétation me paraît entièrement fausse. Elle oublie que Colone était un dème de la Ville et que les marins symbolisaient mieux l'esprit urbain que l'esprit rustique.

l'Aréopage, et c'est du reste là que Pausanias situait la tombe d'Œdipe [91].

L'espace représenté de façon immédiate est partagé, dès le début de la pièce, entre le bois sacré et l'espace accessible, profane. Œdipe demande à sa fille de lui trouver un siège (θάκησις [9], ἢ πρὸς βεβήλοις ἢ πρὸς ἄλσεσιν θεῶν [10]), « soit en terre profane, soit dans le bois des dieux ». Nous prenons la mesure de la profondeur de la zone sacrée en suivant Ismène allée accomplir les cérémonies lustrales (495-509) à un endroit où elle sera hors de portée de la voix (489). Là se trouvent une source et des cratères destinés aux libations (469-472) [92]. Tous les mouvements d'Œdipe vont le faire varier entre la zone sacrée et la zone profane. Quand il arrive, il s'installe sur une pierre non taillée (*axestos*, 19; *askeparnos*, 101), siège qui porte l'épithète des Euménides, les *Semnai*, les Redoutables (100). Œdipe est là du côté du sacré [93] assimilé lui-même aux Euménides. Il quitte ce siège pour disparaître « hors de la route, dans le bois » (113-114) [94]. Il reparaît ensuite sur son premier siège, au grand scandale du chœur. Il s'ensuit – aux vers 166-201 – un ordre du chœur et un mouvement d'Œdipe, guidé par Antigone, qui aboutira à rendre le dialogue possible, sans danger pour Œdipe et sans violation du territoire sacré. L'aveugle s'approche des démotes de Colone, jusqu'au moment où il parvient « à un degré formé par le

91. PAUSANIAS, I, 28, 7; cf. VALÈRE MAXIME, V, 3, 3. Sophocle est la source du PSEUDO-APOLLODORE, III, 5, 9. A Colone, PAUSANIAS (I, 30, 4) situait un hérôon de Thésée et Pirithous, et d'Œdipe et Adraste; sur cette question des Euménides dans la réalité et la tragédie, l'article de A. L. BROWN, « Eumenides in Greek Tragedy », *CQ*, 34, 1984, pp. 260-281, donne un exemple de confusion à ce point parfait qu'on se doit de le signaler. La « démonstration » suivant laquelle les Euménides de Sophocle n'ont rien à voir avec celles d'Eschyle est un modèle du genre.

92. Cratère également mentionné au vers 159, ce qui prouve son importance.

93. Il s'abstient de vin, il est sobre *(nêphôn),* comme il est normal pour le compagnon de déesses qui reçoivent des offrandes sans vin *(nêphalia)* et qui sont donc *aoinoi* (100); sur le sens du vers 100, cf. A. HENRICHS, « The " sobriety " of Œdipus; Sophocles *O.C.* 100 misunderstood », *HSPh*, 87, 1983, pp. 87-100.

94. Avec un jeu de mots évident sur le nom d'Œdipe à l'accusatif *Oidipoda* et *ex hodou poda* (113) : « le pied hors du chemin ».

roc » (ἀντιπέτρου βήματος, 192-193)[95]. Là Œdipe ne pourra pas être saisi : « Si tu t'arrêtes ici, aucun homme, vieillard, ne pourra t'enlever à ce siège malgré toi », ἐκ τῶδ' ἑδράνων ἄκοντά τις ἄξει (176-177). Là il peut parler, là il peut entendre (τὸ μὲν εἴποιμεν, τὸ δ'ἀκούσαιμεν, 190). Tout l'épisode est centré sur la possibilité, ou la non-possibilité, du *logos* entre Œdipe et les Vieillards de Colone :

167 'Αϐάτων ἀποϐάς,
ἵνα πᾶσι νόμος
φώνει.

« Quitte ces lieux interdits et lorsque tu seras là où la loi permet à tous de parler, parle. » Œdipe est donc à la fois sur un degré, *bêma,* qui porte le même nom que la Tribune de la Pnyx, d'où il peut s'adresser à l'agora de Colone, et sous la protection des Euménides, puisqu'il est insaisissable, à la frontière exacte – une de plus – du sacré et du profane[96].

Je suis tenté de dire qu'une bipartition analogue caractérise le lieu de la mort d'Œdipe, même s'il n'est pas facile de tout interpréter[97]. Il s'agit, comme le dit Ismène, d'un lieu « à l'écart de tout », *dicha te pantos* (1732), mais qui reproduit, au moins en partie, le dispositif spatial du bois et de l'orée du bois. Si l'eau vive nécessaire aux ablutions et aux libations

---

95. Cette expression reste mystérieuse. On trouve, dans la scholie du vers 192, une série d'explications : on compare, par exemple, ce degré, cette marche, au « seuil de bronze » du vers 57. Autre explication : il s'agit non de pierre mais de bronze. Deux remarques vont certainement dans le bon sens : il s'agit d'un « équivalent de rocher », ce qui relève du décor, et il s'agit de la « limite de la zone inaccessible » : *horion;* ἀντιπέτρου est le texte des manuscrits. Musgrave a proposé de le corriger en αὐτοπέτρου, c'est-à-dire, je suppose, en pierre proprement dite, correction suivie par Dawe et signalée, avec hésitation, par Segal, p. 372. Elle me paraît inacceptable : je crois qu'à la pierre non taillée sur laquelle était installé Œdipe s'oppose un degré taillé.

96. Cf. D. SEALE, *Vision and Stagecraft in Sophocles,* Londres et Canberra, 1982, p. 122 : « *Œdipus is now in a position to come to the necessary understanding and accommodation with the people of Colonus. He is also literally on the threshold between sacred and common ground.* »

97. Voir la tentative de Ch. SEGAL, *op. cit.*, p. 369, certainement la plus approfondie. Il rappelle que, selon une scholie de LYCHOPHRON, 766, et une autre de PINDARE, IVe *Pythique,* 246, le rocher de Thoricos était lié à la création, à partir du sperme de Poséidon, du cheval.

d'Œdipe (1599) se trouve sur une colline de Déméter (1600), le lieu de la disparition du héros se décrit au moyen de quatre points : « Un creux formant cratère » orné d'une inscription reproduisant les serments qu'échangèrent Thésée et Pirithous, le rocher de Thoricos, un tombeau de pierre et un poirier creux. Le fabriqué (l'inscription, le tombeau) s'y oppose au naturel (le rocher, le poirier), la vie (le poirier, le rocher de Thoricos) à la mort (le tombeau, la descente aux enfers). Œdipe joue donc son dernier acte dans l'entre-deux.

Je viens de passer au vocabulaire du théâtre. Il est en effet évident que cette bipartition s'exprime dans les indications que donne Sophocle, jouant sur les mots de l'espace scénique et de l'espace représenté, pour la représentation de son drame. Je n'entends pas ouvrir à nouveau ici la querelle plus que séculaire entre partisans et adversaires d'une plate-forme surélevée au-dessus de l'*orchestra* et séparant les acteurs du chœur. Je n'entends surtout pas me prononcer sur la hauteur éventuelle de cette plate-forme [98]. Qu'elle existe en principe me paraît évident d'après le texte de Sophocle. Mieux, l'*Œdipe à Colone* nous fournit sans doute, avec les *Phéniciennes* d'Euripide [99], l'exemple le plus manifeste d'une séparation entre les acteurs et le chœur [100]. Comme le disait P. Arnott : « L'idée de séparation est la base même de la scène qui ouvre la pièce [101]. » Il est clair que la *skénè* où disparaît Ismène représente le bois, mais tout le jeu d'Œdipe conduit par Antigone entre la pierre non taillée et le degré *(bêma)* sur lequel il finira par se fixer suppose qu'il s'éloigne de la scène, et qu'il se

98. On trouvera un état récent des discussions dans le livre de N. C. Hourmouziades, *Production and Imagination in Euripides. Form and Function of the Scenic Space*, Greek Soc. for Hum. Stud., Athènes, 1965, pp. 58-74, et O. Taplin, *op. cit.*, *supra*, note 13, pp. 441-442. Le livre de D. Seale, cité *supra*, note 96, n'aborde pas réellement la question en ce qui concerne Sophocle.

99. Cf. J. Jouanna, « Texte et espace théâtral dans les *Phéniciennes* d'Euripide », *Ktema*, I, 1976, pp. 81-97.

100. O. Taplin qui, sur cette question, est un peu hésitant, mais n'exclut pas une plate-forme de hauteur modeste, parle des vers 192 et sq. de l'*Œdipe à Colone* comme étant « *perhaps the strongest evidence in tragedy* » de l'existence d'une telle plate-forme (*op. cit.*, p. 441).

101. P. Arnott, *Greek Scenic Conventions in the Fifth Century B.C.*, Oxford, 1962, p. 35.

courbe [102] pour s'asseoir sur une marche *(bêma)* de l'escalier réunissant le *logeion* et l'*orchestra.* Degré taillé dans un rocher, tribune peut-être, et modeste marche d'un escalier ou, plus simplement encore, d'une échelle, voilà un bon exemple du jeu de Sophocle sur le mythe et le théâtre...

L'*Œdipe à Colone* est une tragédie du passage. On y voit Œdipe, ayant franchi les frontières, s'installer sur une frontière, puis, innocenté par la *Peithô,* la sainte Persuasion qui l'anime, passer d'Athènes à un autre monde. J'ai tenté ici de montrer que, jusque dans le détail de la mise en scène, la tragédie réfléchissait sur les frontières, celles qui séparent les hommes, celles aussi qui leur permettent de se réunir.

102. Cf. au vers 196 *oklasas,* s'« étant accroupi ».

9

Œdipe à Vicence et à Paris : deux moments d'une histoire *

Dans l'interminable histoire d'Œdipe – l'*Œdipe* de Sophocle, mais il a largement échappé à Sophocle – j'ai choisi de privilégier deux moments [1]. Deux moments? Le mot ne vaut, en toute rigueur, que pour ce qui sera mon premier sujet de réflexion : la représentation qui inaugura, le dimanche 3 mars 1585, le « Teatro Olimpico » de Vicence. Ce jour-là fut représenté, dans la traduction d'Orsatto Giustiniani, l'*Edipo Tiranno* de Sophocle. Le théâtre lui-même avait été construit par les soins de l'Accademia Olimpica de Vicence, sur les plans d'un membre de l'Académie, Andrea Palladio.

Le second *moment* s'étire au contraire tout au long d'un siècle et même au-delà. On peut le faire commencer avec la première traduction française de la pièce de Sophocle, par André Dacier, en 1692, et il se prolonge par toute une série

* Étude parue dans les *Quaderni di Storia*, 14. juillet-décembre 1981, pp. 3-29.

1. Cet essai reproduit, à quelques détails près, celui que j'ai présenté à Bologne, au Palazzo Montanari, le 17 mai 1980, lors d'une table ronde sur l'*Œdipe-Roi* organisée par l'ATER (Association théâtrale d'Émilie-Romagne) de Modène. Je remercie vivement les organisateurs de leur invitation, et les participants de leurs observations. J'ai eu depuis l'occasion de présenter ces observations à Namur, au congrès de la Fédération des professeurs de grec et de latin, en février 1981.

de traductions et d'adaptations, dont une seule, celle de Voltaire, en 1718, est célèbre, jusqu'à un terme que l'on peut fixer, conventionnellement, à la publication posthume (1818) de l'*Œdipe-Roi* de Marie-Joseph Chénier, mort en 1811.

Mais ces deux moments, indépendamment même de l'arbitraire d'un tel choix, pourquoi les étudier? Quelle lumière cette étude peut-elle jeter, éventuellement, sur l'*Œdipe-Roi* de Sophocle, représenté à Athènes aux environs de 420 av. J.-C.?

Laissons de côté ici ceux qui, plus nombreux qu'on le croit, estiment pouvoir être en prise directe sur ce moment de l'histoire d'Athènes. Je ne puis qu'admirer leur certitude. Restent aux travaux dont je présente ici une esquisse deux sortes de justifications.

Pour un groupe important de philologues et de sociologues, comme Jean Bollack et ses amis, le travail historique se présente comme une entreprise de décapage : glossateurs antiques et philologues modernes ont accumulé autour du texte toute une série de couches d'interprétations et de corrections successives qu'il faut éliminer, comme on pèle un oignon, pour parvenir à la nudité du texte de Sophocle. Mais de quel texte s'agit-il? Aucun magnétophone n'a enregistré la représentation d'Athènes; l'histoire de la tradition a commencé – et, avec elle, les premiers *écarts* – dès que les copistes ont commencé à recopier les manuscrits. La nudité du texte n'est pas celle de Sophocle mais celle d'un copiste, d'un éditeur byzantin, Manuel Moschopoulos par exemple. Le très célèbre *Laurentianus* lui-même, cet exemplaire de « translittération » (c'est-à-dire recopié en minuscule sur un texte écrit en onciale), nous permet tout au plus de remonter jusqu'au *codex* du ve siècle après J.-C. dont il est une copie. Au-delà, il faut postuler un *volumen* de la haute époque impériale qui n'est pas le texte de Sophocle mais l'interprétation qu'en a donnée un philologue de l'époque d'Hadrien. Et si l'on estime que la rupture avec Sophocle a commencé dès lors que le texte tragique est devenu texte scolaire, littéraire, autrement dit « classique », il faut rappeler que la tragédie ne devient pas littérature seulement avec l'*interpretatio romana,* en l'espèce l'*Œdipe* de Sénèque, que les trois grands tragiques sont déjà classés comme tels par Aristophane dans les *Grenouilles* (406), et qu'ils sont depuis Lycurgue [2] des « classiques » au sens strict du terme. Date capitale, assurément, dans la transformation de la civilisation grecque en civilisation de l'écrit [3], mais postérieure d'un siècle à la plupart des œuvres.

Au reste, eussions-nous le manuscrit même de Sophocle et le film de la première représentation, que le problème ne serait que déplacé. Poser le principe d'un *sens* primordial unique que nous n'aurions plus qu'à dégager sur les ruines des interprétations successives, c'est, je le crains, revenir non à l'histoire mais à l'intuition fulgurante, dont j'ai postulé l'impossibilité. Retrouver l'esprit du Ve siècle? Qui ne souhaite y parvenir? Mais comment y parvenir si ce n'est *à travers* les interprétations successives et dont les nôtres font partie, du moment même où elles sont formulées?

Mais posons le problème autrement. Parmi les interprétations de la pièce de Sophocle qui ont marqué notre époque, il y a, bien sûr, celle de Freud [4]. Il y a quelques années, Jean-Pierre Vernant a dirigé contre cette interprétation un réquisitoire écrasant [5]. Mais, à vrai dire, la force du réquisitoire provenait en partie de la faiblesse de la plaidoirie. Didier Anzieu avait commis l'imprudence de tenter de démontrer [6] que les aventures d'Œdipe lui-même s'expliquaient par le « complexe d'Œdipe ». Chaque méprise d'Œdipe, selon cette interprétation, est un acte symptomatique « révélant qu'il obéit inconsciemment à son désir d'inceste et de parricide [7] ». A quoi Vernant n'a pas eu de mal à répondre, entre dix autres arguments, que, dans la vie affective de l'Œdipe tragique, le personnage qui compte n'est pas sa mère selon la chair, Jocaste, mais sa mère adoptive, Mérope, et que Sophocle, puisqu'il

2. PLUTARQUE, *Lycurgue*, 15 ; et *supra*, p. 92.

3. Les travaux d'E. HAVELOCK attirent notre attention sur cette transformation.

4. Au colloque de Boulogne, c'est Sergio MOLINARI qui a débattu de Freud et d'*Œdipe-Roi;* voir son livre *Notazioni sulla Scienza dei Sogni in Freud*, Bologne, 1979.

5. « Œdipe sans complexe », *Raison présente*, 4 (1967), pp. 3-20, repris dans J.-P. VERNANT et P. VIDAL-NAQUET, *Mythe et tragédie*, I, pp. 77-98.

6. D. ANZIEU, « Œdipe avant le complexe ou de l'interprétation psychanalytique des mythes », *Temps modernes*, 245 (octobre 1966), pp. 675-715.

7. J.-P. VERNANT, *Mythe et tragédie*, I, p. 91.

s'agit de lui, s'est bien gardé de faire la moindre allusion à une sensualité quelconque dans les rapports entre Œdipe et Jocaste. Mais tous les narrateurs du mythe ne prendront pas cette précaution, et, surtout, les freudiens avaient, à l'avance, répondu à Vernant et, secondairement, à Anzieu, dont l'entreprise était parfaitement inutile du point de vue freudien lui-même. Comment Œdipe pourrait-il avoir le « complexe d'Œdipe » puisqu'il est précisément Œdipe? Citons Jean Starobinski : « Œdipe n'a donc pas d'inconscient puisqu'il est notre inconscient, je veux dire : l'un des rôles capitaux que notre désir a revêtus. Il n'a pas besoin d'avoir une profondeur à lui puisqu'il est notre profondeur. Si mystérieuse que soit son aventure, le sens en est plein et ne comporte pas de lacune. Rien n'est caché : il n'y a pas lieu de sonder les mobiles et les arrière-pensées d'Œdipe. Lui attribuer une psychologie serait dérisoire : il est déjà une instance psychique. Loin d'être l'objet possible d'une étude psychologique, il devient l'un des éléments fonctionnels grâce auxquels une science psychologique entreprend de se constituer [8]. »

Soit, mais dans quel temps fonctionnent ce *lui* et ce *nous* qui rythment le propos de Starobinski? Œdipe est pour nous, hommes du XXe siècle, lecteurs de Freud et, éventuellement, clients de ses disciples, un archétype et une « instance psychique ». Mais l'était-il déjà en 420 av. J.-C.? Ou fallait-il remonter de l'Œdipe de Sophocle à un autre Œdipe, celui de l'*Odyssée* par exemple (XI, 271 sq.) qui continue à régner après la révélation, celui de l'*Iliade* (XXIII, 679) qui tombe à la guerre? Faut-il au contraire descendre jusqu'aux *Phéniciennes* d'Euripide (410 av. J.-C.) où Jocaste survit, où Œdipe, aveugle, reste enfermé dans son palais pendant que se disputent, puis s'entre-tuent, Étéocle et Polynice? Faut-il descendre plus loin encore dans les temps, jusqu'à l'Œdipe du *Roman de Thèbes,* jusqu'au Judas de la légende médiévale qui, comme lui, tue son père et couche avec sa mère [9]?

Ou bien Œdipe est-il cet être abstrait dont l'histoire peut être résumée en quelques lignes? Mais cet être abstrait, cet

---

8. J. STAROBINSKI, *Préface* à E. JONES, *Hamlet et Œdipe,* trad. A.-M. Le Gall, Paris, 1967, p. XIX.

9. L. CONSTANS, *La Légende d'Œdipe,* Paris, 1881, pp. 93-103.

être de raison, à supposer qu'il existe, nous ne l'atteignons qu'à travers des récits qui sont autant de textes, et ce sont donc deux moments de l'histoire et du « travail » d'un texte que je voudrais présenter ici.

Commençons donc par ce qui se passa en ce temps de Carnaval de 1585, à Vicence, au Teatro Olimpico, le 3 mars : la représentation d'*Edipo Tiranno.* C'est là un événement que nous connaissons assez bien, essentiellement grâce à un dossier conservé à la bibliothèque Ambrosienne de Milan et aux deux ouvrages, dus respectivement à Leo Schrade et à Alberto Gallo, qui ont exploité ce dossier et reconstitué l'événement [10].

Étonnante représentation, en vérité, qui inaugura un étonnant édifice, un « théâtre antique » construit entre 1580 et 1585. Grâce à Filippo Pigafetta, issu d'une grande famille de Vicence, et qui rédigea dès le lendemain un compte rendu adressé à un anonyme *« Illustrissimo signore e padrone osservatissimo »* [11], nous sommes à peu près au fait, et nous savons que le succès fut immense. Le spectacle dura trois heures et demie, mais le public commença à entrer neuf heures et demie avant le début de la représentation. Pigafetta concluait ainsi son récit : « C'est un fait que, après les anciens Grecs et Romains, les Vicentins ont su, avant et mieux que toute autre nation, composer des poèmes tragiques, et ils s'en sont si bien tirés qu'ils n'ont pas seulement été les premiers mais encore les meilleurs. » Aux Vicentins, donc, un singulier privilège : ils ont ressuscité la tragédie antique, dans son cadre originel, celui du théâtre antique, et ils ont été non seulement les « premiers », puisque la *Sofonisba* du Trissin avait été jouée

10. L. SCHRADE, *La Représentation d'Edipo Tiranno au Teatro Olimpico (Vicence, 1585),* étude suivie d'une édition critique de la tragédie de Sophocle par Orsatto GIUSTINIANI et de la musique des chœurs par Angelo GABRIELI, CNRS, Paris, 1960 ; A. GALLO, *La Prima Rappresentazione al teatro Olimpico con i progetti e le relazioni dei contemporanei,* préf. de L. Puppi, Milan, 1973. Je citerai désormais respectivement *Représentation* et *Prima Rappresentazione.* Une seconde représentation eut lieu le 5 mars 1585.

11. Texte dans *Prima Rappresentazione,* pp. 53-58 ; cf. *Représentation,* pp. 47-51.

un demi-siècle auparavant, mais, grâce à Palladio et à *Œdipe-Roi*, les meilleurs.

Le fait est qu'un historien du monde antique se trouve, *au premier abord*, tout à fait chez lui dans ce moment de l'histoire d'*Œdipe-Roi*. Tout se passe *comme si* il s'agissait d'un événement intensément politique, au plein sens du terme. En 1591, G. Marzari publie à Venise son *Historia di Vicenza*. L'ouvrage est divisé en deux parties : la première relate les événements sous forme chronologique; la seconde est une liste, un *album*, des grands hommes de la cité. Dans cette seconde partie, Palladio et d'autres responsables de l'événement dont je parle ont leur place. Le livre I se termine, lui, par la création, en 1555, de l'Accademia Olimpica, celle-là même qui prit la décision de faire édifier le *superbissimo teatro* qui orne la patrie, et qui ne peut se comparer « avec aucun autre théâtre construit pour la représentation, qu'il soit antique ou moderne ». Mieux, et là nous nous retrouvons en plein dans l'évergétisme du monde gréco-romain, dans l'univers décrit par Paul Veyne [12], un érudit du XVIIIe siècle, le comte Montenari, nous apprend, en s'appuyant sur les archives de Vicence, que le théâtre a été construit « aux frais des académiciens et de ceux qui voulaient obtenir la citoyenneté [13] ». Le droit de cité accordé en échange d'un don *privé* pour un monument public... nous sommes décidément en pleine époque hellénistique.

La lecture de la traduction d'Orsatto Giustiniani va dans ce sens. Le moins qu'on puisse dire est qu'elle ne néglige pas – elle accentue même, parfois – la dimension civique du texte de Sophocle. A commencer par le titre : quoi qu'on puisse en dire, le *tyrannos* de Sophocle n'est pas un « roi », comme le veulent nos traductions. Le grand dialogue qui affronte, qui oppose le héros royal et la cité est bien présent, superbement présent, dans le texte italien. Donnons quelques exemples : dans le discours de Tirésias : *phanêsetai Thêbaios* (453), Œdipe « se révélera être un Thébain », est traduit par *esser di Thebe*

12. *Le Pain et le Cirque*, Paris, 1976.

13. Comte G. MONTENARI, *Del Teatro Olimpico di Andrea Palladio*, Padoue, 1749², p. 3. Montenari s'appuie sur une supplique adressée « *a' Deputati al governo di essa Città* » en leur demandant de donner la « *Cittadinanza* » à douze personnes, ce qui fut fait en 1581.

cittadin. Au début de l'invocation du messager (1223) : Ὦ γῆς μέγιστα τῆσδ' ἀεὶ τιμώμενοι, « Ô vous que ce pays a de tout temps entre tous honorés », devient, par une amplification remarquable :

O Principali Cittadini soli
Ornamento e sostegno
De la Città di Thebe;

« Ô premiers citoyens qui, à vous seuls, êtes
l'ornement et le soutien
de la cité de Thèbes. »

Πᾶσι Καδμείοισι (1288), « à tous les Cadméens », devient simplement *a tutti i cittadini;* ἐκ χθονός (1290), « hors de cette terre », est rendu par *fuor di questa cittade.* Et dans l'invocation finale du chœur (1523) : Ὦ πάτρας Θήβης ἔνοικοι, « habitants de Thèbes, ma patrie », est rendu par : *O di questa mia patria incliti e degni Cittadini.* A nouveau apparaît un écart. On s'adresse bien aux citoyens, mais surtout à *certains* citoyens.

Mais s'agissait-il vraiment de citoyens? Patricien, sénateur et homme politique, Orsatto Giustiniani était, certes, un des *Principali Cittadini,* non de Vicence pourtant, mais de Venise. Depuis 1404 Vicence a été annexée par Venise, fait partie de la « terre ferme », de la *chôra* aurait-on dit dans l'Antiquité; elle n'est plus qu'un fantôme de cité qui n'apparaît pas en tant que facteur politique autonome dans l'histoire du XVIe siècle italien [14]. De fait, l'historien de la ville, Marzari, se félicite du concours apporté à l'*Accademia Olimpica* par « presque toute la noblesse de Lombardie et de la Marche de Trévise [15] », une noblesse fort peu citoyenne, par conséquent, puisqu'elle ne vient pas seulement de la « Marche de Trévise » mais de la Lombardie elle-même [16]. L'autorité municipale a,

---

14. Ainsi, dans le volume d'A. VISCONTI, *L'Italia nell'epoca della Controriforma dal 1516 al 1713,* Milan, 1958, ouvrage considérable, j'ai trouvé deux références à Vicence, l'une pour dire que Palladio y avait travaillé (p. 128), l'autre pour signaler l'existence d'un artisanat de la laine (p. 229).

15. *La Historia di Vicenza,* Venise, 1591, p. 160.

16. Le Cinquecento est en pays vénitien une période de forte montée de l'aristocratie; cf. A. VENTURA, *Nobiltà e popolo nella società veneta del*

certes, cédé le terrain sur lequel a été bâti le théâtre, mais elle n'est pas beaucoup plus qu'un conseil municipal étroitement contrôlé par Venise. Encore Pigafetta signale-t-il que l'autorité militaire fut présente avec quelques sénateurs (vénitiens), mais non le maire de la ville : *Il clarissimo Capitano si trovò presente con alcuni Senatori e il Podestà restò fuori* [17].

Nous possédons même une critique fort détaillée de la représentation du 3 mars 1585 présentée, sous forme de lettre au podestat (maire) de Vicence, par Antonio Riccoboni [18], mais je dois confesser que la dimension politique de cette critique, si elle existe, m'échappe totalement.

En fait, cette représentation, et le théâtre lui-même, sont bien, pour une couche dirigeante de Vicence, une sorte de projection idéale. Les fondateurs de l'Académie Olympique, et notamment Gian Giorgio Trissino, humaniste et auteur tragique, sont, si l'on veut, des aristocrates qui ont attiré à eux Palladio, lui-même fils d'un modeste artisan de Padoue. La connaissance de l'Antiquité, à Vicence, ne mène pas au pouvoir politique mais à quelque chose comme une métaphore du pouvoir. C'est ce qui permet par exemple à Filippo Pigafetta de présenter ainsi le personnage principal de l'Académie : « Le prince de l'Académie est l'illustre comte Lunardo Valmarana, qui a l'âme de César et est venu au monde pour les entreprises magnanimes [19]. » Mais la suite du texte nous apprend quelles ont été les « entreprises magnanimes » du comte Valmarana : avoir reçu dans son palais de Vicence la sérénissime impératrice et faire l'honneur de ses jardins aux étrangers de passage dans sa ville, lesquels jardins sont, cela va de soi, comparés aux « jardins de Salluste » *(horti Sallustiani)* de la Rome antique.

'400 e '500, Bari, 1964, pp. 275-374; sur Vicence, cf. pp. 279-280 et 362-363; des indications données dans cet ouvrage on peut cependant déduire que la *cittadinanza* restait sentie comme un privilège. Je remercie mon collègue A. Tenenti de m'avoir signalé ce livre.

17. *Prima Rappresentazione,* p. 56.

18. *Ibid.,* pp. 39-51; cf. A. GALLO, *ibid.,* pp. XXII et XXVIII qui cite un document des archives de l'Académie : « Le podestat refuse d'aller à la représentation », et considère que « ce comportement est difficile à interpréter », mais qu'il représente plutôt une décision personnelle qu'une prise de position officielle.

19. *Ibid.,* p. 55.

Le Théâtre olympique est lui-même un monument à la gloire des académiciens qui sont représentés en costume antique sur le front de scène, tandis que le registre supérieur est occupé par les Travaux d'Hercule. James Ackerman a bien noté ce point : « Au printemps de 1580, les académiciens notèrent qu'on substituât leurs propres portraits héroïsés aux figures allégoriques proposées par le dessin de Palladio [donc immédiatement après la mort de Palladio]. Et cela au moment précis où les nobles de Vicence devaient renoncer à tout espoir de jamais devenir effectivement des héros [20]... » Le théâtre lui-même est présenté par le même critique comme « un discours académique en trois dimensions, une reconstitution savante du théâtre romain antique fondée sur une longue familiarité avec les monuments et les textes [21] ». L'érudition de Palladio est très réelle, mais son théâtre n'est aucunement une dissertation sur trois dimensions.

Laissons ici de côté le difficile partage entre ce qui est de Palladio, auteur du plan, et ce qui est de V. Scamozzi, qui le fit exécuter. Il semble bien que L. Magagnato ait prouvé [22] qu'un des traits, à nos yeux le plus plaisants du théâtre – la rue en perspective qui divise en deux le mur de scène –, soit dû à un contresens sur un passage du livre V de Vitruve [23]. On remarquera aussi que Palladio a éliminé les sièges privilégiés dont parlait le théoricien romain. Chaque spectateur – aristocrate – est égal aux autres.

Mais il y a plus important : cette tragédie grecque, traduite en italien (en toscan) et choisie comme étant, selon Aristote, la meilleure, de préférence à toute autre tragédie antique ou

---

20. J.S. Ackerman, *Palladio,* trad. Cl. Lauriol, Paris, 1981, p. 164; on pourrait naturellement épiloguer sur ce « au moment précis ». J'ai consulté, en outre, au sujet de Palladio et de son théâtre, les ouvrages et articles suivants : L. Magagnato, « The Genesis of the Teatro Olimpico », *JWI,* XIV, 1951, pp. 209-220; L. Puppi, *Palladio,* Londres, 1975; R. Schiavo, *Guida al Teatro Olimpico,* Vicence, 1980; H. Spelmann, *Andrea Palladio und die Antike,* Munich et Berlin, 1964; la documentation essentielle se trouve dans le corpus de G. Zorzi, *Le Ville e i Teatri di A. Palladio,* Vicence, 1969.

21. J.S. Ackerman, *Palladio,* p. 20.

22. Dans l'article cité *supra,* n. 20.

23. *De Architectura,* V, 6,8 : *« secundum autem spatio ad ornatus comparato »; secundum* fut longtemps compris comme signifiant « derrière » et non « à côté ».

moderne, de préférence aussi à une pastorale [24], est représentée dans un théâtre romain. Palladio et Scamozzi n'ont aucunement songé à s'inspirer de la doctrine de Vitruve sur le théâtre grec. Mieux, il s'agit d'un modèle réduit, et un contemporain, G.V. Pinelli, l'a dit le plus brièvement possible : « *Il teatro troppo piccolo* [25] . » Il s'agit aussi d'un théâtre couvert, et si cette couverture, qui est aujourd'hui (depuis 1914) un ciel, était en 1585 une toile peinte [26], ce n'est pas la lumière du jour qui éclairait les acteurs et le chœur, et la première représentation eut lieu en nocturne. Tout cela est dans l'esprit d'un humanisme qui mime l'Antiquité en sachant fort bien qu'il n'est pas l'Antiquité.

Reste à dire comment la représentation de 1585 se référa au théâtre grec du Vᵉ siècle avant notre ère. Sur les intentions et les réalisations du metteur en scène, le Ferrarais Angelo Ingegneri, sur les discussions qu'il suscita, nous sommes assez bien renseignés, puisque nous avons, outre les récits des contemporains, le texte même de son projet [27].

Pas plus que le théâtre lui-même, la mise en scène n'est à proprement parler « archéologique ». Mais la difficulté, pour nous, est de séparer ce qui se voulut *reconstruction*, ce qui fut écart volontaire (avec intention de transposition), ce qui fut modernité consciente.

La reconstruction ne pouvait, bien entendu, être que livresque. Elle le fut au niveau des détails. Par exemple, au début de la pièce, lorsque tombe le rideau : « Tout d'abord,

---

24. La référence à Aristote est constante, elle se trouve aussi bien chez PIGAFETTA que chez RICCOBONI ; cf. *Prima Rappresentazione*, pp. 39-42 et 54. Sur le choix d'une tragédie grecque, par opposition à une pastorale ou à une tragédie italienne, cf. F. PIGAFETTA, *Prima Rappresentazione*, pp. 53-54, et A. GALLO, *ibid.*, pp. XIX, XXI.

25. *Ibid.*, p. 59 ; Pinelli n'étant du reste pas présent le 3 mars 1585 ; cf. A. GALLO, *ibid.*, p. XXIII ; les contemporains ont parfois surestimé la capacité du théâtre. G. MARZARI (*Historia di Vicenza*, p. 117) le déclare capable de recevoir 5 000 spectateurs, ce qui est une énorme exagération : cf. *Représentation*, p. 48.

26. Le détail est mal connu ; le document principal est un camaïeu d'Antiodeo représentant précisément l'*Edipo Tiranno ;* cf. R. SCHIAVO, *Guida*, pp. 127-132.

27. Il est reproduit dans *Prima Rappresentazione*, pp. 3-25 ; sur la mise en scène, voir surtout L. SCHRADE, *Représentation*, pp. 51-56.

on sentit une odeur très suave de parfum; c'était pour faire comprendre que dans, la ville de Thèbes, telle qu'elle était représentée selon l'histoire ancienne, les hommes répandaient des parfums pour infléchir le dédain des dieux [28] », il ne s'agit peut-être là que du commentaire du vers 4 de l'*Œdipe Roi :* Πόλις δ'ὁμοῦ μὲν θυμιαμάτων γέμει, « la Cité est pleine de vapeurs odoriférantes », comme comprenait Giustiniani.

C'est inconsciemment, assurément, que les chœurs, mis en musique par Angelo Gabrieli [29] et que Riccoboni compara aux Lamentations de Jérémie [30], sont transformés en intermèdes séparant les actes. A bien des égards, du reste, le petit nombre des choreutes (ils sont quinze), par rapport à l'énorme appareil de la mise en scène, constitue un mélange singulier d'archéologie scrupuleuse et d'innovation à demi consciente.

Car la grande innovation du spectacle est dans le luxe volontairement royal qui lui est donné. Si le lien du chœur et de la cité est mieux exprimé dans la traduction que dans la mise en scène, le caractère royal des personnages est, lui, surabondamment souligné. Thèbes est, selon Ingegneri, « célèbre cité de Béotie et capitale d'empire [31] ». Il faut qu'Œdipe « soit d'une stature plus grande que celle de tous les autres [32] »; il est accompagné, pour chacune de ses entrées, par une suite de vingt-huit personnes, le chiffre tombant à vingt-cinq pour Jocaste et à six pour Créon, qui n'est qu'un prince [33]. Ingegneri spécifie dans son projet que les costumes doivent être

---

28. F. Pigafetta, *Prima Rappresentazione,* p. 56; le rideau qui cache la mise en scène est baissé, non levé; cf. Pigafetta, *ibid.*, et L. Schrade, *Représentation,* p. 49.

29. Cf. Schrade, *Représentation,* pp. 65-77; je dis inconsciemment parce que le metteur en scène, Ingegneri, considérait bel et bien le chœur comme incarnant la présence des hommes sur la scène : « Le chœur représente le pays *(terra)* », *op. cit., infra,* n. 40, pp. 18-19; *terra* signifie alors la cité.

30. *Prima Rappresentazione,* p. 49; L. Schrade note (p. 76) que, « parmi toutes les observations, pour la plupart obtuses, que fit Riccoboni... », celle-là du moins n'est pas dépourvue de sens, car la musique de Gabrieli peut effectivement s'inspirer des versions polyphoniques des Lamentations.

31. *Prima Rappresentazione,* p. 9.

32. *Ibid.*, p. 10.

33. Ce sont les chiffres retenus par A. Gallo, *ibid.*, p. XLV, et L. Schrade, *op. cit.*, p. 53; les données transmises sont quelque peu contradictoires et les chiffres parfois un peu inférieurs.

grecs et non romains, à l'exception toutefois de ceux des prêtres [34]. Mais les vêtements qu'il désigne ainsi semblent avoir été choisis dans un Orient plus familier aux Vénitiens de 1585 que l'Orient grec ou même byzantin : l'Orient turc. Il est plaisant de confronter cette phrase d'Ingegneri : « La garde du roi sera composée d'hommes tous habillés de la même couleur, à la grecque », et cette autre de Pigafetta : « Le roi et la garde de vingt-quatre archers vêtus du costume des *Solachi* du grand Turc [35]... »

Rome même, en dépit de la volonté d'Ingegneri, est-elle si loin? Il n'est guère douteux que l'Œdipe de Sénèque est présent derrière celui de Sophocle. L'anonyme berger de Laïos de la pièce de Sophocle est appelé par Ingegneri *Forbante* (Phorbas) conformément au modèle latin [36]. Le luxe royal est plus conforme à la tradition impériale ou papale [37] qu'à ce qu'on savait, au XVIe siècle, de la tradition grecque. Un des critiques contemporains, Sperone Speroni, s'opposa, au nom du tragique et de l'histoire, à cette *regal maestà*. On était en état de peste, et l'heure était « à la supplication, non à la pompe [38] », et il précise, en mêlant quelque peu les époques, que les rois barbares ont un bandeau blanc autour de la tête et les grecs seulement un sceptre, comme on le voit chez Homère. Quant à Jocaste, son costume doit avoir la simplicité de celui de Pénélope, et deux compagnes lui suffisent [39].

Reste pourtant l'essentiel : la conscience aiguë d'être des modernes. Le texte d'Ingegneri est ici irremplaçable [40]. La

---

34. *Prima Rappresentazione*, pp. 13-15; les vêtements des prêtres semblent s'inspirer du costume traditionnel des prêtres juifs dans l'art de la Renaissance.

35. Respectivement, *Prima Rappresentazione*, p. 15 et p. 56.

36. *Ibid.*, p. 12.

37. Une messe solennelle fut chantée le 4 mars 1585 par les académiciens.

38. « C'était pour le roi et le peuple tout entier le temps de la supplication; non celui de la pompe » (*ibid.*, p. 31).

39. *Ibid.*

40. Ingegneri est un théoricien important de la mise en scène, auteur de plusieurs ouvrages spécialisés (cf. L. SCHRADE, *Représentation*, pp. 51-52); son plus important ouvrage, publié à Ferrare en 1598, s'intitule : *Della poesia rappresentativa e del modo di rappresentare le favole sceniche;* on y trou-

mise en scène comporte l'*apparato :* costumes, mouvements d'ensemble, cérémonial; elle comporte aussi (outre la musique) l'*action*, qui elle-même se divise en deux : « L'action consiste en deux choses : la voix et le geste [41]. » La voix concerne l'oreille et le geste s'adresse à la vue. S'il est légitime que les acteurs soient vêtus « à la grecque », l'art moderne du geste s'oppose à ce qu'ils portent le masque, car le geste n'est pas accompli principalement par les bras et les jambes mais par le visage et les yeux : « Le geste consiste dans les mouvements appropriés du corps et de ses parties : tout particulièrement des mains, encore plus du visage, et par-dessus tout des yeux [42]. » Il en résulte que le masque, dont Ingegneri connaissait parfaitement le rôle dans le théâtre antique [43], est délibérément exclu de la représentation de 1585. Par cette prise de conscience, celle-ci échappait à une archéologie plus ou moins imaginaire, pour faire du chef-d'œuvre grec, imposé par la poétique d'Aristote aux académiciens de Vicence, un moment dans une histoire vécue au présent.

Laissons maintenant se dérouler un peu plus d'un siècle et quittons Vicence pour Paris.

En 1692, André Dacier y publie une traduction commentée de l'*Électre* et de l'*Œdipe-Roi* de Sophocle [44]. A bien des égards cette traduction, qui sera suivie de quelques autres [45], marque un tournant sur lequel il nous faut réfléchir.

---

vera une généralisation à partir de la mise en scène d'*Edipo Tiranno*, notamment p. 18.

41. *Prima Rappresentazione*, p. 8. Cette division provient d'ARISTOTE, *Rhétorique*, III, 1403 b 20-1404 a 8, et *Poétique* 26, 1461 b 26-1462 a 4, textes sur lesquels on verra A. LIENHARD-LUKINOVITCH, *La voce e il gesto nella retorica di Aristotele*, in Società di linguistica italiana, *Retorica e scienze del linguaggio*, Rome, 1979, pp. 75-92.

42. *Ibid.*, p. 18.

43. *Ibid.*, p. 8.

44. A. DACIER, *L'*Œdipe *et l'*Électre *de Sophocle, tragédies grecques traduites en Français, avec des remarques*, Paris, 1692.

45. Par BOIVIN (avec les *Oiseaux* d'ARISTOPHANE), Paris, 1729, par le R.P. BRUMOY, dans le *Théâtre des Grecs*, Paris, 1730 (lui-même réédité par Rochefort et Laporte du Theil en 1785), par ROCHEFORT avec l'ensemble de *Sophocle*, I, Paris 1788, pp. 3-133.

1. Cette traduction, comme l'a bien vu Marie Delcourt [46], marque la victoire de Sophocle sur Sénèque (dont il existait, à l'époque de Corneille, deux traductions récentes et presque complètes). Il n'y aura plus de traduction de l'*Œdipe* de Sénèque avant 1795 [47]. Tout au plus peut-on signaler une certaine présence clandestine de Sénèque dans les adaptations de la pièce de Sophocle, par le biais de personnages comme « Phorbas » ou l'« Ombre de Laius ».

2. Cette traduction, sans reposer sur une édition nouvelle du texte – il faudra attendre pour cela la révolution des professeurs à la fin du XVIIIe siècle [48] –, n'en marque pas moins une rupture avec les « belles infidèles » d'Arnaud d'Andilly et de Perrot d'Ablancourt. Comme le disait René Bray : « Quand, à la fin du siècle, Dacier et Mme Dacier traduiront Aristote, Anacréon, Platon, Plutarque, Horace, Plaute et Térence et Sophocle, ils le feront en savants philologues, non en écrivains à la recherche d'une inspiration et d'une rhétorique [49]. »

3. Cette traduction est le point de départ, presque l'origine, l'*archê* d'un nombre étonnant d'adaptations, de parodies, de réflexions sur la pièce de Sophocle et sur le thème œdipien

---

46. Marie DELCOURT, *Étude sur les traductions des tragiques grecs et latins en France depuis la Renaissance,* Bruxelles, 1925, p. 5

47. Par M.-L. COUPÉ dans une traduction du *Théâtre de Sénèque,* Paris, 1795, I, pp. 309-400; le commentaire est intéressant en ce qu'il suggère la confection de « romans tragiques » (p. 398).

48. L'édition de Brunck, préfacée par J. Schweighaüser, est publiée à Strasbourg en 1779, celle de F. A. Wolf à Halle en 1787.

49. R. Bray, cité par R. ZUBER, *Perrot d'Ablancourt et ses « belles infidèles ». Traduction et critique de Balzac à Boileau,* thèse, Paris, 1968, p. 19; on pourrait ici multiplier les références; par exemple, G. DE ROCHEFORT dans ses « Observations sur les difficultés qui se rencontrent dans la traduction des Poètes tragiques grecs », publiées en introduction au *Théâtre de Sophocle,* I, Paris, 1788, pp. XXI-XLIII, explique que les lecteurs les plus à craindre, « ce sont les demi-savants. Ceux-là font du bruit dans le monde; ils sont répandus dans les sociétés; on les croit sur parole; ils passent pour des gens profonds aux yeux des gens superficiels. Ils ne craignent point de prononcer hardiment, du premier coup d'œil, sur un ouvrage longtemps médité »; l'ennemi, désormais, c'est l'« honnête homme ».

qui constitue un des aspects les plus mal connus du XVIIIe siècle littéraire et philosophique.

Peu étudié jusqu'à présent [50], ce sujet a été traité de façon approfondie par un jeune chercheur, Christian Biet [51], qui a identifié non moins de dix-sept adaptations (dont deux parodies et deux opéras) qui s'échelonnent entre 1718 et 1811 [52].

4. Assez remarquablement enfin, la traduction Dacier se voulait une pièce dans le dossier de la querelle des Anciens et des Modernes, et Dacier épousait avec énergie la cause des Anciens. Le résultat fut à l'inverse de ce qui était escompté, tant sur le plan général que sur celui du drame d'Œdipe. Ce qui change à partir des travaux du couple Dacier [53], c'est le statut même de la traduction dans la République des lettres, soumise désormais à un impératif d'exactitude, voire, dans certaines limites, de littéralité. Pierre Coustel, en 1687, expliquait que la traduction d'un texte profane est soumise à un critère d'expansion esthétique : « Si l'on ne traduit que littéralement, l'on rend une traduction faible, basse et languissante : on la rend sans beauté, sans mouvement et sans vie; on ne la fait quasi ressembler à un original que comme un homme mort ressemble à un homme vivant »; mais il maintenait une exception à cette règle : la Bible. « Il faut néanmoins excepter la Sainte Écriture, qu'on doit toujours traduire le plus littéralement qu'on peut : parce que l'ordre des paroles est souvent un mystère [54]. » Traduire littéralement

---

50. On ne peut guère citer qu'une dissertation de Bochum (1933) : W. JORDENS, *Die französischen Oidipusdramen. Ein Beitrag zum Fortleben der Antike und zur Geschichte der französischen Tragödie.* Encore W. Jordens n'a-t-il repéré pour le XVIIIe siècle que cinq adaptations.

51. Ch. BIET, *Les Transcriptions théâtrales d'Œdipe-Roi au XVIIIe siècle,* thèse de 3e cycle, sous la direction de J. Chouillet, université de Paris-III, Paris, 1980; j'ai eu l'honneur d'être un des juges de ce travail, et j'ai eu depuis plus d'une occasion d'en discuter les conclusions avec son auteur.

52. Je citerai plus loin nombre de ces adaptations, mais il appartient à Ch. Biet de publier lui-même le dossier qu'il a rassemblé.

53. Voir Noémi HEPP, *Homère en France au XVIIe siècle,* Paris, 1969.

54. P. COUSTEL, *Règles de l'Éducation des Enfants où il est parlé de la manière dont il faut se conduire, pour leur inspirer les sentiments d'une solide piété et pour leur apprendre parfaitement les Belles Lettres,* 2 vol., Paris, 1687,

Sophocle est une opération à double détente. Dans un premier temps, temps logique plus que temps historique, cela peut signifier qu'il s'agit d'un texte sacré tout comme la Bible; dans un second, l'un et l'autre deviennent des textes profanes. En tout état de cause, il y a, au début, pénétration dans un domaine interdit. Mais ce n'est pas tout, car, sans qu'il y ait paradoxe, cette *traduction* plus ou moins littérale de Dacier allait, à son tour, provoquer des *adaptations* qui ne l'étaient aucunement, et c'est un Œdipe résolument moderne qui accompagne les querelles idéologiques et politiques du siècle.

Voltaire, auteur du premier de ces *Œdipe,* qui connut un immense succès en 1718 (en fait, le plus grand succès de l'histoire du théâtre en France au XVIIIe siècle), dit assez bien les choses dans sa lettre de 1731 au R.P. Porée, jésuite : « J'étais plein de la lecture des anciens et de vos leçons, et je connaissais fort peu le théâtre de Paris; je travaillai à peu près comme si j'avais été à Athènes. Je consultai M. Dacier, qui était du pays. Il me conseilla de mettre un chœur dans toutes les scènes à la manière des Grecs. C'était me conseiller de me promener dans Paris avec la robe de Platon [55]. »

Il va sans dire que mon propos n'est pas ici de faire une étude systématique de ces pièces, ce qui ne pourrait guère être qu'un résumé de l'étude de Ch. Biet. Je me contenterai donc, à propos de ce corpus, de formuler quelques remarques générales.

La première consistera à dire qu'il s'agit d'un ensemble intensément réflexif et se rattachant à de multiples références. Dans une étude, récemment traduite en français [56], Hans

---

pp. 193-194; je dois cette référence et beaucoup d'autres à Ch. Biet; sur les problèmes posés par la traduction de la Bible, voir M. de CERTEAU, « L'idée de traduction de la Bible au XVIIe siècle : Sacy et Simon », *Recherches de science religieuse,* 66, 1978, pp. 73-92; je lui emprunte (p. 80) cette donnée statistique importante : de 1695 à 1700, sur soixante éditions parisiennes de la Bible, il y en a cinquante-cinq en français; la proportion était inverse un demi-siècle plus tôt. Les deux auteurs étudiés ont des idées différentes, voire opposées, sur ce qu'est une traduction; voir aussi M. DELCOURT, *op. cit., supra,* n. 46, qui insiste pp. 155-157 sur le rôle cardinal de Pierre-Daniel Huet.

55. *Œuvres complètes* de VOLTAIRE, Édition Besterman, 86, Genève, 1969, p. 49 (pour la date, cf. p. 50).

56. « De l'Iphigénie de Racine à celle de Goethe », in *Pour une esthétique*

Robert Jauss s'est demandé pourquoi une pièce comme l'*Iphigénie en Tauride* de Goethe avait perdu aujourd'hui tout impact. Il a suggéré que cela est dû au moins en partie au double clavier de références dont usait Goethe, références aujourd'hui incommunicables, à la tragédie antique d'une part, à la tragédie classique française, de l'autre. Cette double référence, nul doute qu'elle ne marque aussi Voltaire et ses successeurs, et il s'y ajoute une référence constante à l'actualité politique et idéologique qui fait que ces pièces sont, effectivement, rapidement devenues illisibles parce que incompréhensibles. L'historien réagira autrement : un des aspects singuliers que présentent nombre d'entre elles *à nos yeux* est leur insertion, explicite souvent, implicite parfois, dans un débat esthétique, idéologique, culturel, constamment repris. Cela est vrai de la traduction Dacier à laquelle s'ajoute un commentaire détaillé. Cela est vrai de Voltaire dont l'*Œdipe* est accompagné de toute une série de lettres dont les premières sont rédigées par Voltaire lui-même et contiennent « la critique de l'*Œdipe* de Sophocle, de celui de Corneille et du sien [57] ».

Il n'est pas surprenant, puisqu'il s'agit d'un ouvrage d'érudition, que le volume du *Théâtre des Grecs* du R.P. Brumoy, dans son édition de 1785 [58], contienne tout à la fois la traduction du texte de Sophocle, des réflexions sur cette pièce par le traducteur, des extraits, toujours dus au R.P. Brumoy, des pièces de Sénèque et de Corneille, un résumé anonyme de l'*Edipo Tiranno* de Giustiniani dont on sait encore, en 1785, qu'il fut « joué avec beaucoup d'appareil et de pompe à Vicence par les Académiciens », et une analyse détaillée de la pièce

---

de la réception, trad. Cl. Maillard, préface de J. Starobinski, Paris, 1978, pp. 210-262.

57. *Lettres écrites par l'auteur qui contiennent la critique de l'*Œdipe *de Sophocle, de celui de Corneille et du sien,* Paris, 1719, repris dans VOLTAIRE, *Œuvres,* II, Paris, 1877, pp. 11-46. Pour la seule année de 1719, Ch. Biet ne mentionne pas moins de six brochures débattant du nouvel Œdipe; cf. R. POMEAU, *La Religion de Voltaire,* Paris, 1969, pp. 85-91, et J. MOUREAUX, *L'Œdipe de Voltaire. Introduction à une psychocritique,* Paris, 1973.

58. C'est le tome III, publié par les soins de MM. DE ROCHEFORT et DU THEIL, de l'Académie royale des Inscriptions et Belles Lettres.

de Voltaire. Rien que de normal, dira-t-on avec raison, et on pourrait faire les mêmes remarques pour l'*Électre* ou l'*Antigone.* Il est déjà beaucoup plus surprenant qu'un gentilhomme comme le comte de Lauraguais publie, en 1781, une *Jocaste,* tragédie en cinq actes, précédée d'une *Dissertation sur les Œdipe* de cent quatre-vingt-trois pages, où sont confrontés Sophocle, Corneille, Voltaire, Houdar de La Motte et Lauraguais lui-même [59]. *Œdipe* est une pièce qui ne peut se présenter toute seule. Mieux, *Œdipe* est un prétexte tout à fait exceptionnel à expérimentation esthétique. Houdar de La Motte, grand défenseur des « Modernes » mais aussi adaptateur de l'*Iliade,* en donne en 1726 deux versions successives, l'une en prose, l'autre en vers. La première est refusée par les comédiens français, ce qui explique la rédaction de la seconde [60].

Mais le cas le plus étonnant est probablement celui de M. de La Tournelle, de son état commissaire de guerre, ami de l'académicien Boivin, traducteur de Sophocle et d'Aristophane. Ce personnage est l'auteur d'un (introuvable) *Recueil* ne contenant pas moins de neuf pièces sur le sujet d'Œdipe. Quatre de ces pièces, publiées en 1730-1731, figurent dans les bibliothèques parisiennes : *Œdipe ou les Trois Fils de Jocaste, Œdipe et Polybe, Œdipe ou l'Ombre de Laius, Œdipe et Toute sa famille.* Il s'agit d'une double et systématique exploration. Exploration à la fois des possibilités dramatiques qu'offre la famille d'Œdipe, naturelle et adoptive [61], et d'une exploration psychologique des sentiments que l'on peut prêter à cet intéressant groupe familial. Un exemple assez étonnant est celui des *Trois Fils de Jocaste,* pièce adaptée tout à la fois de l'*Œdipe-*

---

59. Dans le catalogue de la Bibliothèque nationale, et dans la *Bibliographie de la Littérature française* de CIORANESCU, n. 53638, cette dissertation est attribuée à G. de Rochefort; j'ignore sur quoi se fonde cette attribution, le texte est en tout cas présenté comme étant de l'auteur de *Jocaste;* sur Lauraguais, l'étude de P. FROMAGEOT, « Les fantaisies littéraires, galantes, politiques et autres d'un grand seigneur. Le comte de Lauraguais (1733-1824) », *Revue des Études historiques,* 80, 1914, pp. 15-46, ne mentionne pas la *Jocaste.*

60. On les trouvera au tome IV, pp. 3-68, et VIII, pp. 459-519, des *Œuvres* d'A. HOUDAR DE LA MOTTE, Paris, 1754; voir aussi en VIII, pp. 377-458, le « Quatrième discours à l'occasion de la tragédie d'Œdipe ».

61. La réflexion sur les rapports entre Œdipe et son père adoptif Polybe me paraît pratiquement unique.

Roi, des *Sept contre Thèbes* d'Eschyle et des *Phéniciennes* d'Euripide. « Polinice » y tue Étéocle, Jocaste tue Polinice, ce qui est tout à fait inédit, puis se tue avec Œdipe. Comme l'écrit Christian Biet : « La fin ne débouche sur aucun pouvoir, il n'y a plus rien. » C'est là rappeler d'un mot le problème politique qui est posé par l'ensemble de ces adaptations et qui est effectivement celui du pouvoir.

Dans certaines limites, c'était déjà le problème de la tragédie antique : ce dialogue entre le héros venu du fond de l'âge du mythe et de la moderne cité démocratique. *Œdipe-Roi* est un drame qui se joue à trois : le tyran, le chœur, organe civique, et le détenteur de l'accès au sacré, le devin Tirésias.

Toutes les transcriptions auront à rendre compte de ce débat politique qui est déjà l'objet d'une radicale transformation dans l'*Œdipe* de Corneille (1659), tragédie où s'affrontent pouvoir tyrannique et pouvoir légitime sans que le *dèmos* soit le moins du monde présent [62].

C'est par le biais de ces affrontements, beaucoup plus que par une réflexion directe sur l'inceste et le parricide, que les *Œdipe* du XVIIIe siècle rejoignent les grands débats du temps. Le peuple, les prêtres et les rois, tels vont être les héros du drame. A l'époque de Dacier, on ne peut encore parler d'un affrontement. Par un double contresens, qui sera durable, Dacier fait du prêtre de Zeus, qui interpelle Œdipe au début de la pièce de Sophocle, un « grand prêtre » équivalent à celui des Juifs, et s'il réalise que l'action commence « par l'assemblée du peuple », il confie aussitôt le rôle politique, le rôle populaire, à un chœur des « sacrificateurs » qu'il a inventé pour les besoins de la cause et qui « sert à inspirer aux peuples les sentiments qu'ils doivent avoir [63] ».

C'est chez Voltaire que le chœur reprendra une dimension politique autonome, au demeurant fort modeste, car Voltaire est fort méfiant et réduit au minimum possible cette fonction politique du chœur, mais il constate qu'il y a là un ressort de

---

62. S. DUBROVSKY, *Corneille et la dialectique du héros*, Paris, 1963, pp. 337-339 ; A. STEGMANN, *L'Héroïsme cornélien. Genèse et signification*, I, Paris, 1968, pp. 618-619 ; A. VIALA, *Naissance de l'écrivain*, Paris, 1985, pp. 225-228.

63. A. DACIER, *op. cit.*, pp. 149, 169, 198.

la tragédie auquel il est impossible d'échapper. Écoutons-le définir ce minimum : « L'intrigue d'une pièce intéressante exige d'ordinaire que les principaux acteurs aient des secrets à se confier. Et le moyen de dire son secret à tout un peuple. » Et encore : « Il y a encore aujourd'hui des savants qui ont le courage d'assurer que nous n'avons aucune idée de la véritable tragédie depuis que nous en avons banni les chœurs. C'est comme si, dans une même pièce, on voulait que nous missions Paris, Londres et Madrid sur le théâtre, parce que nos pères en usaient ainsi lorsque la comédie fut établie en France. » Et Voltaire conclut : « Je croirai donc toujours, jusqu'à ce que l'événement me détrompe, qu'on ne peut hasarder le chœur dans une tragédie qu'avec la précaution de l'introduire à son rang. » La décision finale est double, tout à la fois et inextricablement esthétique et politique. Voici pour la beauté : admettre la présence du chœur « seulement lorsqu'il est nécessaire pour l'ornement de la scène ». Et voici pour la cité, antique et moderne : « Le chœur... ne peut convenir qu'à des pièces où il s'agit de tout un peuple [64] », ce qui est, par excellence, Voltaire n'en disconvient pas, le cas de l'*Œdipe-Roi.*

Voltaire, très remarquablement, restera sur ce point isolé dans ce début de siècle. Si l'on groupe les *Œdipe* du XVIIIe siècle en deux ensembles chronologiquement séparés : celui qui date, en gros, de la Régence, et qui groupe non moins de onze pièces entre 1718 et 1731, et celui de la fin du siècle et du début du XIXe siècle et qui représente six pièces, on constate que, dans le premier groupe, seul Voltaire donne un chœur politique à sa pièce, tandis que le jésuite Folard qui publie, en 1722, un *Œdipe* rival de celui du philosophe, concède simplement un chœur d'enfants. Sur les six pièces du second groupe, une seule, celle de N. G. Léonard [65] qui ne sera publiée qu'en 1798, mais dont l'auteur meurt en janvier 1793, a un chœur réduit à sa plus simple expression. Dans toutes les

---

64. Ces citations sont extraites de la lettre VI sur l'*Œdipe* (1729), « qui contient une dissertation sur les chœurs », in *Œuvres complètes,* II, Paris, Garnier, 1877, pp. 42-44.

65. N.-G. LÉONARD, *Œdipe ou la Fatalité,* in *Œuvres,* I, Paris, 1798, pp. 51-91.

autres pièces, le chœur joue un rôle important, et chez Marie-Joseph Chénier, il apparaît dans tous les actes et dans toutes les scènes. Il faut sans doute, dans cette présence du chœur, faire la part de la mode « antique » caractéristique de la fin du siècle et encore de l'Empire, mais cette explication a ses limites. Il est en fait difficile de ne pas voir dans cette montée très réelle du rôle du chœur – la lecture des pièces le confirme amplement – le signe d'une montée du politique, au sens moderne, démocratique du terme. Certes, nous n'avions pas besoin des *Œdipe* pour être au courant de ce fait, mais il est toujours intéressant d'en avoir une confirmation, aussi indirecte soit-elle.

Comment les théoriciens du XVIIIe siècle ont-ils posé le problème? Négligeant tout ce qui fait que le chœur – quoi qu'on puisse en dire – n'est pas entièrement identifiable à la cité, ne serait-ce que parce que composé, en règle générale, de personnes étrangères à la cité ou au-dessus d'elle (femmes et vieillards [66]), ils ont délibérément, mieux que ne l'ont fait bien des exégètes du XIXe ou même du XXe siècle, repéré dans la tragédie grecque l'affrontement du prince et de la cité. En 1730, dans son *Discours sur le Parallèle des théâtres,* le R.P. Brumoy a une page superbe sur les rois et la tragédie. Les Grecs, dit-il, « ne veulent de rois sur la scène que pour jouir de leur abaissement par une haine implacable de la dignité suprême ». Quand Rochefort et Du Theil réimpriment ce texte, ils protestent en note : « Tout ce paragraphe a besoin d'être lu avec précaution [67]. » En 1788, dans le chapitre qu'il consacre à la tragédie grecque dans le *Voyage du jeune Anacharsis* [68], l'abbé Barthélemy a ce mot : « Les républicains contemporains contemplent toujours avec une joie maligne les trônes qui roulent dans la poussière. »

Le roi, la reine, le grand prêtre, tels sont, sur le plan des individus, les personnages *politiques* de l'*Œdipe-Roi.* Il s'y ajoute,

---

66. Les seules exceptions parmi les pièces conservées sont l'*Ajax* et le *Philoctète* de Sophocle et le *Rhésos* qui nous est parvenu avec l'œuvre d'Euripide : dans ces trois pièces, le chœur est formé de soldats ou de marins adultes.

67. BRUMOY, *Théâtre des Grecs,* Paris, 1785, I, pp. 186-187.

68. IV, ch. 71, p. 32.

bien entendu, modeste beau-frère ou prétendant orgueilleux, Créon. Ces personnages sont pris chez Sophocle sauf toutefois le grand prêtre qui, lui, est transformé, surajouté, tantôt confondu avec Tirésias, tantôt distinct [69]. La parodie jouée en 1719 et due à Biancolelli, comédien du duc d'Orléans [70], fait de Tirésias un « magister » de village, tandis que, de façon significative, dans une autre parodie, qui vise Houdar de La Motte, Legrand remplace les dieux et leur oracle par un vieux rabbin et par une mère aux chats [71].

La même opposition chronologique qui fonctionnait pour l'absence et la présence du chœur fonctionne à nouveau ici : dans l'*Œdipe* de Voltaire et les pièces qui s'en inspirent, rédigées à une date où les conflits religieux – entre jésuites et jansénistes, par exemple – sont particulièrement visibles, ce sont les prêtres (et, derrière les prêtres, leur Dieu) qui sont l'objectif numéro un. De la pièce de Voltaire, la postérité n'a guère reconnu que deux vers, en partie empruntés à la critique des devins par Jocaste [72] :

> « Les prêtres ne sont pas ce qu'un vain peuple pense,
> Notre crédulité fait toute leur science. »

La pièce se termine, très ouvertement, par l'éloge du despote éclairé, en l'espèce le roi « légitime » Philoctète.

A la fin du siècle, tout naturellement, c'est le roi transgresseur, c'est la reine incestueuse, qui sont mis en cause, négativement ou positivement. C'est ainsi qu'en 1786, dans la pièce d'un certain Bernard d'Héry [73], la tragédie est celle du « Grand Roi » face au « Grand Prêtre » et au chœur des

---

69. Les deux personnages sont distincts dans les pièces de Voltaire, de BUFFARDIN D'AIX, *Œdipe à Thèbes ou le fatalisme*, Paris, 1784, de Marie-Joseph CHÉNIER, dans l'*Œdipe-Roi* de Bernard D'HÉRY, Londres et Paris, 1786, dans l'*Œdipe à Thèbes* de DUPRAT DE LA TOULOUBRE (opéra), Paris, 1791, dans l'*Œdipe ou la Fatalité* de N. G. LÉONARD.

70. P. F. BIANCOLELLI (dit Dominique) et A. F. RICCOBONI, *Œdipe travesti*, comédie par M. Dominique, Paris, 1719.

71. M. A. LEGRAND, *Le Chevalier Errant. Parodie de l'Œdipe de Monsieur de La Motte*, Paris, s.d. (1726?).

72. *Œdipe-Roi*, 707-710; 857-858; 946-947; sur la lutte de Voltaire contre le « Dieu terrible » et le « prêtre cruel » à l'époque de la composition d'*Œdipe*, cf. les pages déjà mentionnées de R. POMEAU, *La Religion de Voltaire*[2], pp. 85-91.

73. *Œdipe-Roi*, tragédie lyrique en cinq actes, Londres et Paris, 1786.

citoyens. Le thème grec est interprété comme signifiant le sacrifice du roi pour son peuple. A la fin de la pièce, le peuple (le chœur) demande à Œdipe de rester quoi qu'il en coûte.

En 1791, Duprat de La Touloubre interrompt la représentation de son opéra avant la mort de Jocaste et l'automutilation d'Œdipe, pour, dit l'auteur, « terminer le spectacle d'une manière brillante ». On a pu interpréter la pièce comme « une défense obstinée du Père Roi mis en question » (Ch. Biet). C'est enfin un roi victime de la rébellion populaire qui est présenté, peu avant sa mort en 1793, par Nicolas G. Léonard. Que le chœur ait été éliminé de la pièce ne saurait donc être l'effet du hasard. Quant au républicain M.-J. Chénier, il présente un Œdipe s'opposant au « droit qu'a chaque habitant de la cité de parler et d'émettre des jugements » (Ch. Biet).

A vrai dire, aussi clairs soient-ils, les sentiments personnels des auteurs importent assez peu. Ce qui compte, c'est cette progression, cette mutation du personnage royal. D'un débat à l'intérieur de la fonction, qui caractérisait l'*Œdipe* de Corneille et encore celui de Voltaire, on est passé à une opposition religieuse et politique entre le roi et son peuple. De Voltaire à Chénier, c'est un chemin qui a été parcouru; mais, tout au long du parcours, un langage commun a été gardé, et c'est ce qu'il fallait essayer de mettre en lumière.

Nous pouvons, aujourd'hui, sourire de cet Œdipe pluriel du siècle des Lumières, comme nous pouvons sourire de celui de 1585 avec sa cohorte de vingt-huit archers et courtisans. A leur façon, pourtant, ils ont contribué à façonner le nôtre.

10

Le Dionysos masqué des *Bacchantes* d'Euripide *

Parmi tous les témoignages concernant Dionysos dans l'Athènes du Ve siècle, le drame d'Euripide intitulé les *Bacchantes* occupe une place à part [1]. La richesse et la complexité de l'œuvre, la densité du texte en font un document incomparable pour expliciter ce qu'a pu être, dans ses traits singuliers, l'expérience religieuse des fidèles du dieu qui, plus qu'aucun autre, assume dans le panthéon grec les fonctions de divinité au masque. Tout en nous appuyant sur les éditions et commentaires dont nous disposons, en particulier ceux de J. E. Sandys, E. R. Dodds, R. P. Winnington-Ingram, G. R. Kirk, Jeanne Roux, Ch. Segal [2], savants envers lesquels notre dette est grande

* Une première version de cette étude est parue dans *L'Homme*, 93, janv.-mars 1985, XXV (1), pp. 31-58.

1. La pièce fut composée durant le séjour d'Euripide auprès du roi Archélaos, en Macédoine, où le poète s'était rendu en 408, déjà septuagénaire, et où il devait mourir en 406. Elle fut représentée pour la première fois à Athènes, en 405, sous la direction d'Euripide le Jeune, son fils ou son neveu, dans une trilogie qui comportait aussi *Iphigénie à Aulis* et *Alcméon*, et qui valut à l'auteur le premier prix à titre posthume.

2. E. SANDYS, *The Bacchae of Euripides*, Cambridge 4e éd. 1980; E. R. DODDS, *Euripides* [4], *Bacchae*, Oxford, 1960, 2e éd.; R. P. WINNINGTON-INGRAM, *Euripides and Dionysus. An Interpretation of the Bacchae*, Cambridge, 1948; G. R. KIRK, *The Bacchae of Euripides*, Cambridge, 1979 (1re éd. 1970);

jusqu'en nos désaccords avec certains d'entre eux, nous avons choisi, de façon délibérée, de privilégier, dans notre approche de la tragédie, tout ce qui pouvait éclairer les liens du dieu et du masque. Bien entendu, nous ne devions pas oublier que nous avions affaire, non à un document religieux, mais à une œuvre tragique obéissant aux règles, conventions et finalités propres à ce type de création littéraire. Cependant, les *Bacchantes* sollicitaient d'autant plus notre attention que Dionysos n'y intervient pas comme le font d'ordinaire les dieux dans la tragédie. Il joue le rôle principal. Il est mis en scène par le poète comme le dieu qui met lui-même en scène au théâtre son épiphanie, qui se révèle tant aux protagonistes du drame qu'aux spectateurs sur les gradins, en manifestant sa divine présence à travers le déroulement du jeu tragique – ce jeu placé précisément sous son patronage religieux. Comme si, tout au long du spectacle, dans le temps même où il apparaît sur la scène à côté des autres personnages du drame, Dionysos agissait sur un autre plan, en coulisse, pour nouer les fils de l'intrigue et machiner son dénouement.

Cette constante intrication du Dionysos de la religion civique – le dieu du culte officiel – et du Dionysos de la représentation tragique – le dieu maître de l'illusion théâtrale – se trouve soulignée d'entrée de jeu par la dualité ou le dédoublement scénique de Dionysos : il se présente comme dieu sur le *theologeion,* comme l'étranger lydien « à l'allure de femme » sur la scène, l'un et l'autre revêtus du même costume, arborant le même masque, indiscernables et cependant distincts. Le masque que portent le dieu et l'étranger humain – qui est aussi le dieu – est le masque tragique de l'acteur; sa fonction est de faire reconnaître les personnages pour ce qu'ils sont, de les désigner clairement aux yeux. Mais dans le cas de Dionysos ce masque, autant qu'il le proclame, le dissimule, le

---

Jeanne ROUX, *Les Bacchantes.* I : *Introduction, texte, traduction,* Paris, 1970, II : *Commentaire,* 1972; Charles SEGAL, *Dionysiac Poetics and Euripides Bacchae,* Princeton, 1982. On pourra également consulter M. LACROIX, *Les Bacchantes d'Euripide,* Paris, 1976; E. COCHE DE LA FERTÉ, « Penthée et Dionysos. Nouvel essai d'interprétation des *Bacchantes* d'Euripide », in Raymond BLOCH (éd.), *Recherches sur les religions de l'Antiquité classique,* Genève, 1980, pp. 105-258; H. FOLEY, *Ritual Irony; Poetry and Sacrifice in Euripides,* Ithaca, 1985, pp. 205-258.

« masquant » au sens propre tout en préparant, à travers sa méconnaissance et son secret, son triomphe et sa révélation authentiques. Dans le masque de théâtre porté par le dieu, tous les protagonistes du drame, y compris le chœur de ses fidèles Lydiennes venues à sa suite jusque dans Thèbes, voient seulement le missionnaire étranger. Les spectateurs, eux aussi, voient l'étranger, mais en tant qu'il dissimule le dieu afin de le faire connaître pour ce qu'il est : un dieu masqué dont la venue doit apporter aux uns la plénitude du bonheur, aux autres, qui n'ont pas su le voir, la destruction. Soulignant à la fois les affinités et le contraste entre le masque tragique qui scelle la présence d'un caractère, qui profère l'identité stable d'un personnage, et le masque cultuel où la fascination du regard impose une présence impérieuse, obsédante, envahissante, mais en même temps celle d'un être qui n'est pas là où il paraît, qui est aussi bien ailleurs, en vous et nulle part : la présence d'un absent – ce jeu s'exprime dans l'ambiguïté du masque porté par le dieu et par l'étranger. C'est un masque « souriant » (434, 1021), contrairement aux normes du masque tragique, masque par conséquent différent des autres, déplacé, déconcertant et qui, sur la scène du théâtre, en écho, évoque la figure énigmatique de certains masques cultuels du dieu de la religion civique [3].

Un texte donc. Mais pas plus qu'une image un texte n'est innocent. De même que dans la série des représentations dionysiaques où figure le pilier au masque [4], suivant que l'idole a été vue comme celle des Lénéennes, ou des Anthestéries, ou autrement, l'interprétation d'ensemble de ces scènes s'est trouvée au départ orientée dans des voies diverses, de même les *Bacchantes* ont été et sont lues en fonction d'une certaine

3. Cf. sur ce point la belle étude d'Helene FOLEY, « The Masque of Dionysos », *TAPhA*, 110, 1980, pp. 107-133.

4. Sur une série de vases que les archéologues ont coutume de ranger sous l'appellation de « vases des Lénées », l'idole de Dionysos est figurée par un poteau ou une colonne, revêtus d'un vêtement et où est accroché un masque barbu, souvent représenté de face et fixant sur le spectateur ses deux yeux grands ouverts. Sur cette série, cf. J.-L. DURAND et F. FRONTISI-DUCROUX, « Idoles, figures, images », *RA*, 1982, I, pp. 81-108.

idée que nous nous faisons du dionysisme. Et cette idée – ce que nous appelons le dionysisme – n'est pas une donnée de fait : c'est le produit de l'histoire moderne des religions, depuis Nietzsche. Les historiens de la religion grecque ont construit cette catégorie à partir de documents, bien sûr, mais avec un outillage conceptuel et un cadre de référence dont les fondements, les ressorts, les implications tiennent à leur propre système religieux, à leur horizon spirituel au moins autant qu'à ceux des Grecs de l'époque classique. Le même texte, lu par d'excellents hellénistes, a donné lieu à deux types d'interprétation radicalement opposés. On y a vu tantôt une condamnation sans appel du dionysisme, une charge antireligieuse dans la ligne de ce scepticisme à l'égard des dieux dont Aristophane pouvait faire reproche à Euripide; tantôt le témoignage d'une véritable conversion du poète qui, au soir de sa vie, comme touché par la grâce, aurait voulu exalter cette forme plus qu'humaine de sagesse qu'apportent, contrairement au savoir et à la raison orgueilleuse des sophistes, l'abandon à l'extase divine, la folie mystique du dieu de la possession bienheureuse.

Nous avons donc été conduit à examiner comment la catégorie du « dionysiaque » a été élaborée en fonction de la dichotomie instituée par Nietzsche : Apollon-Dionysos [5]. La clé de cette construction, dont la ligne va de E. Rohde à M. P. Nilsson, J. Harrisson, W. Otto, E. R. Dodds, H. Jeanmaire, pour ne citer que les contributions majeures, nous l'avons trouvée en son origine : la *Psyché* de Rohde, publiée en 1893. Le problème est pour l'auteur de comprendre comment, dans le cadre de cette religion grecque dont Homère est pour nous le témoin privilégié, a pu surgir une religion de l'âme qui est aux antipodes de la première, en ce sens qu'elle vise à développer en

5. Cf. Park MCGINTY, *Interpretation and Dionysos. Method in the Study of the God,* La Haye, Paris, New York, 1978; et dans l'ouvrage collectif, *Studies in Nietzsche and the Classical Tradition,* éd. par James L. O 'Flaherty, Timothy F. Sellner et Robert M. Helm, Chapell Hill, 1976, les deux études suivantes : Hugh LLYOD JONES, « Nietzsche and the Study of the Ancient World », pp. 1-15, et Max L. BREUMER, « Nietzsche and the Tradition of the Dionysian », pp. 165-189. Il faut enfin signaler l'importante mise au point de Albert HENRICHS, « Loss of Self, Suffering, Violence : the Modern View of Dionysus from Nietzsche to Girard », *HSPh,* 88, 1984, pp. 205-240.

chacun de nous une réalité apparentée au divin, la *psyché*, radicalement étrangère au monde d'ici-bas et dont toute l'aspiration consiste à faire retour à son origine céleste, en abandonnant la prison où elle se trouve enchaînée pour se délivrer dans l'union avec la divinité.

Pour Rohde – et c'est le point décisif –, le dionysisme représente dans la culture grecque un corps étranger. Cette étrangeté, l'historien la marque en rejetant l'origine du dieu hors des frontières de la Grèce, en Thrace. Mais cette extériorité d'origine est elle-même un postulat qui s'imposerait à l'helléniste comme une évidence de départ : Dionysos n'aurait rien de commun avec la civilisation et la religion vraiment grecques, celle du monde homérique. Cette complète altérité consiste en ce que l'expérience religieuse dionysiaque, au lieu de vous intégrer au monde à votre juste place, vise à vous projeter hors de lui dans l'extase, à vous unir au dieu dans la possession. Les pratiques de transe du Dionysos thrace, donnant lieu à des crises contagieuses de caractère plus ou moins pathologique, auraient donc, à l'origine, constitué aux yeux des Grecs des conduites aberrantes, anomiques, dangereuses; pourtant elles portaient en elles le germe de ce à quoi la Grèce va donner, à terme, son plein développement : un véritable mysticisme. Entre le délire collectif de la *mania*, dans la transe et la possession, la fuite hors du monde pour atteindre à la plénitude de soi, la condamnation de l'existence mondaine, les pratiques d'ascèse, la croyance en l'immortalité de l'âme, il y aurait continuité. Mais s'il en est bien ainsi, si à partir des faits de transe et de possession on peut passer, sans rupture, aux techniques spirituelles de purification, de concentration, de séparation de l'âme et du corps, si le renoncement au monde, l'idéal ascétique, la quête du salut individuel s'inscrivent dans la ligne même du dionysisme, alors il faut conclure qu'il y a deux dionysismes et que la frontière séparant le dionysisme de la culture grecque se retrouve à l'intérieur du dionysisme lui-même. Tout ce qui, en lui, est exaltation de la joie, du plaisir, du vin, de l'amour, de la vitalité, toute cette exubérance débridée orientée vers le rire et la mascarade, cette déviance, non en direction d'une pureté ascétique, mais d'une communion avec la nature sauvage, il faudra en faire, vaille que vaille, comme Rohde est contraint à le supposer, le résultat d'une « acculturation » par la Grèce de ce qui n'était pas grec, une altération secondaire par rapport au dionysisme authentique et originel, celui du Dionysos thrace. Le malheur, c'est que le « vrai » Dionysos, celui de Rohde, le Thrace, on ne l'aperçoit pas dans l'Athènes du Ve siècle, tandis que l'autre, le secondaire, réformé et déformé, on ne voit que lui.

Aussi D. Sabatucci a-t-il été conduit dans son *Essai sur le mysticisme grec* [6] à proposer une interprétation qui inverse d'emblée les termes du problème. Pour cet auteur, Dionysos n'est pas le dieu du mysticisme. Mais certains de ses rituels ont pu, secondairement, être réutilisés et resémantisés en vue d'une expérience que l'on peut qualifier de « mystique » en ce sens qu'elle prend le contre-pied des attitudes religieuses conformes à la tradition grecque. Ce qui était d'abord un moyen, tout relatif, pour renforcer, à travers une crise passagère, l'ordre religieux usuel devient une fin en soi, l'expérience vécue au cours de la crise s'affirmant comme un absolu, le seul absolu apportant la révélation authentique d'un « sacré » qui se définit dès lors par son opposition radicale aux formes établies de la piété. La crise de possession dionysiaque, outil temporaire pour retrouver la santé et se réintégrer dans l'ordre du monde, devient l'unique voie pour échapper au monde, pour sortir de la condition humaine et accéder, en s'assimilant au divin, à un statut d'existence que non seulement les pratiques cultuelles courantes étaient hors d'état de procurer, mais qui n'avait ni place ni sens dans le système de la religion civique.

Le « retournement » de perspective opéré par Sabatucci s'imposait sans doute avec d'autant plus d'urgence que l'hypothèse d'une intrusion en Grèce, à une date relativement tardive, d'un Dionysos venu de l'étranger, Thrace ou Lydie, ou l'un et l'autre, s'est trouvée ruinée par la présence dans les documents mycéniens en linéaire B du nom de Dionysos, qui ne semble donc pas moins anciennement grec que les autres dieux du panthéon. Le problème n'est pas pour autant résolu. Il se formule désormais de la façon suivante : où,

---

6. D. SABATUCCI, *Saggio sul misticismo greco*, Rome, 1965. (Trad. française par J.-P. Darmon sous le titre : *Essai sur le mysticisme grec*, Paris, 1982.)

quand, comment se sont produits ces changements, ces volte-face dans l'orientation du dionysisme? Sabatucci évoque à ce propos un « complexe orphique » qui, aux divers courants et expressions de l'orphisme, aurait associé cette réinterprétation du dionysisme, en liaison avec les mystères d'Éleusis, composante essentielle, à ses yeux, du mysticisme grec. Le mot mysticisme se rattache lui-même aux termes *mustês, muêsis, mustikos, mustêrion,* qui se réfèrent spécialement à Éleusis dont le rituel comporte initiation, révélation, transformation intérieure, promesse d'un sort meilleur dans l'au-delà. Mais l'origine d'un mot n'implique pas qu'il ait gardé le même sens et les mêmes connotations religieuses au long de sa carrière. Le sens premier de *muô,* c'est « fermer » ou « se fermer ». En ce qui concerne Éleusis, il peut s'agir soit des yeux, soit de la bouche. Dans le premier cas les mystes seraient ceux qui ont encore les yeux fermés, c'est-à-dire ceux qui n'ont pas « vu », qui n'ont pas accédé à l'époptie; la *muêsis* désignerait alors la purification préliminaire s'opposant à la *teletê,* accomplissement décisif et définitif de l'époptie [7]. Dans le second, ceux qui ferment la bouche, les initiés auxquels il est interdit de divulguer le secret qui leur a été révélé. Cette famille de mots conservera les mêmes valeurs de rite secret, de révélation cachée, de *sumbola,* dont le sens est inaccessible aux non-initiés jusque vers le IIIe siècle de notre ère. Ce serait avec Plotin que leur signification s'étofferait et qu'ils en viendraient à désigner, non plus seulement une révélation reposant, comme à Éleusis, sur une vision et une émotion ressentie plutôt que sur un enseignement [8], mais une expérience intime du divin, une façon de l'éprouver directement en soi-même, d'entrer avec lui en contact et communion au-dedans de soi. Dans cette ligne on aboutira à ce « ravissement en Dieu » dont parle Thérèse d'Avila et qui définit assez bien les formes du mysticisme chrétien. Ce ravissement a, comme on le sait, trois conditions : la solitude, le silence, l'immobilité. Nous sommes loin d'Éleusis et aux antipodes du dionysisme.

Mais laissons les remarques de vocabulaire [9] et admettons

---

7. Cf. PLATON, *Banquet,* 210 a; *Phédon,* 69 c, et IG I² 6, 49.
8. Cf. ARISTOTE, fr. 115, Rose.
9. Si l'on veut repérer les interférences qui ont pu se produire, à certains

avec Sabatucci que chaque système religieux peut avoir sa forme particulière d'expérience mystique, très différente de celle qui s'est développée dans le cadre du monothéisme chrétien. Nous n'en constatons pas moins que dans le dionysisme de l'Athènes du Ve siècle, il n'y a pas un document où accrocher ce dionysisme à l'état second, c'est-à-dire utilisé pour inverser systématiquement les valeurs du sacré et les orientations fondamentales du culte : nulle tendance ascétique, aucun déni des valeurs positives de la vie terrestre, pas la moindre velléité de renoncement, aucun souci de l'âme, de sa séparation du corps, aucune perspective eschatologique. Ni dans le rituel, ni dans les images, ni dans les *Bacchantes* on n'aperçoit l'ombre d'une préoccupation de salut ou d'immortalité. Tout se joue ici, dans l'existence présente. Le désir incontestable d'une libération, d'une évasion dans un ailleurs ne s'exprime pas sous forme d'un espoir en une autre vie, plus heureuse, après la mort, mais dans l'expérience, au sein de la vie, d'une dimension autre, d'une ouverture de la condition humaine à une bienheureuse altérité.

Les analyses des anthropologues confirment cette vue [10]. En dehors même de l'extase chrétienne par ravissement dans la solitude, le silence, l'immobilité, ils distinguent deux formes, à bien des égards opposées, de transe et de possession. Dans l'une c'est l'individu humain qui prend l'initiative et s'affirme maître du jeu. Grâce aux pouvoirs particuliers qu'il a su acquérir par des procédures diverses, il peut quitter son corps abandonné comme en état de catalepsie, voyager dans l'autre monde et revenir sur cette terre ayant gardé le souvenir de tout ce qu'il a vu dans l'au-delà. Tel est en Grèce le statut des « mages », personnages singuliers, avec leur discipline de vie, leurs exercices spirituels, leurs techniques d'ascèse, leurs

---

moments et en certains endroits, entre dionysisme, éleusinisme, et orphisme, l'enquête devrait s'étendre aux termes : τελετή, ὄργια, ὀργιασμός, ὀργιάζειν, βάκχος, βακχεύς, βακχεύειν, βάκχειος; cf. Giovanni CASADIO, « Per un'indagine storico-religiosa sul culto di Dioniso in relatione alla fenomenologia dei Misteri », I et II, *Studie e Materiali di Storia delle Religioni,* 1982, VI, 1-2, et 1983, VII, 1, pp. 209-234 et 123-149.

10. Cf. en dernier lieu, Gilbert ROUGET, *La Musique et la transe. Esquisse d'une théorie générale des relations de la musique et de la possession*, Paris, 1980 (préface de Michel Leiris).

réincarnations. Plus ou moins légendaires, ces figures ont partie liée avec Apollon plutôt qu'avec Dionysos [11].

Dans l'autre forme de transe, ce n'est plus un individu humain exceptionnel qui monte jusque chez les dieux, ce sont les dieux qui s'en viennent ici-bas, à leur gré, pour posséder un mortel, le chevaucher, le faire danser. Le possédé ne quitte pas ce monde-ci; dans ce monde il est devenu autre par la puissance qui l'habite. Sur ce plan, une nouvelle distinction s'impose. Dans le *Phèdre* (265a), abordant le problème de la *mania,* Platon en reconnaît deux espèces : le délire peut être une maladie humaine dont il faut se guérir ou un état divin qui a valeur pleinement positive. Une ligne de démarcation analogue sépare les pratiques de type corybantique du culte dionysiaque. Dans le premier cas on a affaire à des individus qui sont malades. Leur état de crise, délire ou abattement est le signe d'une faute, la manifestation d'une impureté. Ils sont victimes d'un châtiment de la part d'un dieu qu'ils ont offensé et qui les punit en les possédant. Il s'agit donc, au cours du rituel, d'identifier le dieu dont ils subissent la vengeance, de façon à guérir le malade par des purifications appropriées qui le libèrent de son état de possession. Dans le thiase dionysiaque, il n'y a pas de dieu à « identifier » pour le chasser, pas de maladie, et les individus ne sont pas concernés dans leur pathologie singulière. Le thiase est un groupe organisé de fidèles qui, s'ils pratiquent la transe, en font un comportement social ritualisé, contrôlé, exigeant selon toute probabilité un apprentissage, et dont la finalité n'est pas de se guérir d'une maladie, encore moins de se guérir du mal d'exister dans un monde qu'on souhaite fuir à jamais, mais d'obtenir en groupe, en tenue rituelle, dans un décor sauvage, réel ou figuré, à travers danse et musique, un changement d'état. Il s'agit de faire pour un moment, dans le cadre même de la cité, avec

11. Sur les affinités des « mages » comme Abaris, Aristéas, Hermotime, Épiménide, Phérécyde, Zalmoxis, avec Pythagore et Apollon Hyperboréen, cf. E. ROHDE, *Psyché. Le Culte de l'âme chez les Grecs et leur croyance à l'immortalité,* trad. A. Reymond, Paris, 1952, p. 337 et suiv.; E. R. DODDS, *Les Grecs et l'irrationnel,* traduit de l'anglais par M. Gibson, Paris, 1965, p. 141 et suiv. (éd. orig. : *The Greeks ant the Irrational,* Berkeley, 1959); M. DETIENNE, *La Notion de Daimôn dans le pythagorisme ancien,* Paris, 1963, pp. 69 et suiv.

son accord, sinon sous son autorité, l'expérience de devenir autre, non pas dans l'absolu, mais autre par rapport aux modèles, aux normes, aux valeurs propres à une culture déterminée [12].

Comment n'en serait-il pas ainsi avec le dionysisme? Dionysos ne représente pas, dans le panthéon grec, le divin en tant qu'il constitue un domaine de réalité séparé du monde, opposé à l'inconsistance et à l'inconstance de la vie humaine. Il y occupe une position ambiguë, comme l'est son statut : plutôt demi-dieu que dieu, même s'il veut être dieu pleinement et à part entière. Jusque dans l'Olympe, Dionysos incarne la figure de l'Autre. Si sa fonction était « mystique », il arracherait l'homme à l'univers du devenir, du sensible, de la multiplicité, pour lui faire franchir ce seuil au-delà duquel on pénètre dans la sphère de l'immuable, du permanent, de l'un, du toujours le même. Son rôle n'est pas celui-là. Il ne vous détache pas de la vie terrestre par une technique d'ascèse et de renoncement. Il brouille les frontières entre le divin et l'humain, l'humain et le bestial, l'ici et l'au-delà. Il fait communier ce qui était isolé, séparé. Son irruption, sous la forme de la transe et de la possession réglementées, c'est, dans la nature, dans le groupe social, en chaque individu humain, une subversion de l'ordre qui, à travers tout un jeu de prodiges, de fantasmagories, d'illusions, par un dépaysement déconcertant du quotidien, bascule soit vers le haut, dans une confraternité idyllique de toutes les créatures, la communion heureuse d'un âge d'or soudainement retrouvé, soit à l'inverse, pour qui le refuse et le nie, vers le bas, dans la confusion chaotique d'une horreur terrifiante.

De nos analyses du drame des *Bacchantes* nous ne retiendrons ici, comme nous l'avons dit, que les seuls éléments

---

12. Cf. sur ce point, dans l'important article d'Albert HENRICHS, « Changing Dionysiac Identities », les pages 143-147 consacrées au ménadisme rituel, *Jewish and Christian Self-Definition*, vol. III, *Self Definition in the Graeco-Roman World*, éd. par Ben E. Meyer et E. P. Sanders, Londres, 1982, pp. 137-160.

susceptibles d'éclairer la figure du dieu au masque et la religiosité de ses fidèles.

Le Dionysos des *Bacchantes* est un dieu qui impose ici-bas sa présence impérieuse, exigeante, envahissante : un dieu de « parousie ». Sur toutes les terres, dans toutes les cités qu'il a décidé de faire siennes, il s'en vient, il arrive, il est là. Le premier mot de la pièce, c'est *hêkô :* « Me voilà, je suis venu. » Irruption subite, comme si Dionysos chaque fois surgissait de l'ailleurs : étranger, monde barbare, au-delà. Irruption conquérante qui, de cité en cité, de lieu en lieu, étend et assure le culte du dieu. Toute la tragédie, dans son déroulement, illustre cette « venue » : elle donne à voir l'épiphanie dionysiaque. Elle la montre sur la scène, où Dionysos figure à la fois comme un protagoniste au milieu des autres acteurs et comme l'organisateur du spectacle, le machinateur secret de l'intrigue qui conduit finalement à sa reconnaissance en tant que dieu par les Thébains. Mais cette épiphanie s'adresse aussi aux spectateurs que la fiction du drame fait assister, comme s'ils y étaient, à la révélation du dieu, leur permettant, à travers la terreur et la pitié qu'ils éprouvent pour les victimes, d'en saisir dans toute leur étendue les implications et les enjeux, leur procurant aussi, grâce au type de compréhension qu'apporte le jeu tragique dans la perfection de son agencement ordonné, ce même sentiment de plaisir, cette même « purification » que Dionysos, dès lors qu'il est reconnu, accepté, intégré, accorde aux cités où il a choisi d'apparaître.

Cette épiphanie n'est ni celle des dieux ordinaires ni une « vision » analogue à l'époptie des mystères. Dionysos exige qu'on le « voie ». Les derniers mots du Prologue, qui répondent au « je suis là » du début, demandent « que la cité de Cadmos voie », ὡς ὁρᾷ Κάδμου πόλις (61). Il veut se faire voir dieu, être manifeste comme dieu aux mortels, se faire connaîre lui-même, se révéler [13], être connu, reconnu, compris [14]. Ce caractère d'« évidence » que, dans certaines conditions, doit revêtir la présence divine, le chœur des fidèles Lydiennes l'exprime avec force, dans le quatrième *stasimon,* sous forme d'un souhait – vienne « visible au grand jour », *phaneros* (993,

---

13. δείκνυμι : 47, 50 ; φαίνομαι : 42, 182, 528, 646, 1031.
14. γιγνώσκω : 859, 1088 ; μανθάνω : 1113, 1296, 1345.

1011), la Justice – et d'une affirmation de principe – je mets mon bonheur à poursuivre « ce qui est grand et manifeste », *phanera* (1007) –, pour aussitôt invoquer le Dionysos de l'épiphanie en exhortant le dieu à se montrer lui aussi, à se faire voir : « apparais! », *phanêthi* (1018). Mais Dionysos se révèle en se cachant, il se fait voir en se dissimulant au regard de tous ceux qui croient seulement à ce qu'ils voient, à ce qui est « évident aux yeux [15] », comme au vers 501 le déclare Penthée confronté à un Dionysos présent devant son nez mais invisible pour lui sous son déguisement. Épiphanie donc, mais d'un dieu masqué. Pour imposer sa présence à Thèbes, pour y « apparaître », Dionysos a changé son « apparence », transformé sa figure, son aspect extérieur, sa nature [16] : il a pris le masque d'une créature humaine; il se présente sous les traits du jeune étranger lydien. Distinct de Dionysos en même temps qu'identique à ce dieu, l'étranger assume les fonctions d'un masque en ce sens que tout en dissimulant sa véritable identité (à ceux qui ne sont pas prêts à le reconnaître), il est l'instrument de sa révélation; il manifeste son impérieuse présence aux yeux de ceux qui, sous son regard et comme en face à face avec lui, ont appris « à voir ce qu'il faut voir » (924) : le plus évident sous le déguisement du plus invisible.

Le dieu et son fidèle, face à face, les yeux dans les yeux? La transe, pourtant, est collective; elle se déroule en groupe, dans le cadre d'un thiase. Mais quand la bande des ménades se livre en commun à la frénésie orgiastique, chaque participant s'agite pour son compte, sans souci d'une chorégraphie générale, indifférent à ce que font les autres (il en va de même dans le *kômos*). Dès lors que le fidèle est entré dans la danse il se trouve, en élu, comme seul à seul avec le dieu, tout entier soumis au-dedans de lui-même à la puissance qui le possède et qui le mène à sa guise.

Si elle ne se manifeste qu'à travers l'orgiasme collectif, l'épiphanie de Dionysos n'en prend donc pas moins, pour chaque individu, la forme d'un face-à-face direct, d'une relation fascinée où, dans l'échange croisé des regards, dans l'indissociable réciprocité du « voir » et l' « être vu », le fidèle et

15. φανερὸς ὄμμασιν.
16. μορφή : 4,54; εἶδος : 53; φύσις : 54.

son dieu, toute distance abolie, se rejoignent. Dans la transe l'homme joue le dieu et, aussi bien, le dieu joue l'homme; de l'un à l'autre, les frontières, momentanément, s'estompent, brouillées par l'intensité d'une présence divine qui, pour se profiler dans son évidence en face de vous, doit d'abord avoir assuré sur vos yeux sa maîtrise, s'être du dedans emparé de votre regard, avoir transformé votre mode même de voyance.

Quand Penthée interroge l'étranger lydien sur ce dieu dont le jeune homme se proclame missionnaire, sa demande trace une ligne de démarcation nette entre deux formes opposées de la vision : celle, illusoire, irréelle, du dormeur rêvant; celle, authentique, irrécusable, de l'homme éveillé, lucide, les yeux grands ouverts. « Ce dieu, questionne-t-il, l'as-tu vu de nuit [c'est-à-dire en rêve] ou de tes propres yeux? » *Horôn horônta,* répond l'étranger : « le voyant me voyant » (470). Je l'ai vu qui me voyait : réponse *à côté,* qui déplace la question et souligne que l'épiphanie du dieu se situe en dehors de la dichotomie qui sert de cadre aux certitudes de Penthée : d'un côté le rêve, les phantasmes, les illusions; de l'autre la vision bien réelle, le constat irréfutable. Au-delà de ces deux formes, se riant de leur opposition, la « vision » que requiert la divinité au masque se fonde sur la réciprocité du regard, quand, par la grâce de Dionysos, s'est instituée, comme en un jeu de miroirs, une entière réversibilité entre le fidèle voyant et le dieu visible, chacun étant à la fois et en même temps, par rapport à l'autre, celui qui voit, celui qui se fait voir.

L'irruption de Dionysos dans le monde, sa présence insolite mettent donc en cause cette vision « normale », à la fois naïve et assurée, sur laquelle Penthée croit pouvoir fonder son refus du dieu et toute sa conduite – vision qui se veut positive, raisonnable, mais qui trahit tout ce qu'elle comporte d'obscur et de trouble dans le « voyeurisme » exacerbé du jeune roi, dans son désir passionné, irrépressible (812) d'être spectateur (*theatês,* 829), de contempler, dans les turpitudes des ménades, cela même qu'il prétend avoir en horreur [17], de regarder ce

17. En 810 et suiv., l'étranger demande à Penthée s'il désire voir les bacchantes dans la montagne. « Pour tout l'or du monde », s'exclame le jeune homme, confessant le désir ardent qui l'habite de contempler un spectacle dont il affirme en même temps qu'il lui sera pénible à voir. « Il

qu'il est interdit à un homme, à un non-initié, de voir (472, 912, 1108), de se faire guetteur, espion [18], tantôt s'avançant au grand jour, ouvertement [19], tantôt cherchant à voir sans être vu (1050), pour finalement se révéler lui-même dans sa nature bestiale et sauvage [20], pour apparaître bien visible (1076), se montrer clairement aux yeux de celles qu'il est venu espionner (982, 1076, 1095). Ironie suprême pour l'homme des yeux ouverts, de la vision lucide : au moment décisif du drame, quand sa vie se joue, « c'est lui qu'on vit plutôt qu'il ne voyait » (1075).

Eidos et même *idea* (en 471), *morphê, phaneros, phainô, emphanês, horaô, eidô,* avec leurs composés : aucun autre texte ne comporte avec une insistance comparable, et qu'on pourrait presque dire obsessionnelle, un tel foisonnement du vocabulaire du voir et du visible. Euripide l'utilise d'autant plus facilement pour suggérer tout le jeu de polysémies, d'ambiguïtés, de renversements auxquels prête l'expérience humaine confrontée à Dionysos, que les mêmes termes s'appliquent à la fois à la vision ordinaire et normale, à l'« apparition » surnaturelle que suscite le dieu, à sa révélation épiphanique et à toutes les formes illusoires du « paraître », du ressembler, du faux-semblant, de l'hallucination.

La vision de Dionysos consiste à faire éclater du dedans, à réduire en miettes cette vision « positive » qui se prétend la seule valable et où chaque être a sa forme précise, sa place définie, son essence particulière dans un monde fixe assurant à chacun sa propre identité à l'intérieur de laquelle il demeure enfermé toujours semblable à lui-même. Pour voir Dionysos

---

te serait donc doux de regarder ce qui t'est amer » πικρά, ironise alors l'étranger (815). Un amer spectacle, c'est ce que Penthée s'était promis de donner à voir au jeune bacchant (357) en le jetant dans les fers, ces fers dont le miracle du palais fera, pour Penthée précisément, le plus amer des spectacles à voir (634). Sur le désir de contempler les bacchantes en leurs honteux ébats, voir aussi 957-958 et 1058-1062.

18. φύλαξ : 959; κατάσκοπος : 916, 956, 981.

19. ἐμφανῶς : 818; cf., avec toute l'ironie du rapprochement, pour Dionysos le vers 22.

20. ἀναφαίνει : 538; cf., là encore avec le même jeu, pour Dionysos le vers 528.

il faut pénétrer dans un univers différent, où l'Autre règne, non le Même.

Deux moments de la tragédie sont à cet égard particulièrement significatifs. En 477, Penthée demande à l'étranger : « Ce dieu, puisque tu dis l'avoir vu clairement, comment était-il fait [21] ? » Pour l'homme de la vision claire, les dieux doivent, comme tout être et toute chose, avoir une forme précise, un aspect visible caractéristique de leur nature, une identité. L'étranger répond : « Comme bon lui semblait. » Et il ajoute : « Je n'avais pas d'ordre à lui donner. » Dionysos, lorsqu'il se manifeste, n'a pas de consigne à respecter quant à son mode d'apparition, parce qu'il n'est pas de forme préétablie qui lui convienne et où le dieu se trouverait une fois pour toutes enfermé. Le texte tragique souligne à plusieurs reprises cette dimension énigmatique du dieu au masque, ce halo d'incertitude quant à sa forme et sa nature, par des expressions du type : ce dieu (ou cet étranger) « quel qu'il soit », « quel qu'il puisse être [22] ».

Un peu plus loin, au vers 500, l'étranger, face aux menaces du jeune roi, proclame en parlant du *daimôn autos,* du dieu lui-même, de Dionysos en personne : « En cet instant même, ce que je souffre, présent tout près, il le voit [23]. » Présence invisible d'un Dionysos dont la vigilance est sans défaut, l'œil toujours ouvert, mais le regard de Penthée est aveugle à cette présence du dieu, manifestée et dissimulée par le masque qui lui fait face. Comme le roi ironise, en homme bien décidé à ne pas s'en laisser conter : « Et où est-il? Il n'est pas visible à mes yeux », l'étranger lui rétorque : « Il est là avec moi; mais toi, étant impie, tu ne le vois pas [24]. »

Dans le second épisode, Penthée n'est déjà plus tout à fait lui-même. Dionysos lui a inspiré « une légère démence » (851). Sorti de son bon sens ordinaire il n'est pas pour autant entré dans l'univers dionysiaque. Il erre dans un entre-deux. Quand il apparaît, à la scène 4, quittant le palais, les cheveux dénoués, vêtu en femme, dans l'habit de bacchante, le thyrse en main

21. Tὸν θεὸν ὁρᾶν γὰρ φῂς σαφῶς, ποῖός τις ἦν;
22. ὅστις ἔστι : 220, 247, 769, cf. 894.
23. παρὼν ὁρᾷ.
24. οὐ γὰρ φανερὸς ὄμμασίν γ'ἐμοῖς. / [...] οὐκ εἰσορᾷς, 501-502.

– réplique ou reflet exact de l'étranger –, ses premiers mots sont pour s'écrier (918 et suiv.) : « Au vrai, je crois voir deux soleils et deux Thèbes. » Penthée voit double, comme un homme ivre sans doute, mais plus profondément comme un homme écartelé entre deux façons contraires de voir et qui oscille, le regard dédoublé, entre sa « lucidité » ancienne, désormais troublée, et la « voyance » dionysiaque qui lui demeure inaccessible. Il voit deux soleils mais il n'aperçoit pas devant lui Dionysos qui le regarde au fond des yeux. Cette duplication, à l'intérieur même de la personne de Penthée, est renforcée pour les spectateurs du théâtre par la présence sur la scène de deux personnages du même âge, de même allure, au costume identique et qui seraient indiscernables si son « sourire » ne faisait reconnaître le dieu dont le masque dissimule les traits et dérobe la présence : face-à-face de deux êtres tout semblables en apparence, mais qui appartiennent à deux mondes radicalement opposés.

L'épiphanie de Dionysos, c'est celle d'un être qui, dans sa proximité même, son contact intime avec vous, reste insaisissable et ubiquitaire, jamais là où il est, jamais enclos dans une forme définitive : dieu sur le *théologeion*, jeune homme souriant sur la scène, taureau menant Penthée à sa perte, lion, serpent, flamme ou tout autre chose. Il est à la fois et aussi bien sur la scène, dans le palais, au Cithéron, partout et nulle part. Quand les femmes du chœur l'exhortent à se manifester, à se faire voir dans sa pleine présence, elles chantent : « Apparais taureau, ou bien dragon à mille têtes à voir, ou bien lion crachant le feu à être vu [25]. » Taureau, serpent à voir, lion à être vu – et le chœur aussitôt enchaîne : « Avec un visage [masque] souriant [26], prends-le [Penthée] dans ton filet de mort. » Le masque, dont les yeux écarquillés vous fixent comme ceux de la Gorgone, exprime et résume toutes les formes diverses que peut emprunter cette terrible présence divine. Masque dont le regard étrange fascine, mais masque creux, vide, marquant l'absence, l'ailleurs d'un dieu qui vous arrache à vous-même, vous dépayse de votre vie quotidienne, prend possession de vous, comme si, dans sa vacuité, ce masque

25. Φάνηθι [...] ἰδεῖν / [...] ὁρᾶσθαι, 1017-1018.
26. γελῶντι προσώπῳ, 1021.

s'appliquait à votre propre face pour la recouvrir et la transformer à son tour.

Le masque, avons-nous souligné ailleurs [27], est un des moyens d'exprimer l'absence dans la présence. Au moment crucial du drame, quand Penthée, perché sur son arbre, s'offre en plein ciel (1073, 1076), à tous les regards, l'épiphanie du dieu prend la forme non d'une extraordinaire apparition mais d'une disparition subite. En témoin oculaire, le messager raconte : « Le temps qu'on l'aperçoive [Penthée] installé dans les airs, et déjà l'étranger avait disparu au regard [28] » : il n'était plus présent à la vue. Et c'est, depuis le ciel, dans un silence surnaturel soudainement imposé à la terre comme au ciel, une voix [29] qui fait reconnaître le dieu et rameute les ménades pour les lancer contre son ennemi. Dionysos n'est jamais plus présent au monde, plus agissant sur lui qu'en cet instant où, en contraste avec Penthée livré à découvert à tous les yeux, il s'échappe dans l'invisible. Présent-absent, Dionysos, quand il est ici-bas, est aussi au ciel, chez les dieux; quand il est au ciel, il n'en est pas moins sur cette terre. Il est celui qui, unissant le ciel et la terre, normalement séparés, insère le surnaturel en pleine nature. Sur ce plan encore le contraste est frappant (que souligne l'emploi ironique des mêmes termes et des mêmes formules pour les évoquer) entre la chute de Penthée et l'élévation du dieu. Proclamé *deinos,* « sans pareil [30] », comme Dionysos, Penthée, dont la gloire doit monter jusqu'au ciel [31], est voué à s'abattre [32], depuis les hauteurs où l'a installé, en se redressant, le sapin sur lequel le dieu l'a juché [33], jusqu'à terre où sa chute le livre sans défense aux mains des ménades furieuses : « Du haut de sa hauteur il est

---

27. F. FRONTISI et J.-P. VERNANT, « Figures du masque en Grèce ancienne », *supra,* pp. 25-43.

28. οὐκετ' εἰσορᾶν παρῆν, 1077.

29. ἐκ δ'αἰθέρος φωνή τις, 1078; αἰθήρ, 1084.

30. En 971, Dionysos déclare à Penthée : « Sans pareil, tu es sans pareil. » Cf. aussi 856. Sur Dionysos *deinos* et les *deina* qu'il suscite, cf. 667, 716, 760, 861, 1260, 1352.

31. στηρίζον [...] κλέος, 972.

32. πεσόντι, 1022-1023.

33. Ὀρθὴ δ'ἐς ὀρθὸν αἰθέρ' ἐστηρίζετο, 1073.

précipité à terre et s'abat sur le sol [34]. » Or, selon le chant de la *parodos,* chant de la félicité, de l'exubérante joie dionysiaque, Dionysos lui aussi, après qu'il a bondi, léger et aérien, vers les hauteurs, qu'il a lancé vers le ciel ses belles tresses [35], en chef du thiase, soudain s'en détache et « s'écroule à même le sol [36] »; mais c'est alors le point culminant du bonheur dans la montagne *(hêdus),* du délice *(charis)* de l'omophagie : l'extrême béatitude d'un âge d'or retrouvé (142 et suiv.; 695 et suiv.), le ciel sur la terre. Si, comme Penthée, Dionysos tout à coup s'écroule à terre, c'est que son rôle, à travers les bonds (169, 446, 728), les sauts (165-167), les envols [37] de ses fidèles, animées par son souffle, est de projeter et comme d'inscrire en un lieu précis du sol sa présence ubiquitaire. A peine le sapin, porteur de Penthée, « tout droit au droit du ciel » s'est-il redressé (1073), à peine Dionysos a-t-il disparu du monde visible pour devenir cette voix qui du haut de l'éther retentit dans un silence surnaturel, que « la lueur d'un feu divin se dresse de la terre jusqu'au ciel [38] ». Que le dieu s'élève au ciel, qu'il s'abatte à terre, qu'il bondisse ou flamboie entre les deux, qu'il soit homme, flamme ou voix, visible ou invisible, il se situe toujours, malgré la symétrie des expressions qui les concernent, aux antipodes de Penthée : il apporte ici-bas la révélation d'une autre dimension de l'existence, l'expérience de l'ailleurs, de l'au-delà, directement insérés dans notre monde et notre vie.

L'épiphanie de Dionysos n'échappe pas seulement à la limitation des formes, des contours visibles. Elle se traduit par une magie, une *maya,* qui perturbe toutes les apparences. Dionysos est là quand le monde stable des objets familiers, des figures rassurantes, bascule pour devenir un jeu de fantasmagories où

---

34. ὑψοῦ δὲ θάσσων ὑψόθεν χαμαιπετὴς / πίπτει πρὸς οὖδας, 1111-1112.

35. εἰς αἰθέρα, 150; cf. 240.

36. πέσῃ πεδόσε, 136.

37. Χωροῦσι δ'ὥστ' ὄρνιθες ἀρθεῖσαι, 748. Elles s'élancent « comme un vol d'oiseaux qui prend l'essor »; « rapides comme un vol de colombes », πελείας ὠκύτητ' οὐκ ἥσσονες, 1090.

38. πρὸς οὐρανὸν / καὶ γαῖαν ἐστήριζε φῶς σεμνοῦ πυρός, 1082-1083.

l'illusoire, l'impossible, l'absurde se font réalité. Les *deina, thaumata, sophismata,* toutes les formes de prodiges et d'étrangetés, les tours de passe-passe savants et les enchantements du sorcier surgissent dans l'épiphanie du dieu masqué comme les fleurs naissent sous les pas d'Aphrodite. C'est, dans la pièce, le miracle du palais, ceux de l'écurie, du Cithéron, avec « les prodiges stupéfiants qui sont accomplis », « les prodiges qui dépassent tous les enchantements [39] ». Dionysos avait ouvert le jeu en disant : *hêkô,* « j'arrive ». Le messager reprend, au vers 449, en disant : « Cet homme arrive [*hêkei*], tout plein de miracles. » Sur la scène du monde le dieu installe, là où il paraît, à la place du décor quotidien, un théâtre du fantastique. Autant que grand chasseur, il est le grand illusionniste, le maître des prestiges, l'auteur et le chorège d'une représentation sophistiquée où rien ni personne ne reste constamment semblable à soi. Dionysos *sphaleôtas* [40], le dieu qui fait glisser, broncher, trébucher, incarne, comme le diable dans *Le Maître et Marguerite* de Boulgakov, la figure de l'Autre; faisant d'un coup basculer l'édifice des apparences pour en montrer la fausse solidité, il plante sous le nez des spectateurs éberlués le décor insolite de ses magies et de ses mystifications.

Dépassement de toutes les formes, jeu avec les apparences, confusion de l'illusoire et du réel, l'altérité de Dionysos tient aussi au fait qu'à travers son épiphanie, toutes les catégories tranchées, toutes les oppositions nettes qui donnent à notre vision du monde sa cohérence, au lieu de demeurer distinctes et exclusives, s'appellent, fusionnent, passent des unes aux autres.

Le masculin et le féminin. Dionysos est un dieu mâle à allure de femme (*thêlumorphos,* 353). Sa tenue, *skeuê,* ses cheveux sont ceux d'une femme. Et il transformera en femme

39. δεινὰ δρῶσι θαυμάτων τ'ἐπάξια, 716, cf. 667.

40. Eubule, le poète comique du IVe siècle, fait dire à Dionysos, parlant du dixième cratère de vin dont la boisson apporte non plus la santé ni le plaisir et l'amour ni le sommeil, mais la *mania :* « C'est celui-là qui fait trébucher » (σφάλλειν), 11 fr. 94 Koch = Athénée, II, 36 c, avec la correction de Iacobs au ver 10. Sur Dionysos *sphaleôtas,* cf. G. ROUX, *Delphes, son oracle et ses dieux,* Paris, 1976, pp. 181-184, et M. DETIENNE, *Dionysos à ciel ouvert,* Paris, 1986.

le viril Penthée en lui faisant prendre l'habit de ses dévots. Penthée alors se voudra et paraîtra tout à fait une femme (925); Dionysos lui dira, à la grande satisfaction de celui qui l'écoute : « Il me semble, en te voyant, voir en personne ta mère et tes tantes » (927). Et les spectateurs partageront d'autant mieux ce point de vue que c'est le même acteur qui jouait Penthée et Agavé.

Le jeune et le vieux : la différence, dans le culte, s'efface entre l'un et l'autre état (206-209, 694). « Le dieu, à l'heure de la danse, ne marque point de différence entre le jeune homme et le vieillard. Il veut être honoré de tous, en commun », déclare Tirésias, et le messager rapporte qu'il a vu, sur le Cithéron, se dresser toutes ensemble « les femmes, jeunes et vieilles, et les vierges libres encore du joug de l'hymen » (206-209, 694).

Le lointain et le proche, l'au-delà et l'ici-bas : Dionysos transfigure, par sa présence, ce monde-ci au lieu de vous en arracher.

Le Grec et le barbare : l'étranger lydien, venu d'Asie, est natif de Thèbes.

Le furieux, le fou, le *mainomenos* est aussi *sophos, sophistês, sôphrôn.*

Le dieu nouveau (*neos;* 219, 272), venu pour fonder un culte jusqu'alors inconnu, représente cependant « les traditions ancestrales, vieilles comme le temps (201), la coutume enracinée dans le fond des âges et qui, toujours, est issue de la nature même » (895 et suiv.).

Le sauvage et le civilisé. Dionysos fait fuir les villes, déserter les maisons, abandonner enfants, époux, famille, quitter les occupations et les travaux quotidiens. On le célèbre de nuit, en pleine montagne, dans les vallons et les bois. Ses servantes s'ensauvagent en maniant les serpents, en allaitant, comme s'ils étaient les leurs, les petits des animaux. Avec toutes les bêtes, sauvages comme domestiques, elles se trouvent en communion, établissant avec la nature entière une nouvelle et joyeuse familiarité. Pourtant Dionysos est un dieu « civilisateur ». Le chœur de ses fidèles ménades de Lydie approuvera Tirésias qui a mis en parallèle Déméter et Dionysos : le dieu est à l'élément liquide, à la boisson, ce que la déesse est au solide et au mangeable. L'une en inventant le blé et le pain, l'autre en inventant (279) la vigne et le vin, ont introduit (279) chez les hommes ce qui les a fait passer de la vie sauvage à la vie cultivée. Entre le blé et le vin il y a cependant une différence. Le blé est entièrement du côté de la culture. Le vin est ambigu. Il recèle une force d'extrême sauvagerie, un feu brûlant, quand il est pur; il apporte à la vie cultivée, quand il est coupé et consommé selon les normes, une dimension supplémentaire et comme surnaturelle : joie du festin, oubli des maux, drogue qui fait s'évanouir les peines *(pharmakon)*, il est la parure, le couronnement, l'éclat vivant et joyeux du banquet (380-383), le bonheur de la fête.

Comme le vin, Dionysos est double : terrible à l'extrême, infiniment doux [41]. Sa présence, intrusion stupéfiante de l'Autre dans le monde humain, peut prendre deux formes, se manifester selon deux voies : ou bien l'union bienheureuse avec lui, en pleine nature, toute contrainte dépassée, l'évasion hors des limites du quotidien et de soi-même. C'est cette expérience que célèbre la *parodos :* pureté, sainteté, joie, douce félicité. Ou bien la chute dans le chaos, la confusion d'une folie sanguinaire, meurtrière, où l'on confond le même et l'autre, prenant pour une bête sauvage ce qu'on a de plus proche, de plus cher, son propre enfant, ce second soi-même, qu'on déchiquette de ses propres mains : horrible impureté, crime inexpiable, malheur sans terme et sans issue (1360).

Dionysos arrive à Thèbes comme *archegos*, chef d'un thiase féminin adonné à son culte et connaissant les rites [42]. Dans ce groupe chaque membre fait le bacchant par de saintes purifications (76-77), se comporte, par son genre de vie, en consacré, et unit son âme au thiase [43]. La troupe des fidèles rassemble donc ceux qui savent, *hoi eidotes*, et qui se conforment, pour servir le dieu, aux pratiques rituelles qui

41. δεινότατος, ἠπιώτατος, 861.
42. τελετὰς εἰδώς, 73.
43. βιοτὰν ἁγιστεύει, 74; θιασεύεται ψυχάν, 75, que l'on peut aussi traduire « se fait en son âme membre du thiase », ou encore « est rendu en son âme membre du thiase ».

leur ont été révélées. Les profanes non seulement ne connaissent pas ces rites mais ils n'ont pas le droit d'en percer le secret. Quand Penthée demandera (471) : « Ces *orgia,* ces pratiques cultuelles, à quoi ressemblent-elles [quel aspect ou quelle nature, *idea,* ont-elles]? », l'étranger lui répondra : « A qui n'est pas bacchant il est interdit de le savoir [ou de le voir, *eidenai,* 472]. » Et comme le jeune roi insiste : « Quel bénéfice en retirent ceux qui les célèbrent? », il s'attirera cette réplique : « Il ne t'est pas permis de l'entendre » (474). Le crime de Penthée quand il se rendra sur le Cithéron pour épier les ménades est d'avoir voulu « voir ce qu'il ne faut pas voir » (912, 1108-1109). Le culte du dieu comporte donc, dans le thiase, un aspect de rituel secret accompli dans le cadre d'un groupe restreint et fermé. La troupe des fidèles entretient avec le dieu un rapport privilégié; elle est en contact direct avec lui; elle s'unit à lui en dehors et indépendamment de la communauté civique. « Dionysos, le fils de Zeus, non Thèbes, a pouvoir sur moi », chantera le chœur pour justifier l'explosion de sa joie à l'annonce des malheurs qui frappent la cité en la personne de son chef (1037-1038). Pourtant, dès qu'il apparaît sur le *theologeion,* Dionysos, dans ses propos, est précis et clair. C'est Thèbes, c'est la cité qui doit le voir, le reconnaître, l'accepter. C'est sur Thèbes que le dieu a noué la nébride, c'est elle qu'il a fait se dresser, thyrse en main, quand les trois femmes de la lignée royale ont commis la faute de le rejeter. « Tout ce qu'il y avait de femmes dans Thèbes, toutes sans exception » (35-36), il les a chassées de leur demeure, vers les montagnes, l'esprit fou. La *polis* doit savoir ce qu'il en coûte de n'être point encore initiée à ses bacchanales (39-40). Quand, dans la *parodos,* dansant et chantant sur la place, aux portes du palais, le thiase célèbre Bromios selon les rites de toujours, il le fait pour que chacun sorte, entende et voie. Aussi, après avoir glorifié ses rites secrets, exalté les cérémonies dont la connaissance lui a été livrée, s'adresse-t-il à Thèbes pour qu'elle se couronne de fleurs, prenne l'habit et le narthex afin de se consacrer tout entière à Bacchos (109), et que tout entière elle danse (*pasa,* 114) quand Bromios mènera les thiases dans la montagne.

Dionysos ne se veut pas le patron d'une secte, d'un groupe restreint, d'une association repliée sur elle-même et confinée dans son secret. Il exige de figurer à part entière au rang des divinités de la communauté civique. Son ambition est de voir son culte, sous les diverses formes qu'il peut revêtir, officiellement reconnu et unanimement pratiqué (536, 1378, 1668). C'est la *polis* qui doit être, comme telle, initiée. Sur ce plan le thiase des bacchantes se distingue de ces groupes clos qui fleurissent à Athènes vers la fin de la guerre du Péloponnèse pour célébrer les mystères de dieux étrangers : Cybèle et Bendis, Cottyto, Attis, Adonis, Sabazios. Le statut religieux que revendique Dionysos n'est pas celui d'une divinité marginale, excentrique, dont le culte serait réservé à une confrérie de sectaires, conscients et contents de leur différence, marqués pour eux-mêmes et aux yeux de tous par leur altérité face à la religion commune. Il exige la reconnaissance officielle par la cité d'une religion qui, en quelque sorte, échappe à la cité et la dépasse. Il entend placer au cœur, au centre de la vie publique, des pratiques qui comportent, de façon ouverte ou sous une forme allusive, des aspects d'excentricité.

La tragédie des *Bacchantes* montre les dangers d'un repli de la cité sur ses propres frontières. Si l'univers du Même n'accepte pas d'intégrer à soi cet élément d'altérité que tout groupe, tout être humain porte en lui sans le savoir, comme Penthée refuse de reconnaître cette part mystérieuse, féminine, dionysiaque qui l'attire et le fascine jusque dans l'horreur qu'elle est censée lui inspirer, alors le stable, le régulier, l'identique basculent et s'effondrent, c'est l'Autre dans sa forme hideuse, l'altérité absolue, le retour au chaos qui apparaissent comme la vérité sinistre, la face authentique et terrifiante du Même. La seule solution, c'est que, pour les femmes par la transe contrôlée, le thiase officialisé, promu institution publique, pour les hommes par la joie du *kômos*, du vin, du déguisement, de la fête, pour toute la cité, par et dans le théâtre, l'Autre devienne une des dimensions de la vie collective et de l'existence quotidienne de chacun. L'irruption victorieuse de Dionysos signifie que l'altérité s'installe, avec tous les honneurs, au centre du dispositif social.

Dans quelle mesure le conflit Penthée/Dionysos peut-il être interprété comme la mise en scène dramatique de l'opposition entre deux attitudes contraires : d'une part le rationalisme des sophistes, leur intelligence technicienne, leur maîtrise dans l'art d'argumenter, leur déni de l'invisible; de l'autre une expérience religieuse faisant leur place aux pulsions de l'irrationnel et débouchant dans l'union intime avec le divin [44]? La réponse n'est pas simple pour bien des raisons. D'abord Penthée est tout autre chose qu'un sophiste : il est le roi trop royal, tyrannique (671-776), le mâle trop viril (86, 796), le Grec trop imbu de sa supériorité sur les Barbares (483), l'homme de la cité se faisant de la raison d'État une idée étroitement positive. Tirésias peut bien stigmatiser l'agilité de sa langue (268) et le qualifier de *thrasus* (270), d'impudent dans sa pratique de l'éloquence [45]. C'est cependant le discours du devin qui, comme on l'a montré [46], obéit à un modèle typiquement sophistique. Existe-t-il, ensuite, *une* pensée sophistique qu'on puisse qualifier de rationaliste? Les puissances que Gorgias célèbre dans l'*Éloge d'Hélène*, en montrant qu'elles exercent sur l'esprit des sortilèges si contraignants que nul être humain ne peut leur résister, sont celles-là mêmes que Dionysos met en œuvre tout au long de la pièce dans ses magies. En ce sens, c'est le dieu qui fait figure de grand maître en thaumaturgie sophistique (privilège dont il aurait même l'entière exclusivité s'il ne déléguait une partie de ses pouvoirs au poète tragique). Enfin et surtout, la tragédie n'oppose pas tant raison et religion de l'âme, intelligence et émotivité, qu'elle ne procède, comme Charles Segal l'a bien vu, à un dédoublement des systèmes de valeurs, le monde de Penthée et celui de Dionysos ayant chacun ses formes propres de raison et de déraison, de bon sens et de folie, de sagesse et de

---

44. Cf. J. ROUX, *Les Bacchantes*, I, *op. cit.*, pp. 43-71, et aussi, encore que sous une forme assez différente, Hermann ROHDICH, *Die euripideische Tragödie*, Heidelberg, 1968, pp. 131-168.

45. Cf. 491, où c'est Dionysos que Penthée qualifie de θρασὺς et de οὐκ ἀγύμναστος λόγων, « qui ne manque pas d'entraînement pour la réplique ».

46. En particulier, E. R. DODDS, *Euripides Bacchae*, *op. cit.*, pp. 103-105; cf. aussi J. ROUX, *op. cit.*, p. 337, et Ch. SEGAL, *Dionysiac Poetics...*, *op. cit.*, p. 294.

délire [47]. Avant même que n'entre en scène Penthée, scandalisé de voir « déraisonner » ces sages vieillards que sont Cadmos et Tirésias (252), il est décrit par son grand-père comme « frénétique »; c'est ce terme qui, dans la bouche du même personnage, servira à désigner l'état d'Agavé, égaré par la transe [48]. Tirésias reconnaît certes l'habileté rhétorique du *sophos anèr* qu'est Penthée mais il ne se contente pas d'affirmer que le jeune homme « déraisonne », lui retournant ainsi son compliment (271), il l'accuse de proprement délirer, d'être en proie à la *mania* [49], il le voit si cruellement fou, il l'estime ayant à ce point perdu l'esprit que son mal ne saurait s'expliquer que par une drogue (*pharmakon,* 326-327). D'entrée de jeu le bon sens tout positif de Penthée, avant même qu'il n'ait aperçu Dionysos, est celui d'un ensorcelé, d'un possédé, d'un *mainomenos* (c'est de ce terme que le chœur désignera l'ennemi du dieu en 399-400, 887 et 999; cf. aussi 915). Dans son aveuglement Penthée est donc, comme Dionysos, un *mainomenos.* Faut-il dire qu'il y a une folie du savoir humain *(to sophon)* comme il y a une sagesse *(sophia)* de la folie divine? Là encore les choses paraissent plus compliquées. Au troisième *stasimon,* le chœur met bien en question *to sophon* (878, 897), le savoir humain, dont il dira au quatrième qu'il ne l'envie point (1005) et qu'il l'avait déjà opposé, dans le premier, à la *sophia* pour le condamner (395). Mais la *sophia,* dans ce passage, désigne non la *mania,* la folie divine, mais au contraire une vie pacifique, mesurée, conforme à la saine réflexion [50], du mortel qui ne se prend pas pour un dieu, qui sait se contenter des biens que la vie lui offre sans courir après l'inaccessible. C'est cette face du dionysisme, différente mais inséparable, nous le verrons, de la *mania,* en ce qu'elle suppose à chaque moment une disponibilité au divin, une ouverture à la présence de Dionysos, qui explique l'aspect de sagesse gnomique, simple et populaire, de la *sophia,* dont se réclament les adeptes du dieu.

Le Dionysos des *Bacchantes,* le dieu fou, joue de tous les

---

47. Cf. Ch. SEGAL, *op. cit.,* pp. 27 et suiv.
48. ἐπτόηται, 214; πτοηθέν, 1268.
49. μαίνῃ, 326; μέμηνας, 359.
50. τὸ φρονεῖν 390; cf. 427 : σοφὸν [...] πραπίδα φρένα τε.

claviers du « savoir », de la « sagesse », de la « réflexion ». Il domine les plus habiles sophistes dans l'art de ruser, de piéger l'adversaire, de le tromper pour le mieux vaincre. Il accorde à ceux qui le suivent le privilège de penser sainement, avec bon sens et modération [51], contrairement aux grands esprits aveugles à ce qui les dépasse, et que leur vanité égare au point d'en perdre la tête et de déraisonner [52]. Quant à la *mania*, à la folie que le dieu met en œuvre, elle prend deux formes bien différentes suivant qu'il s'agit de ses adeptes, unis à lui dans le thiase, ou de ses ennemis, que le délire frappe comme une punition.

La *lussa*, l'accès de rage frénétique, est exclusivement le fait de ceux qui, étrangers au dionysisme, soit le combattent ouvertement comme Penthée, soit, après l'avoir rejeté, ont été par lui chassés dans les montagnes sous l'aiguillon de la folie, comme Agavé, Autonoé, Ino et toutes les femmes de Thèbes. Quand le chœur invoque les chiennes de la Rage pour qu'elles poignent les filles de Cadmos et les jettent contre Penthée, son chant souligne cette solidarité, cette connivence des ménades thébaines, des thiases du Cithéron avec le jeune homme qu'elles vont déchirer : comme lui elles appartiennent au camp des adversaires du dieu. En proie à la transe, hors d'elles-mêmes, pénétrées du souffle divin, elles obéissent à Dionysos, elles se font l'instrument de sa vengeance. Mais elles ne sont pas ses fidèles, elles ne lui appartiennent pas.

A la *lussa* qui les égare (977) répond celle de leur prochaine victime. C'est contre un espion comme elles « enragé » (*lussôdê*, 981) que vont « s'enrager » les ménades. Il faut aller plus loin. Le mot *mainades* ne s'applique formellement aux Lydiennes, membres du thiase de Dionysos, qu'une seule fois : en 601, lors du miracle du palais, quand elles se jettent à

---

51. εὐ φρονοῦμεν, 196 ; σωφρονεῖς, 329 ; σοφὸν [...] φρένα, 427 ; φρένας [...] ὑγιεῖς, 947-948 ; σωφρονεῖν, 1341. Dans le même sens, cf. l'adresse à Dionysos du comique Diphilos (fr. 86 Kock = Athénée, II, 35 d) : « Ô toi, le plus cher à tous les hommes sensés, τοῖς φρόνουσι, et le plus sage, σοφώτατε, Dionysos. » Il n'est pas jusqu'au vin dont on ne puisse célébrer les vertus intellectuelles : à qui en use comme il faut, il procure « rire, sagesse (σοφία), bonne compréhension (εὐμαθία), bon conseil (εὐβουλία) ». *Chairemon*, fr. 15 N² = Athénée, II, 2, 35 d.

52. οὐδεν φρονεῖς, 332 ; cf. aussi 312 ; ἀφροσύνη, 387, 1301.

terre épouvantées, elles s'interpellent de ce nom au lieu de celui de « bacchantes » employé d'ordinaire. Mais c'est à quinze reprises que ce terme désigne les femmes thébaines. Surtout, le verbe *mainomai* ne concerne que Penthée (cinq fois) et les Thébaines, victimes de la colère du dieu, *jamais* les femmes du chœur. Au terme du drame, Cadmos dira à Agavé : « Vous déliriez, toute la cité était possédée par Dionysos [53] », et, d'entrée, le dieu avait lui aussi annoncé : « Ces femmes, sous l'aiguillon de la *mania,* je les ai chassées, l'esprit délirant » (33). Inspirées par Dionysos qui veut les punir, les Thébaines sont en état de furie [54]. Les yeux révulsés, l'écume à la bouche, Agavé, possédée par le dieu, « ne raisonne pas comme il faut raisonner [55] ». Au sortir de la transe, elle devra, non sans mal, recouvrer la raison : elle ne gardera aucun souvenir des actions atroces qu'avec ses compagnes elle a accomplies comme en état second.

Tout autre est le tableau des suivantes de Dionysos, initiées à ses mystères et proches du dieu. Non seulement on ne les voit jamais délirer ou en proie à la *mania,* mais quand elles évoquent, dans la *parodos,* les courses errantes, les danses qu'elles mènent en montagne, à l'appel et en compagnie du dieu, tout y est pureté, paix, joie, bonheur surnaturel. Même l'omophagie se trouve associée à l'idée de douceur et de délice [56]. L'emprise de Dionysos sur ses dévots, dans le cadre de son thiase, en plein respect des règles rituelles, apparaît donc très différente de la folie meurtrière, de la rage démente qu'il inspire à ses ennemis pour châtier leur impiété. Certes il existe bien entre les Lydiennes « converties » et les Thébaines « incrédules » une zone de recoupement. C'est que la vengeance de Dionysos s'exerce en deux temps et à deux niveaux. Pour punir Thèbes, le dieu commence par chasser toute la partie féminine de la *polis,* sous l'aiguillon de la *mania,* hors de la ville vers la montagne. Là, les femmes vivent chastement et pacifiquement en communion avec la nature, comme

53. ἐμάνητε, 1295 ; cf. G. R. KIRK, *The Bacchae of Euripides, op. cit.,* p. 129, commentaire au vers 1295.

54. ἐμμανεῖς, 1094 ; cf. aussi ἀφροσύνης, 1301.

55. οὐ φρονοῦσ' ἃ χρὴ φρονεῖν, 1123.

56. ἡδύ [...] ἐν οὔρεσιν, 135 ; χάριν, 139, qui répond au χαίρει de 134.

le ferait un thiase authentique [57]. Voyant la cité ainsi perturbée, l'autre composante de Thèbes, les mâles, intervient alors pour rétablir « l'ordre » et ramener les femmes en leur maison. La *mania* prend aussitôt la forme d'un complet dérangement de l'esprit, dans un déchaînement de violence insensée [58].

Mais à aucun moment, même lorsqu'elles semblent se conformer, dans leur conduite, au modèle du thiase authentique, les femmes de Thèbes que poursuit la vindicte du dieu ne sont pleinement assimilables aux fidèles célébrant son culte : elles restent jusque dans leur *mania* étrangères à la révélation dionysiaque. Sous l'emprise du délire dont Dionysos les aiguillonne elles ont, au grand scandale des mâles, rejeté leur mentalité ancienne, abandonné leurs habitudes de jeunes filles ou de matrones. Dans les solitudes sauvages du Cithéron, au milieu des prodiges, elles sont livrées au dieu que leur troupe invoque d'une seule voix sous le nom de Iacchos (725-726) ou dont elles entonnent le cantique en des chants alternés (1056-1057); pourtant, elles ne connaissent pas le bonheur de l'extase, la joie d'une communion intime avec Dionysos. Comme Penthée déguisé en bacchante sous l'effet d'une « légère démence », elles s'égarent dans un entre-deux. Le jeune roi voit double; elles subissent un dédoublement de leur personne, incapables autant que lui d'opérer le passage entre ce qu'elles sont à l'état normal et ce qu'elles deviennent, en état second, quand le dieu les possède.

Faute de réellement connaître Dionysos, de le « voir » au cours de la transe, quand elles reviennent à elles après la crise, c'est comme si rien ne s'était produit. Elles ne peuvent faire leur l'expérience religieuse dionysiaque, se l'approprier. Entre la *mania* inspirée par le dieu et la réflexion lucide de leur état ordinaire, il y a chez elles une coupure radicale, comme entre les deux extrémités d'une chaîne que seul Dionysos a pouvoir

---

57. Cf. 680-713; 1050-1053. Au cours des prodiges qu'armées de leur thyrse elles suscitent, c'est la montagne avec toutes ses bêtes qui, entraînée du même élan, entre dans la bacchanale (726-727).

58. Sur ce brusque changement d'attitude et de conduite, ce passage subit de la *mania* à la *lussa*, cf. 731 et suiv., 1093 et suiv.

de relier, d'unifier au sein de la même *sophia*, à condition que son culte, officiellement reconnu, ait été lui-même intégré dans la communauté civique.

L'exemple d'Agavé est à cet égard éloquent. Quand la mère du jeune roi, délirante, les yeux fous, s'en revient du Cithéron avec, fichée sur son thyrse, la tête de son fils où elle croit voir celle d'un petit lionceau ou d'un jeune taureau, elle invoque Bacchos, certes (1145), mais comme un « compagnon de chasse », un « partenaire à la capture » (1146), associé à elle dans un exploit cynégétique dont elle se vante d'avoir eu l'initiative en portant à la bête le premier coup (1178 et suiv.) et dont elle revendique la gloire pour elle-même et pour ses sœurs (1180 et suiv.; 1204 et suiv.); son père, le vieux Cadmos, son jeune fils, Penthée, et tous les habitants de la ville, toute la cité de Thèbes doivent accourir pour contempler et célébrer les prouesses qu'elles ont accomplies lors d'une chasse à mains nues, sans filet ni javelot (1201 et suiv.). Le chant de victoire qu'elle entonne (1161), le *kômos* qu'elle mène pour le dieu (1167, 1172) n'annoncent pas la venue de Dionysos, sa présence manifestée au sein du thiase, comme dans le chant de la *parodos;* ils proclament la haute supériorité des jeunes femmes sur le reste du genre humain (1234-1235) : Cadmos peut se vanter (1233; cf. 1207) d'avoir engendré des filles dont les exploits incomparables lui assurent gloire et félicité (1241-1243).

L'écart entre l'état d'esprit des fidèles du dieu célébrant ses rites et celui des femmes qu'il veut perdre en les frappant de délire s'exprime ironiquement par la reprise des mêmes termes, dans les deux cas, avec des significations opposées. Le chœur des Lydiennes, appelant Dionysos à « se montrer », à « apparaître », implorant la Justice pour qu'elle se fasse voir [59], affirmait « poursuivre à la chasse » (1006) non un vain savoir, mais d'autres choses « grandes et manifestes » (1006-1007). Agavé se réjouit, se proclame heureuse (1197; cf. 1179; 1258) d'avoir réussi « des chasses grandes et manifestes » (1198-1199). Au début de la pièce, Dionysos affirmait son intention d'aller de ville en ville pour « se montrer lui-même [60] ». Ce

59. φάνηθι, 1018; φανερός, 992, 1012.
60. δεικνὺς ἐμαυτόν, 50.

qu'Agavé entend « montrer » à Thèbes [61] en faisant clouer au faîte du palais la tête de lion qu'elle s'imagine avoir rapportée de sa chasse, c'est non pas le dieu, mais l'horrible trophée de victoire dont, dans sa folie, elle croit pouvoir s'enorgueillir. Dionysos voulait « qu'elle voie la cité de Thèbes » (61), qu'elle contemple de tous ses yeux son épiphanie. Agavé convoque tous les habitants de la ville « pour qu'ils voient » (1203), non Dionysos, mais le gibier dont elle s'attribue le mérite de la capture. Dans sa « victoire », sa « gloire », son « bonheur », comme dans sa rage meurtrière, Agavé est aveugle au dieu qui la possède et qui la fait agir ; tout entière livrée à Dionysos, passive entre ses mains, elle reste fermée à sa présence surnaturelle, étrangère à son épiphanie. Elle n'est plus elle-même, elle n'est pas à Dionysos. Ses « visions » ne relèvent pas de cette « autre vue » que le dieu accorde en privilège à ses élus quand il se mêle en personne à leur thiase, quand il confond son regard avec les leurs. Elles en sont, sous leur forme hallucinée, la sinistre caricature. De même le bonheur dont la reine, en son délire, se prévaut et dont elle se targue de faire bénéficier tous les siens n'est que l'ombre, le fantôme, dérisoire et macabre, de la félicité que les vraies bacchantes partagent avec leur dieu. Ayant perdu sa lucidité ancienne sans avoir acquis, dans le face-à-face avec Dionysos, l'expérience de l'extase divine, Agavé se trouve reléguée dans un univers de divagation, qui est l'œuvre du dieu mais qu'il déserte de sa présence dans le moment même où il le suscite chez ceux qu'il veut punir pour l'avoir rejeté.

Il faudra qu'Agavé, sous la conduite de Cadmos, retrouve lentement ses esprits, qu'elle recouvre sa raison, son père lui faisant prendre peu à peu conscience de ce qui s'est passé et de ce qu'elle a fait, pour qu'enfin – trop tard – elle comprenne [62], elle reconnaisse ce Dionysos qu'elle continuait à ignorer alors même que son souffle la possédait [63] : un Dio-

---

61. δεῖξον, 1200.

62. Cf. 1296 : « maintenant, je comprends », ἄρτι μανθάνω ; de même, en 1113, Penthée, précipité à terre, livré aux mains des bacchantes furieuses, touchant à sa perte, « comprenait », ἐμάνθανεν.

63. Cf. 1345 où Dionysos affirme : « Vous m'avez compris trop tard ; quand il le fallait, vous ne me connaissiez pas », οὐκ ᾔδετε. Quand, aupa-

nysos qui n'est pas le dieu très doux de l'épiphanie bienheureuse, mais celui, terrible, du châtiment et de la perdition.

Rien de commun, donc, entre la sainte béatitude, l'*eudaimonia* que le dieu confère à ses fidèles (73, 165, 902, 904) et celle, tout illusoire, dont Agavé se croit comblée et dont elle voudrait que Penthée soit le spectateur admiratif (1258). De ce fantôme de bonheur, étranger à l'exaltation de la félicité dionysiaque comme à la froide conscience d'un esprit lucide, Cadmos donne une définition saisissante en le situant, comme la divagation d'Agavé, dans un entre-deux équivoque et incertain où l'on ne saurait parler ni de bonheur ni de malheur. Devant ses filles exultantes de joie dans leur délire, le vieillard observe : « Si toute votre vie vous demeurez jusqu'à la fin dans l'état où vous vous trouvez, alors sans qu'on puisse vous dire heureuses, du moins ne sentirez-vous pas votre malheur » (1260).

S'il y a coupure et contraste entre la possession-bonheur des fidèles et la possession-folie-châtiment des impies, le texte des *Bacchantes* pose au contraire une continuité entre les pratiques de l'oribasie et d'autres aspects de la religion dionysiaque, étrangers à la *mania.* Dès le premier *stasimon,* célébrant la Piété face à Penthée l'impie, le chœur, pour chanter Dionysos, déplace l'accent de sa louange et en modifie les termes. Le dieu qui mène le thiase est aussi le dieu joyeux qui rit aux sons de la flûte, qui endort les soucis et apporte le sommeil en produisant la vigne et le vin, éclat *(ganos)* des festins. Dionysos fait ses délices des banquets, de la paix, de l'opulence, « il fait la part égale aux riches et aux vilains de ce bonheur du vin qui bannit le chagrin » (417-423). Sagesse populaire, toute proche des humbles qui aspirent à une vie paisible,

---

ravant (1088-1089), Agavé et les femmes de Thèbes « reconnaissent clairement » l'appel de Bacchos qui les jette contre Penthée, cela ne signifie donc pas qu'elles connaissent Dionysos. Reconnaître l'appel du dieu, κελευσμὸν Βακχίου, c'est-à-dire céder à son impulsion, est une chose ; connaître le dieu, c'est-à-dire faire l'expérience de sa révélation épiphanique, en est une autre.

réglée par la raison *(to phronein)*. C'est qu'ouverts au divin, conscients de la brièveté de l'existence humaine, avec des pensées de mortels, ils ne courent pas après l'inaccessible mais consacrent leur vie à la félicité. Assez sages pour s'écarter des êtres qui se croient supérieurs, ils trouvent leur bonheur à accueillir les biens que le dieu met à leur portée.

On s'est interrogé sur cette chute de tension entre l'ardente ferveur religieuse de la *parodos* et le prosaïsme un peu terre à terre des formules du premier *stasimon*. « On passe, écrit madame Jacqueline de Romilly, de l'extase mystique à une sorte d'hédonisme circonspect [64]. » Pour le lecteur moderne le décalage est manifeste. Sans doute était-il moins frappant pour les spectateurs athéniens plus familiers avec les réalités du culte, plus conscients des multiples facettes que pouvait présenter le personnage de Dionysos dans la cité du Vᵉ siècle. Force est de constater, en tout cas, qu'après avoir fait le récit des stupéfiants prodiges, des incroyables miracles auxquels il a assisté sur le Cithéron, le messager trouve tout naturel de conclure : ce dieu est grand et il l'est surtout en ceci qu'« il a fait don aux hommes de la vigne, souverain calmant du chagrin. Plus de vin, plus d'amour (Cypris), plus aucun bonheur *(terpnon)* pour les hommes » (773-774). Ironie du poète? Dans le troisième *stasimon*, qui renoue avec le *makarismos* de la *parodos* pour exalter l'extrême bonheur, la béatitude dont le dieu gratifie ses fidèles [65], le ton n'est pas très différent. Plutôt qu'au savoir humain *(to sophon)* il faut faire confiance à la puissance mystérieuse du divin *(to daimonion)* et se conformer, en matière religieuse, à la tradition établie (*to nomimon*, 894-895). Or, de quel genre de félicité le dévot de Dionysos se réclame-t-il? Le chœur chante : « Qui, au jour le jour [*kat' êmar*], goûte le bonheur de la vie [66], celui-là je le proclame heureux comme les dieux. »

Plénitude de l'extase, de l'enthousiasme, de la possession, mais aussi bonheur du vin, joie de la fête, plaisir d'amour,

---

64. Jacqueline DE ROMILLY, « Le thème du bonheur dans les *Bacchantes* d'Euripide », *REG*, LXXVI, 1963, p. 367.

65. εὐδαίμων, 902, 904, 911 ; μακαρίζω, 911.

66. βίοτος εὐδαίμων, 911 ; cf. 426 : εὐαίωνα διαζῆν, « il consacre sa vie à la félicité », et 74 : βιοτὰν ἁγιστεύει, « il sanctifie sa vie ».

félicité du quotidien, Dionysos peut apporter tout cela si les hommes savent l'accueillir, les cités le reconnaître, comme il peut apporter malheur et destruction si on le nie. Mais en aucun cas il ne s'en vient pour annoncer un sort meilleur dans l'au-delà. Il ne prône pas la fuite hors du monde ni ne prétend ménager aux âmes, par un genre de vie ascétique, l'accès à l'immortalité. Les hommes doivent au contraire accepter leur condition mortelle, savoir qu'ils ne sont rien face à des puissances qui de toute part les débordent et qui ont pouvoir de les écraser. Dionysos ne fait pas exception à la règle. Son fidèle se soumet à lui comme à une force irrationnelle qui le dépasse et dispose de lui; le dieu n'a pas de compte à rendre; étranger à nos normes, à nos usages, à nos soucis, au-delà du bien et du mal, suprêmement doux ou suprêmement terrible, il joue à faire surgir, autour de nous et en nous, les multiples figures de l'Autre.

Le Dionysos des *Bacchantes* est un dieu tragique comme l'est, aux yeux d'Euripide, l'existence humaine. Mais en donnant à voir son épiphanie sur la scène, le poète rend le dieu et la vie, dans leurs contradictions, intelligibles autant qu'ils peuvent l'être.

Pas d'autre moyen d'accéder à la compréhension du dieu au masque que d'entrer à son tour dans son jeu; et seul peut le faire un poète tragique ayant réfléchi sur son art, conscient des prestiges qu'il déploie et passé maître dans les sortilèges de l'illusion théâtrale. Transposées sur la scène, les magies du dieu connaissent une transmutation : elles s'accordent aux procédés de la dramaturgie, aux charmes de l'expression poétique pour concourir, qu'elles soient les plus terribles ou les plus douces, au plaisir du spectacle.

Dans cette dernière pièce qu'Euripide consacre à Dionysos, dans la « modernité » voulue de l'œuvre s'affirme l'homologie entre l'expérience dionysiaque et la représentation tragique, comme l'a bien vu Charles Segal [67]. Si le drame des *Bacchantes*

67. En particulier dans le chapitre VII : « Metatragedy : Art, Illusion, Imitation », *op. cit.*

révèle, à travers l'épiphanie de Dionysos, la dimension tragique de la vie humaine, il fait aussi, en « purifiant » cette terreur et cette pitié que provoque l'imitation sur scène des actions divines, briller aux yeux de tous les spectateurs le *ganos*, l'éclat joyeux et brillant de l'art, de la fête, du jeu : ce *ganos* que Dionysos a le privilège de dispenser ici-bas et qui, comme un rayon venu d'ailleurs, transfigure le morne paysage de l'existence quotidienne.

Liste des abréviations
(Année philologique)

ABSA *Annual of the British School at Athens.* Londres.
ASNP *Annali della Scuola Normale Superiore di Pisa,* Cl. di Lettere e Filosofia. Pise.
BAGB *Bulletin de l'Association G. Budé.* Paris.
BCH *Bulletin de Correspondance Hellénique.* Athènes.
BICS *Bulletin of the Institute of Classical Studies of the University of London.* Londres.
CPh *Classical Philology.* Chicago.
CQ *Classical Quarterly.* Oxford.
CRAI *Comptes rendus de l'Académie des Inscriptions et Belles-Lettres.* Paris.
CSCA *California Studies in Classical Antiquity.* Berkeley.
GRBS *Greek, Roman and Byzantine Studies.* Durham, N.C.
HSPh *Harvard Studies in Classical Philology.* Cambridge, Mass.
JHS *Journal of Hellenic Studies.* Londres.
JWI *Journal of the Warburg and Courtauld Institute.* Londres.
PCPhS *Proceedings of the Cambridge Philological Society.* Cambridge.
QUUC *Quaderni Urbinati di Cultura classica.* Rome.
RA *Revue Archéologique.* Paris.
RD *Revue Historique de Droit français et étranger.* Paris.
REA *Revue des Études Anciennes.* Bordeaux, Talence.
REG *Revue des Études Grecques.* Paris.

RFIC *Rivista di Filologia e di Istruzione Classica.* Turin.
RHR *Revue de l'Histoire des Religions.* Paris.
RPh *Revue de Philologie.* Paris.
SAWW *Sitzungsberichte der Österreichischen Akademie der Wissenschaft in Wien.* Vienne.
SBAW *Sitzungsberichte der Bayerischen Akademie der Wissenschaften.* Munich.
SCO *Studi Classici e Orientali.* Pise.
SDAW *Sitzungsberichte der Deutschen Akademie der Wissenschaften zu Berlin.* Berlin.
StudClas *Studii Clasice.* Bucarest.
TAPhA *Transactions and Proceedings of the American Philological Association.* Chico, Cal.
WS *Wiener Studien. Zeitschrift für klassische Philologie und Patristik.* Vienne.
YCS *Yale Classical Studies.* New Haven.

INDEX GÉNÉRAL

Cet index et celui qui fait suite ont été établis par Jeannie Carlier avec la collaboration de Denise Fourgous. Nous les remercions très chaleureusement. Les deux volumes de *Mythe et Tragédie* ont été pris en compte.

INDEX
DES RÉFÉRENCES TEXTUELLES

Table

Tome 1

Impression réalisée par Tirage
aux Ulis (Essonne).
Dépôt légal du 1er tirage : janvier 2001
Suite du 1er tirage (8) : janvier 2019
Imprimé en France